論集　古代語の研究

蜂矢真郷　編

清文堂

はしがき

『論集 古代語の研究』を編むに当たり、一言記して「はしがき」とする。

この企画は、私、蜂矢真郷が、二〇一六年の夏に七〇歳になることと、そして、それに伴ってのことであるが、二〇一七年三月に二度目の定年を迎えることとが、言わば一つの契機であったものである。幸いにも、池田幸恵（長崎大学）・是澤範三（京都精華大学）・竹内史郎（成城大学）の三氏の、委員としての強い協力があり、大阪大学・奈良女子大学などで指導した人を中心とする何人かに呼びかけてくれて、このような形になることになった。私の他の執筆者の中には、教えた人ではない人もいるし、教えたことはあるけれども中心的に指導したのではない人も何人かいる。「古代語」とした関係で、声をかけなかった人も複数いる。必ずしも多い人数ではないけれども、徒らに人を多くすることは避けた。これはこれで一つの形であると思う。また、記念論集と銘打つこともしなかったが、ただ、末尾に付した略歴・論著目録がその痕跡である。

編集に当たり、掲載論文の配列をどうするかについては、それぞれの幅がかなり広いのでまとめ方が難しく、学年順という案もあった（かつてそういう例もある）が、委員がいろいろ考えてくれて、「古代語の語構成・文法・語彙」「古代漢字文献」の二つの分野に分ける形になった。考えてみれば、これまで最も中心的に研究してきた語構成は文法と語彙との境界に当たる分野であり、日本書紀などは授業でよくとり挙げてきたので、これは、私にとっても、また、「古代語の研究」としても、一つのあり方であると言えよう。

なお、教えた人の中で、岩村恵美子・舘谷笑子・林浩恵の三氏の論文が、残念ながら、ここにない結果になったのは、悔やまれることである。今、研究から離れているとは言え、三氏とも優秀な研究論文がいろいろあるので、この際に広く知っておいてほしいと思ったりもする。

言うまでもなく、私がここまで来られたのは、先生方を初め、多数の人達の力によるものである。「はしがき」であることもあり、お一人お一人のお名前を挙げることは控えるが、かつての多くのことを思い出すとともに、感謝の念で一杯である。

また、清文堂出版の前田正道氏他には、『古代語形容詞の研究』に続いて、大変お世話になった。氏とは、私が萬葉学会の代表（二年任期）になる、そのどれだけか前からの（社とはもっと前からの）お付き合いである。ここに記して、感謝の微意を示す次第である。

先のことは無論不明であるが、いつかまたこのようなことができればと思うこともある。それまで、元気でいたいとも思っている。そして、この論集に集《つど》った人達のそれぞれの研究がますます進展し、古代語がどのようであるかがさらに明らかになって行くことを祈りたい。

二〇一六年八月

蜂矢真郷

論集　古代語の研究　目次

第1部　古代語の語構成・文法・語彙

第2部　古代漢字文献

論集　古代語の研究

第一部　古代語の語構成・文法・語彙

動詞の活用の成立
——木田章義氏「二段古形説」をめぐって——

蜂矢真郷

一　〝動詞の活用の成立〟についての諸説

〝動詞の活用の成立〟についての従来の諸説の主なものとして、大野晋氏㈠「日本語の動詞の活用形の起源について」[1]・㈡「万葉時代の音韻」[2]など、馬淵和夫氏㈠『上代のことば』[3]・㈡「日本語動詞活用の起源（再考）」[4]など、川端善明氏㈠『活用の研究』[5]、山口佳紀氏『古代日本語文法の成立の研究』[6]がある。

〝動詞の活用の成立〟について考える場合、これまで動詞の中で最も語例の多い四段動詞を中心に見る傾向が強かったが、語例の多いものの成立が古いとは考えられない。むしろ、成立の古いものの語例が最も多いということはありにくく、成立の新しいものの語例が多いことの方が一般的にあり得ることである。

これらに対して、木田章義氏㈠「活用形式の成立と上代特殊仮名遣」[7]・㈡「古代日本語の再構成」[8]は、下二段・上二段動詞（以下、両者を合わせて二段動詞と呼ぶことがある）の成立が四段動詞の成立より古いと述べられる。この「二段古形説」は、四段動詞の語例が多く二段動詞の語例が少ない点で、むしろ蓋然性が高いと言えよう。また、木田氏は、動詞の活用の種類毎に見た活用の行や音節数の制限の状況や、自動詞と他動詞との派生関係などを根拠としていて、その点での説得力を持っているとも言える。

その一方で、木田氏の説には問題点もいろいろあり、そのいくつかについては、かつて、前稿㈠「上代語の再構成はどこまで可能か」(9)に述べたことがある。

ここでは、前稿㈠に述べたこと述べなかったことを含めて、新たな観点を加え、木田氏「二段古形説」を評価する方向で修正して、動詞の活用の成立について考えることにしたい。無論、他の従来の諸説を参照したところも随所にある。

二　動詞と派生形容詞との関係

動詞と動詞被覆形からの派生形容詞との関係については、前稿㈡「上代の形容詞」(10)に述べたので、詳細はそれに譲って、ここには概略のみを述べておくことにしたい。

従来、動詞が接尾辞シを伴って派生する形容詞は、全てシク活用であると言われてきたことがある。例えば、橋本四郎氏「ク活用形容詞とシク活用形容詞」(11)は、「動詞から派生する「喜ばし」「うれはし」等の形容詞がすべてシク活用である」と述べられ、また、馬淵氏㈢「古代日本語の姿」(12)は、「動詞の活用形を語幹にするものはシク活用だけ。」と述べられる。

しかし、それほど多くはないが、動詞被覆形＋接尾辞シがク活用形容詞を派生することもある。有坂秀世氏「国語にあらはれたる一種の母音交替について」(13)は、アサシ（浅）、アカシ（明）、アラシ（荒）、フカシ（深）、フルシ（古）の例を挙げられ、釘貫亨氏『古代日本語の形態変化』(14)は、「ク活用形容詞を派生する動詞群であるが、これらは確認し得る限りすべて二段動詞であることが知られる。／浅す（下二）―アサシ、荒る（下二）―アラシ、暮る（下二）―クラシ・クロシ、更く（下二）―フカシ、古る（上二）―フルシ、賞づ（下二）―メデタシ」(15)と述べられる。以下に、派生形容詞を挙げる際に、有坂氏が挙げられるものに※印を、釘貫氏が挙げられるものに＊印を付すことにし、さらに、阪倉篤義氏『日本語の語源』[18]が挙げられるものに◆印を付すことにする。ここで、釘貫氏が指摘されるように、ク活用形容詞を派生する動詞は「すべて二段動詞である」ことが注意される。

ところで、形容詞において、シク活用は、ク活用に対して成立が新しいものではないかと言われている。例えば、橋本氏前掲論文は「語幹用法がク活用に広く、シク活用に狭いことは、両形式成立の新古によるとする考えも一往は成り立つであろう。」「ク活用語幹・象徴辞・漢語などの重複形によってできる形容詞がシク活用であり、また動詞から派生する形容詞がすべてシク活用であることも、二次的発生のためと考えるきっかけとなり得る。」と述べられ、「上代語概説」[19]（『時代別国語大辞典上代編』）は「シク活用は、ク活用と比べて、その発生・発達が遅れたとみられる。」「語幹用法、意義の差、次代にシク活用が増加する点など、シク活用が二次的なものであることを推察させる根拠は、いくつかある。」とし、さらに、馬淵氏㈠（岡村昌夫氏担当部分か）は、ク活用形容詞が「情態的意義」を、シク活用形容詞が「情意的意義」を持つことが多いことについて、「考えられることは、ク活用とシク活用との成立の時期のずれによる、結果的な意義の相違である。どちらかといえば客観性の強い情態的な意義を持つ語は、内面的にやや複雑な情意的な意義を持つ語にくらべて、早い時期に定着したと思われる。」と述べられる。[20]

橋本氏が「語幹用法がク活用に広く、シク活用に狭い」と述べられることについては、前稿㈢「形容詞語幹の用法」[21]において、形容詞語幹の用法を「(a)ク活用形容詞語幹のものばかりのもの／名詞＋形容詞語幹、形容詞語幹＋動詞、接頭語・接頭辞＋形容詞語幹＋ニ、など」「(b)ク活用形容詞語幹のものもシク活用形容詞語幹のものも用いられるが、後者は限定的であるもの／形容詞語幹＋名詞、形容詞語幹＋助詞ノ・ツ〔連体〕＋名詞、など」「(c)ク活用形容詞語幹のものもシク活用形容詞語幹のものも用いられ、両者の差が特に見えないもの／感動詞＋形容詞語幹、形容詞語幹＋接尾辞サ・ラ・ミなど、形容詞語幹＋接尾辞ブ・ム」と分類して、(a)は「一次的ないし本来的用法」、(b)は「次の段階」、(c)は「シク活用形容詞語幹の用法が発達した段階」ととらえたことがある。

語幹の用法の他に、重複形容詞が全てシク活用であり、動詞＋接尾辞シの構成の派生形容詞も〔全てではなく〕多くはシク活用であることから、ク活用の成立がシク活用の成立より古いのではないかと考えられてきた。

その他に、山口氏前掲著書[22]が「名詞から来たこれらの形容詞は、全てシク活用になる」と、馬淵氏[三]が「名詞から形容詞を作る場合はシク活用。」と述べられるように、ホカシ〔他〕など名詞＋接尾辞シの構成の形容詞もシク活用になる。また、ワビシ〔侘〕、イミジなどの、動詞連用形＋接尾辞シの構成の形容詞もシク活用になる。さらに、タダシ〔正〕、マダシ〔未〕などの、副詞＋接尾辞シの構成の形容詞もシク活用になる[23]。

さて、動詞と動詞被覆形＋接尾辞シが派生する形容詞との関係は、次のようである。

二段動詞＋シ →ク活用形容詞
四段動詞＋シ →シク活用形容詞

四段動詞＋シの構成の派生形容詞は全てシク活用であるのに対して、二段動詞＋シの構成の派生形容詞はク活用の場合とシク活用の場合とがある。

(1)二段動詞＋シ→ク活用形容詞のものに、次のような例がある。

アク〔明〕〔下二段〕＋シ→※◆アカシ〔明〕、タク〔斜〕〔同〕＋シ→◆タカシ〔高〕、フク〔更〕〔同〕＋シ→＊※◆フカシ〔深〕、アス〔浅・褪〕〔同〕[24]＋シ→＊※アサシ〔浅〕、スブ〔窄〕〔同〕＋シ→スボシ〔窄〕・スブシ〔窄〕、サム〔冷・褪〕〔同〕＋シ→サムシ〔寒〕、ハユ〔映〕〔同〕＋シ→ハユシ〔映〕、アル〔荒〕〔同〕＋シ→＊※◆アラシ〔荒〕、＊◆クル〔暮〕〔同〕＋シ→クラシ〔暗〕／ナグ〔和〕〔上二段〕＋シ→ナゴシ〔和〕、フル〔古〕〔同〕＋シ→＊※フルシ〔古〕

ナグ〔投〕〔下二段〕＋シ→ナガシ〔長〕、ウス〔失〕〔同〕＋シ→ウスシ〔薄〕／ニブ〔鈍〕〔上二段〕＋シ→ニブシ〔鈍〕も、それに加えられるかと見られる。

⑵二段動詞＋シ→シク活用形容詞のものに、次のような例がある。

ヤス〔瘦〕〔下二段〕＋シ→◆ヤサシ〔優〕、メヅ〔奇〕〔同〕＋シ→※メダシ〔愛〕、カヌ〔兼・予〕〔同〕＋シ→◆カナシ〔悲・憐〕、トム〔尋・求〕〔同〕＋シ→トモシ〔乏・羨〕／ナグ〔和〕〔上二段〕＋シ→ナグシ〔和〕、サブ〔荒〕〔同〕＋シ→※サブシ〔不楽・不怜〕、コフ〔恋〕〔同〕＋シ→※コホシ〔恋〕、クユ〔悔〕〔同〕＋シ→※クヤシ〔悔〕、オユ〔老〕〔同〕＋シ→オヨシ〔老〕／ウレフ〔憂〕〔下二段〕＋シ→ウレハシ〔憂〕、ツカル〔疲〕〔同〕＋シ→ツカラシ〔疲〕／オソル〔恐〕〔上二段〕＋シ→オソロシ〔恐〕、ウラム〔恨〕〔同〕＋シ→ウラメシ〔恨〕／ヨロコブ〔喜・歓〕〔上二段〕＋シ→※ヨロコボシ〔悦〕・◆ヨロコバシ〔悦〕

⑴は下二段動詞の例がやや多く、⑵は上二段動詞の例がやや多い。ナグ〔和〕〔上二段〕＋シは、ナゴシ〔和〕〔ク活用〕・ナグシ〔和〕〔シク活用〕両形を持つことが注意される。

⑶四段動詞＋シ→シク活用形容詞のものに、次のような例がある。

ヒク〔引〕＋シ→ヒカシ、ユク〔行〕＋シ→◆ユカシ、ヱム〔咲〕＋シ→◆ヱマシ〔笑〕、ヨル〔縁・依〕＋シ→ヨラシ〔宜〕・ヨロシ〔宜〕／ナツク〔馴・懐〕＋シ→※◆ナツカシ〔懐〕、ナゲク〔嘆〕＋シ→◆ナゲカシ〔嘆〕、イソグ〔急〕＋シ→◆イソガシ〔忙〕、ネガフ〔願・望〕＋シ→◆ネガハシ〔願〕、ヱマフ〔咲〕＋シ→※ヱマハシ〔咲〕、ウルフ〔湿〕＋シ→ウルハシ〔愛・麗〕、イトフ〔厭〕＋シ→◆イトハシ〔厭〕、アサム〔浅〕＋シ→◆アサマシ〔浅〕、スサム〔荒〕＋シ→スサマジ〔凄〕、カダム〔奸〕＋シ→◆カダマシ〔姦・奸〕、ナヤム〔悩〕＋シ→◆ナヤマシ〔不平・阻〕、タクム〔巧〕＋シ→タクマシ〔快〕、ムツム〔親・睦〕＋シ→ムツマシ〔親・睦〕、イトフ〔厭〕＋シ→※◆イトホシ〔苦〕、オモフ〔思〕＋シ→※オモホシ〔思〕、タノム〔頼〕＋シ→※◆タノモシ〔頼〕／イキヅク〔息衝〕＋シ→◆イキヅカシ〔気衝〕、ハラダツ〔立腹〕＋シ→◆ハラダタシ〔立腹〕、ウタガフ〔疑〕＋シ→◆ウタガハシ〔疑〕、カカラフ＋シ→カカラハシ、ケガラフ〔汚〕＋シ→ケガラハシ〔汙穢・穢〕、ワヅラフ〔煩〕＋シ→ワヅラハシ〔煩〕、ウラヤム〔嫉妬〕＋シ→◆ウラヤマシ〔妬忌〕、シタヱム〔下咲〕＋シ→シタヱマシ〔下咲〕、イタブル〔甚振〕＋シ→イタブラシ／ナミタグム＋シ→ナミタグマシ、イキドホル〔憤〕＋シ→※イキドホロシ〔悁〕、など

(1)は形容詞語基が二音節のものばかりであるのに対して、(2)は形容詞語基が二音節のものが多いが三音節以上のものもいくらかあり、(3)は形容詞語基が二音節のものが少なく三音節以上のものが多い。このことは、(1)に対して(3)が新しい（(2)は、(1)に近いその間に位置する）ことを表すととらえられる。また、(3)は〜ハシ・〜マシの形のものが多い[25]（各8例）。

さて、仮に、二段動詞の成立が古くて、四段動詞の成立が新しく、そして、ク活用形容詞の成立が古くて、シク活用形容詞の成立が新しいとすると、〔(1)二段動詞＋シ→ク活用形容詞〕が古く、〔(3)四段動詞＋シ→シク活用形容詞〕が新しい、と考えられ、二段動詞／四段動詞の成立の新古と、ク活用形容詞／シク活用形容詞の成立の新古とが対応してとらえられることになる。そして、〔(2)二段動詞＋シ→シク活用形容詞〕は、とりあえず(1)と(3)との間に位置すると見られる（あるいは、(2)は、(3)の成立後に(3)との類推によって成立したと見ることもあり得るか）。

このように考えると、動詞被覆形＋接尾辞シの構成の派生形容詞から見ても、木田氏「二段古形説」は蓋然性が高いと見られる。

三　修正二段古形説

さて、以下に二段動詞の成立が四段動詞の成立より古いととらえる方向で考えて見るが、その際に、次の点に留意することにする。

第一に、有坂氏前掲論文の述べられる被覆形—露出形の対立を基に考えることにする。被覆形—露出形の対立は、

名詞・動詞に共通するものであり、森重敏氏『日本文法通論』[26]、川端氏前掲著書が、名詞においても「活用」ととらえられるものであって、動詞の活用の成立の基として考えることができるものである。なお、有坂氏の言われるように、動詞においては連用形を露出形とする。

第二に、動詞の活用の成立についての、木田氏を含むこれまでの諸説がとり挙げて来なかった観点として、アクセントの問題があるので、それをも考慮に入れて考えることにする。動詞の活用形のアクセントについては、岡田尚子氏「日本書紀古写本のアクセントと古今訓点抄のアクセントについて」[27]、金田一春彦氏『国語アクセントの史的研究　原理と方法』[28]を参照する。被覆形のアクセントについては、前書『古代語形容詞の研究』[29]に述べた。なお、未然形のアクセントは助動詞ムに続く形によった。

第三に、前稿㈠にも見た木田氏説の大きな問題点の一つであるが、木田氏㈠が、繰り返して「連体形に訳の分からない「る」、已然形にも訳の分からない「れ」が付いている」「動詞の活用を説くとき、誰もが説明できないのがこの「る」「れ」である。」と言われるところの、二段動詞の連体形のル、已然形のレの問題を、一旦は切り離して、そして、後に合わせて見ることにする。前稿㈠で「二段系の全活用形の成立が四段系のそれより古いとするのではないように修正されることになる。」と述べた方向である。すなわち、二段動詞の連体形・已然形の成立は、四段動詞の連体形・已然形の成立より遅い、と考える。この点で、以下は〝修正二段古形説〟と言うこともできる。以下、六つの活用形は、基本的に⑴連用形、⑵終止形、⑶命令形、⑷未然形、⑸連体形、⑹已然形の順に挙げる。

そして、以下の図においては、次のように示すことにする。

連用形は用と、終止形は止と、命令形は令と、未然形は未と、連体形は体と、已然形は已と示す。

［　］内は、接尾的なヨ／ル・レを別にした末尾の音節を示すもので、［ア］はア列、［ウ］はウ列、［オ］はオ列甲類・乙類、［イ甲］はイ列甲類、［イ乙］はイ列乙類、［エ甲］はエ列甲類、［エ乙］はエ列乙類を示す。

また、母音連接を避ける場合に、〔Ａｉ〕は、先行母音脱落〔ア列・ウ列・オ列甲類・同乙類＋ｉ→イ列甲類〕を、〔Ｂｉ〕は、母音相互同化〔ア列＋ｉ→エ列乙類〕〔ウ列・オ列甲類・同乙類＋ｉ→イ列乙類〕を、〔Ｂａ〕は、母音相互同化〔イ列甲類＋ａ→エ列甲類〕を示す。

（　）は、アクセントについて示すものである。動詞のアクセントについては、終止形が二音節のものを例にして挙げる。(上)は上声〔高い〕、(平)は平声〔低い〕、(東)は平声軽〔下がる〕を示し、また、(不)は、アクセントが変化しないこと〔上上→上上〕〔上平→上平〕〔平平→平平〕〔平東→平東〕を、(低)は、末尾を低くすること〔上上→上平〕〔平平→平東〕を、(＋低)は、接尾的なヨ／レを伴うことによって末尾を低くすること〔上平＋ヨ／レ→上上平〕〔平東＋ヨ／レ→平平東〕を、(高)は、末尾を高くすること〔上上・上平→上上〕〔平平・平東→平上〕を、(＋高)は、接尾的なルを伴うことによって末尾を高くすること〔上平＋ル→上上上〕〔平東＋ル→平平上〕を示す。

細線は、要素が加わらないことを示し、そのうち、(不)は四段動詞の「被覆形→未然形」に現れ、(低)は二段動詞・四段動詞の「被覆形→終止形」に現れ、(高)は四段動詞の「被覆形・終止形→連体形」に現れる。

太線は、要素ｉが加わることを示し（図では、太線について「＋ｉ」と示すのを省略する）、いずれも(低)で、二段動詞の「被覆形→〔露出形＝連用形〕」（〔Ｂｉ〕）、四段動詞の「被覆形→〔露出形＝連用形〕」（〔Ａｉ〕）、四段動詞の「被覆形・未然形→已然形」（〔Ｂｉ〕）に現れる。

波線は、ｉの他の要素が加わる〔＋ａ／＋ヨ／＋ル、＋レ〕ことを示し、そのうち、(不)は四段動詞の「〔露出形＝連用形〕＋ａ→命令形」（〔Ｂａ〕）に現れ、(＋低)は、二段動詞の「〔露出形＝連用形〕＋ヨ→命令形」、二段動詞の「終止形＋レ→已然形」に現れ、(＋高)は二段動詞の「終止形＋ル→連体形」に現れる。

破線は、アクセントのみが同化することを示し、二段動詞の未然形が被覆形と同化することに現れる。

また、図の上段はアクセントが高起式、下段は同じく低起式のものである。

⓪被覆形―露出形（次の①二段動詞Ⅰの(1)と共通する）

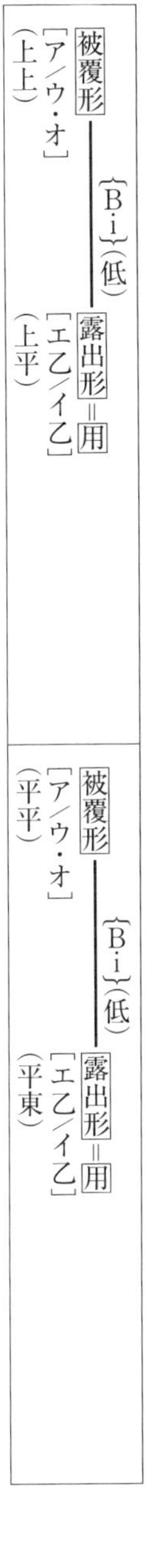

(1) 被覆形→〔露出形＝連用形〕

＋i〔B・i〕：〔ア列＋i→エ列乙類〕／〔ウ列・オ列甲類・同乙類＋i→イ列乙類〕

（低）：上上→上平（上段）、平平→平東（下段）

①二段動詞Ⅰ（未然形・連体形・已然形は未分化）（斜線の上は下二段動詞、下は上二段動詞）

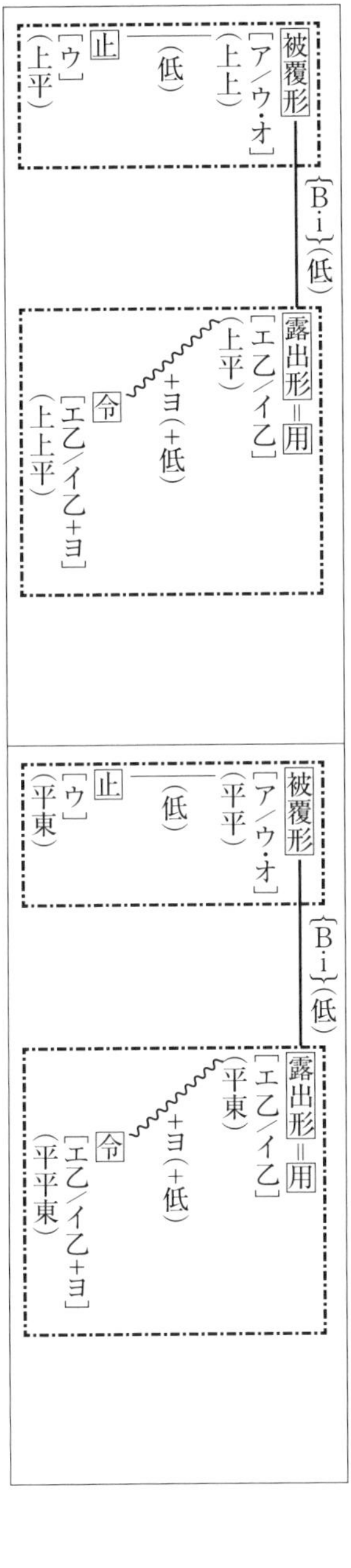

(1) 被覆形→〔露出形＝連用形〕《⓪被覆形―露出形の(1)に同じ》

＋i｛Bi｝：〔ア列＋i↓エ列乙類〕／〔ウ列・オ列甲類・同乙類＋i↓イ列乙類〕

（低）：上上↓上平（上段）、平平↓平東（下段）

(2)　被覆形↓終止形

ウ列に特定：ア列・ウ列・オ列甲類・同乙類↓ウ列

（低）：上上↓上平（上段）、平平↓平東（下段）

(3)　〔露出形＝連用形〕↓命令形

＋ヨ：〔エ列乙類／イ列乙類〕＋ヨ

（＋低）：上平＋ヨ↓上上平（上段）、平東＋ヨ↓平平東（下段）

右において、被覆形・終止形は被覆形系として括ってとらえられ、〔露出形＝連用形〕・命令形は露出形系として括ってとらえられる。接尾的なヨ（後掲ル・レも）を別にした末尾の音節の共通性によってとらえるものである。

右のうち、「ウ列に特定」については、阪倉氏『語構成の研究』[30]の「u接尾形」が参照される。すなわち、「いはば、かうした基本語彙といふべき名詞がこのウ列拍を語末にもつものに集中する事実からして、われわれは、かつてこの母音/u/が名詞構成におほきくあづかつてゐた時代のあつたことを想像してよいのではあるまいか。しかもまた、このuは、（略）動詞構成におけるもつとも普通な接尾的形式でもあつた。すなはち、かつてこのuによつて構成された語は、（略）動詞的概念をになふ語根的要素を、もつとも自然に単語（自立形式）化したものとして、まづ動詞としての性格を有するものであつたが、それと同時に、これはまた、いはば一つのInfinitiveとして、動詞的概念そのものを、それとしてしめす形式であり（略）、名詞としてももちゐられることがあつたのである。」のようである。

②四段動詞Ⅰ（未然形・連体形・已然形は未分化）

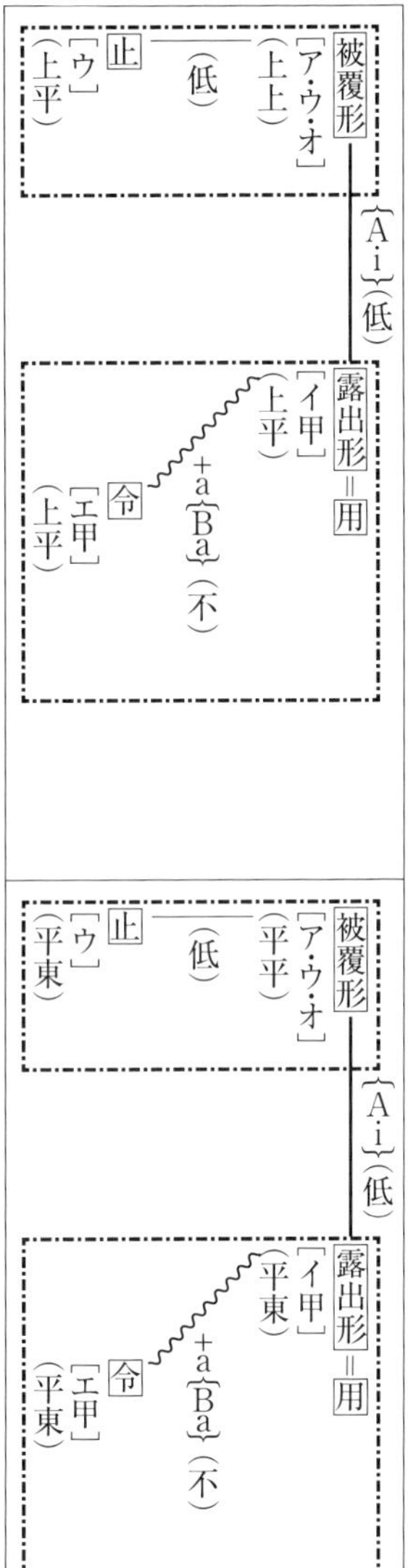

(1)被覆形↓〔露出形＝連用形〕

＋i〔Ａｉ〕：ア列・ウ列・オ列甲類・同乙類＋i↓イ列甲類《〔Ｂｉ〕⧺〔Ａｉ〕》

（低）：上上↓上平（上段）、平平↓平東（下段）《①二段動詞Ⅰの(1)に同じ》

(2)被覆形↓終止形《①二段動詞Ⅰの(2)に同じ》

ウ列に特定：ア列・ウ列・オ列甲類・同乙類↓ウ列

（低）：上上↓上平（上段）、平平↓平東（下段）

(3)〔露出形＝連用形〕↓命令形

＋ａ〔Ｂａ〕：イ列甲類＋ａ↓エ列甲類《＋ヨ　⧺　＋ａ》

（不）：〔上平（上段）、平東（下段）〕そのまま《（＋低）⧺（不）》

右において、被覆形・終止形は被覆形系として括ってとらえられ、〔露出形＝連用形〕・命令形は露出形系として括ってとらえられる。《①二段動詞Ⅰに同じ》

①二段動詞Ⅰ—②四段動詞Ⅰは、右の《　》内に「≠」と示した箇所のように異なることもあるが、「同じ」箇所もあり、以下の③四段動詞Ⅱ—④二段動詞Ⅱに比べて、かなり近い（②、次いで①）と言える。

③四段動詞Ⅱ（②四段動詞Ⅰから未然形・連体形・已然形が分化）

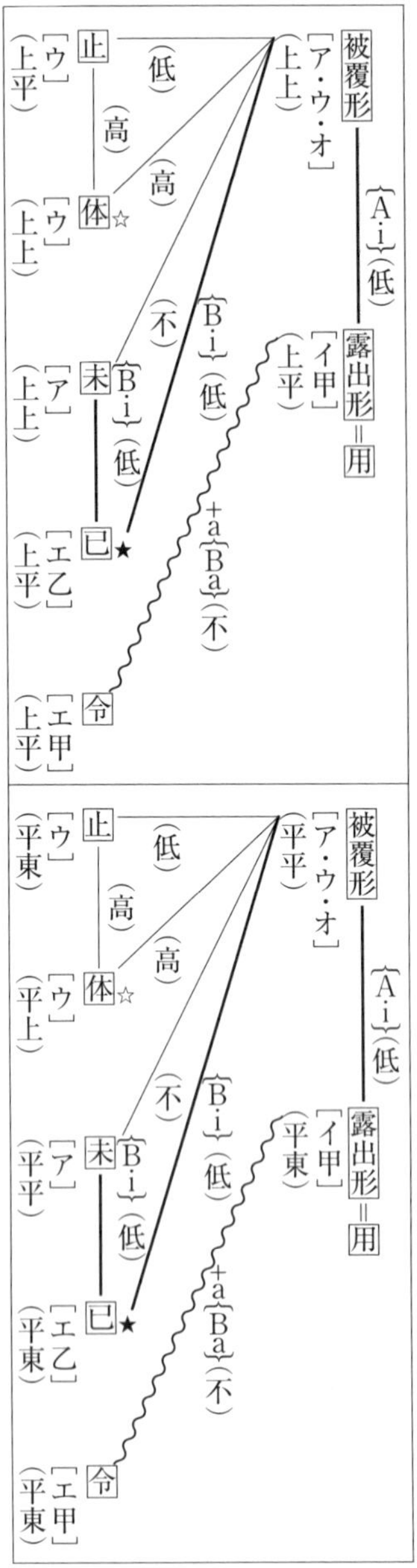

（②四段動詞Ⅰと重なる⑴⑵⑶は省略する）

⑷被覆形→未然形

ア列に特定：ア列・ウ列・オ列甲類・同乙類→ア列

（不）：〔上上（上段）、平平（下段）〕のまま

⑸イ被覆形→連体形、ないし、ロ終止形→連体形（～ルが多い、☆印）

ウ列に特定、ないし、ウ列のまま：イア列・ウ列・オ列甲類・同乙類→ウ列、ロウ列のまま

（高）：イ上上→上上（上段）、平平→平上（下段）、ロ上平→上上（上段）、平東→平上（下段）

(6) [イ]被覆形→[已然形]、ないし、[ロ]未然形→[已然形]〈〜レが多い、★印〉

ア列に特定、その上で、＋i〔Bi〕：[イ]〈ア列・ウ列・オ列甲類・同乙類→ア列〉＋i→エ列乙類

＋i〔Bi〕：[ロ]ア列＋i→エ列乙類

(低)：[イ][ロ]上上→上平（上段）、平平→平東（下段）

右において、被覆形・終止形・未然形・連体形は被覆形系として括ってとらえられ、〈露出形＝連用形〉・命令形は露出形系として括ってとらえられる。ここに、四段動詞の未然形は被覆形系に属することが注意される。已然形は、末尾の音節の共通性によれば露出形系と見ることになるが、出自により被覆形系と見ることも考えられないではなく、判断が難しい。

(5)・(6)を[イ]によって被覆形→[連体形]、被覆形→[已然形]と見ると、(2)被覆形→[終止形]、(4)被覆形→[未然形]と共通するものとしてとらえることができる。他方、(5)・(6)を[ロ]によって終止形→[連体形]、未然形→[已然形]と見ると、(5)における「ウ列に特定」は既に(2)で見たことになり、(6)における「ア列に特定」は既に(4)で見たことになる。

右のうち、「ア列に特定」については、阪倉氏前掲書の「a接尾形」が参照される。すなわち、「このaによる名詞は、やや抽象的に、さうした動作・作用の本質を抽出し、その実現されてある情態を意味するものであつた。」「このa接尾形なるものも、動詞的意義をおびた情態性の意義をもつて、（略）結合形式用法にたつものが、本来であつたのだらう。それが、次第に動詞的意義との直接的関連をうすめ、自立形式化して、つひに完全に名詞化したのが、（略）クマ・ハラ・ツカ・ムラ……の類であつて、（略）かくのごとくであるとすれば、複合語の語基となつてゐるもの（有坂秀世氏のいはゆる被覆形）にこの/a/をもつものがおびただしくあらはれてくる理由は、もはやあきらかであらう。」のようである。

④二段動詞Ⅱ（①二段動詞Ⅰから未然形・連体形・已然形が分化）（斜線の上は下二段動詞、下は上二段動詞）

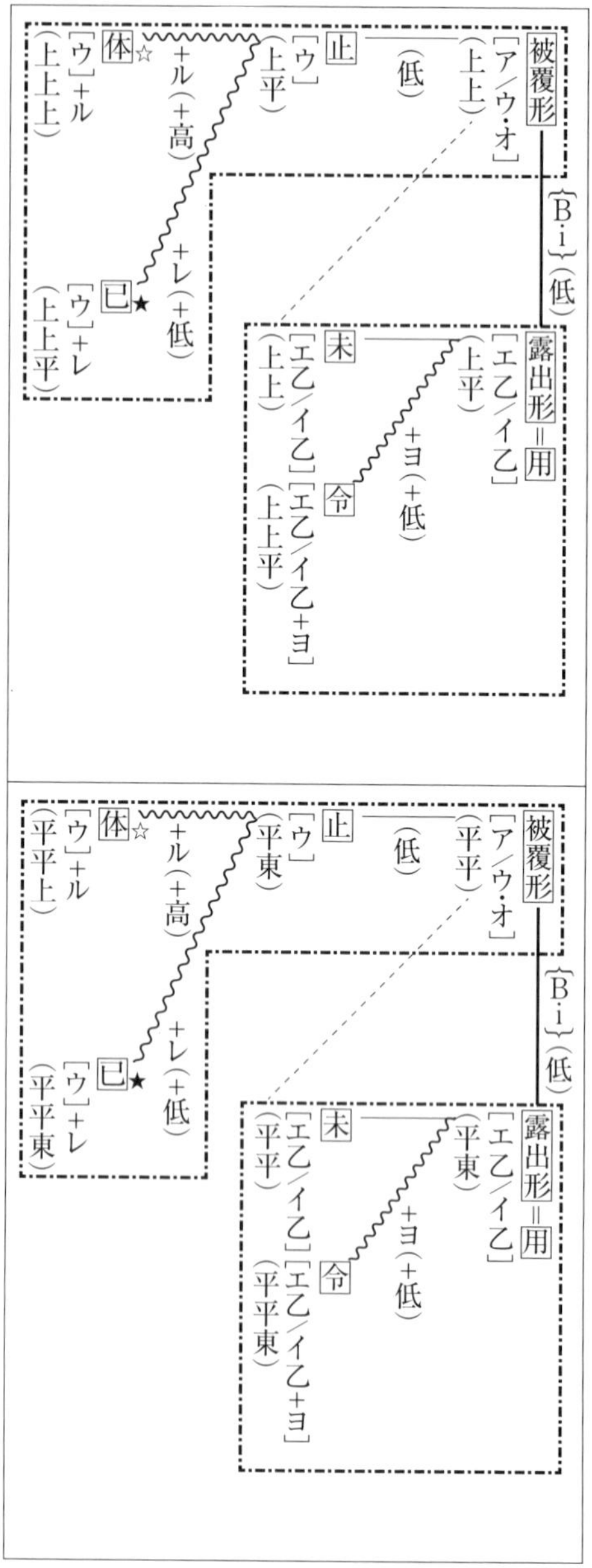

（①二段動詞Ⅰと重なる(1)(2)(3)は省略する）

(4)〔露出形＝連用形〕→未然形《③四段動詞Ⅱと大きく異なる》

そのまま：〔エ列乙類／イ列乙類〕のまま

被覆形と同化：上平→上上（上段）、平東→平平（下段）

(5)終止形→連体形《③四段動詞Ⅱと音節数が異なる》

＋ル：ウ列＋ル

（＋高）：上平＋ル→上上上（上段）、平東＋ル→平平上（下段）

(6)終止形↓已然形《③四段動詞Ⅱと大きく異なり音節数が異なる》

　+レ：ウ列+レ

　（+低）：上平+レ↓上上平（上段）、平東+レ↓平平東（下段）

右において、被覆形・終止形・連体形・已然形は被覆形系として括ってとらえられ、〔露出形=連用形〕・命令形・未然形は露出形系として括ってとらえられる。ここに、二段動詞の未然形は露出形系に属することが注意される（但し、アクセントは被覆形と同じである）。已然形「ウ列+レ」は、レを別にした末尾がウ列である点で被覆形系と見る。

③四段動詞Ⅱの(5)を口によって終止形↓連体形ととらえると、④二段動詞Ⅱの(5)・(6)の終止形↓連体形、終止形↓已然形と共通するものとしてとらえることができる。

(5)終止形↓連体形がルを伴い、(6)終止形↓已然形がレを伴うに当たり、なぜル・レであるかは、③四段動詞Ⅱの連体形がルで終わるものが多く（☆）、同じく已然形がレで終わるものが多い（★）こととの類推によるものと考えられる。

仮に、④二段動詞Ⅱの未然形を、被覆形↓未然形と見ると、「+i〔B・i〕」で、アクセントは〔上上、平平〕のまま、と見ることになるが、「+i」は、被覆形↓〔露出形=連用形〕のように、アクセント変化(低)を伴うので、被覆形↓未然形とは見ないのがよいと考えられる。よって、④二段動詞Ⅱの未然形は、〔露出形=連用形〕と母音形態はそのままで、アクセントは被覆形と同化するものと見る。もし、〔上平↓上上、平東↓平上〕ならば、(高)と見ることになるが、〔上平↓上上、平東↓平平〕であるので、被覆形との同化と見るのがよいと考えられる。

④二段動詞Ⅱは、①二段動詞Ⅰにおいて既に成立していた〔露出形=連用形〕・終止形を基に、母音形態を変化させない方向で未然形／連体形・已然形を分化させたと言える。

四　考察の結果と残る問題

右のように考察した結果は、次のようである。

まず、動詞被覆形＋接尾辞シの構成の派生形容詞から見ても、「二段古形説」は蓋然性が高いと見られる。

次に、四段動詞の被覆形系（被覆形・終止形・未然形・連体形）―露出形系（〔露出形＝連用形〕・命令形）の対立は、複雑化していて已然形をどう見るか判断が難しいのに対して、二段動詞の被覆形系（被覆形・終止形・連体形・已然形）―露出形系（〔露出形＝連用形〕・未然形・命令形）の対立は、比較的単純でよりはっきりしていて、基になると考えられる被覆形―露出形の対立に近く、その点から見て、二段動詞の方が四段動詞より本来の形態ではないかと考えられる。

また、木田氏「二段古形説」の大きな問題点の一つであったところの、二段動詞の連体形のル、已然形のレについては、③四段動詞Ⅱの成立の後に④二段動詞Ⅱが成立するととらえることで、問題は解消できたと考えられる。前稿㈠に「二段系の全活用形の成立が四段系のそれより古いとするのではないように修正されることになる。」（再掲）と述べた方向である。

それに対して、残る問題は次のようである。

以上には、四段動詞、下二段・上二段動詞についてのみ述べたのであって、ここに上一段動詞について述べないことは問題であろう。上一段動詞について、木田氏㈠が「全ての上一段動詞は上二段動詞の変化したものである。」と述べられることに対して、前稿㈠で「イ列甲類を持つキル［着］・ミル［見］も上二段動詞から変化したと見るのは」「やや無理がありそうに思われる。」と述べたが、今、それ以上のことは述べられそうにない。なお、上二段動詞の上一段化、上一段動詞の上二段化については、別稿「メ［目］とその周辺」[31]に見たが、川端氏前掲書[32]が述べられるように、連用形が一音節のものは上一段化する傾向が、それが多音節のものは（アラブ［荒］を別にして）上二段化する傾向がある。

変格動詞については、ラ変動詞は四段動詞の変形としてとらえ、ナ変動詞は二段動詞と四段動詞との混合と、カ変動詞も、ア列―オ列乙類の母音交替と見て、二段動詞と四段動詞との混合の方向でとらえ、サ変動詞は、下二段動詞に近い形での二段動詞と四段動詞との混合ととらえられる。木田氏は、「二段古形説」の立場から、ナ変・カ変・サ変動詞を二段動詞の変形と見る方向でとらえられるが、ここでは、連体形〜ル、已然形〜レを持つところから見て、③四段動詞Ⅱの成立後ないし④二段動詞Ⅱの成立後の混合と見るのがよいかと考えられる。

上一段動詞については、川端氏㈡「『活用の研究』について[33]」が、「一音節という語の形態条件によって、結果としては変格に扱わざるを得ない。」として、

	正格	変格
強活用	四段	ラ変
混合活用	ナ変	カ変 サ変
弱活用	下二段 上二段	上一段

のように示されるのが、手がかりになるかも知れない（一音節という問題については、さらに検討する必要があろう）。また、岡村弘樹氏㈠「上代における動詞ミルの終止形[34]」・㈡「古代における上一段活用について[35]」もあり、上一段動詞について今後の検討が期待される。

上一段動詞については未だよい案を持たないが、川端氏(二)のようなとらえ方によるならば、四段動詞と下二段・上二段動詞とが中心になるので、本稿のとらえ方はこれと全くの同じではないけれども、四段動詞と下二段・上二段動詞とを中心に考察してきたことでよかったとも言える。

以上、木田氏「二段古形説」を評価する方向で〝修正二段古形説〟とも言えるとらえ方を示してみた。

〔注〕

（1）「国語と国文学」30-6〔1953・6〕
（2）『万葉集大成』6言語篇〔1955・5　平凡社〕
（3）〔1968・12　至文堂、日本文法新書〕〔V17〕
（4）『萬葉集研究』17〔1989・11　塙書房〕
（5）Ⅰ〔1978・3　大修館書店、1997・4増補再版　清文堂出版〕・Ⅱ〔1979・2　同、同〕〔第二部第二～四章〕
（6）〔1985・1　有精堂〕〔第二章第四～六節〕
（7）「国語国文」57-1〔1988・1〕
（8）『日本の古代』14ことばと文字〔1988・3　中央公論社、のち1996・11　中公文庫〕
（9）「国文学　解釈と教材の研究」35-5〔1990・5〕
（10）「萬葉」212〔2012・6〕。なお、注(29)前書〔総論篇第二章第八節〕をも参照。
（11）『橋本四郎論文集』国語学編〔1986・12　角川書店〕、もと「女子大国文」5〔1957・3〕
（12）「文教大学国文」27〔1998・3〕
（13）『国語音韻史の研究』〔1944・7　明世堂書店、1957・10増補新版　三省堂〕、もと「音声の研究」4〔1931・12〕
（14）注(24)参照。

(15)　［1996・10　和泉書院］〔第三部第五章〕、もと「古代日本語における形容詞造語法に関する一考察」（「名古屋大学文学部研究論集」121〔文学41〕［1995・3］）

(16)　前稿㈡に述べたが、釘貫氏の挙げられるもののうち、クロシ［黒］が（クラシ［暗］とともに）動詞クル［暮］の被覆形＋シの構成ととらえられるかどうかについては、問題がある。アクセントが、クル［暮］「陰クル（上平）」（名義抄、図二〇九）・クラシ［暗］「眩クラシ（上上上）」（同、高82オ）は高起式であるのに対して、クロシ［黒］「黒クロシ（平平○）」（同、観仏下末五三［28オ］）は低起式であり、金田一法則に反しているからである（クロシ［黒］は低起式のクリ［涅］「涅久利（平上）」（同、図二五）とともにとらえる説がどちらかと言えば有力である）。なお、これを金田一法則の例外と認める意見も少なからずあり、その点については、久島茂氏『〈物〉と〈場所〉の対立　知覚語彙の意味体系』［2001・6　くろしお出版］〔第3章注8〕に詳しい。

(17)　前稿㈡に述べたが、メデタシ［賞］は、メデ［賞］＋イタシ［甚］の構成ととらえられ、ここに挙げるには適していない。「《メデ（愛）イタシ（甚）の約》」（『岩波古語辞典』）とあること、および、舘谷笑子氏「接尾語タシの成立過程――タシ型形容詞の考察から――」（「語文」（大阪大学）69［1997・11］）参照。

(18)　［1978・9　講談社現代新書518、のち2011・3　平凡社ライブラリー729］〔第二部2・3・5〕

(19)　〔第三章四〕「形容詞」（第三章は主として浅見徹・橋本両氏執筆）

(20)　馬淵氏㈢には、「岡村昌夫氏の説を掲げて、（略）ク活用とシク活用の違いは、成立の時期の違いであろうとした。」とある。

(21)　『井手至先生古稀記念論文集　国語国文学論藻』［1999・12　和泉書院］。なお注(29)前書〔総論篇第一章第二部〕をも参照。

(22)　〔第二章第二節〕

(23)　名詞＋接尾辞シ、動詞連用形＋接尾辞シ、副詞＋接尾辞シ、ともに前稿㈡参照。注(29)前書〔総論篇第二章第七節〕をも参照。

(24)　有坂氏は、アサシ［浅］をアス［浅］〔四段〕＋シの構成として挙げられるが、四段動詞＋シがク活用形容詞になる例は他にない（注(15)釘貫氏著書参照）ので、アス［浅・褪］〔下二段〕＋シと見る方がよいと考えられる。

(25) 村田菜穂子氏「形容詞化接尾辞――～ハシ・～マシについて――」（「甲南国文」35［1988・3］）参照。

(26) ［1959・1　風間書房］

(27) 「女子大文学　国文篇」（大阪女子大学）8［1956・3］・9［1956・12］

(28) ［1974・3　塙書房］〔本論第一章第二節二十一・二十二〕

(29) ［2014・5　清文堂出版］〔各論篇第一章補節、もと「一音節被覆形―露出形のアクセント――〝金田一法則〟の例外について――」（「萬葉」107［1981・2］）〕

(30) ［1966・5　角川書店］〔第二篇第三章第一節〕、もと「古代日本語における名詞の構成」（「国語国文」30–11［1961・11］）

(31) 「親和国文」44［2009・12］

(32) 〔第二部第二章第二節㈢・㈣〕

(33) 「国文学　解釈と鑑賞」73–1［2008・1］

(34) 「国語国文」84–11［2015・11］

(35) 「同」85–11［2016・11］

キーワード：動詞の活用　木田章義氏　二段古形説　派生形容詞　アクセント

〔付記〕本稿は、二〇一〇年一月九日、二〇一〇年度大阪大学国語国文学会において、同じ題で講演したものから、前稿㈡に当たる部分を概略化したものであるが、前稿㈡を含めてその後の研究によって修正したところもある。

『日本語歴史コーパス』を利用したジャンル別特徴語の抽出とその周辺

村田　菜穂子

一　はじめに

これまで古典文学作品に出現する形容詞について、索引やテキストデータに基づき、⑴各作品における形容詞の使用状況を比較するための対照語彙表の作成を行う一方で、⑵見出し語単位に、語のしくみ、すなわち、語構成を分析して古代語形容詞の質的な体系性を明らかにするところから出発し、続いて、これに基づいた様々な計量分析を行う中で、⑶上代から中古、さらにはそれ以降への流れを考察して形容詞における『語構成史』を構築することを試みてきた。

本稿は、国立国語研究所コーパス開発センター開発の『日本語歴史コーパス』(1)が充実してきたことから、『日本語歴史コーパス　平安時代編』(2)に収録されている仮名文学作品十六作品（古今和歌集、土佐日記、竹取物語、伊勢物語、落窪物語、大和物語、枕草子、源氏物語、紫式部日記、和泉式部日記、平中物語、堤中納言物語、更級日記、讃岐典侍日記、蜻蛉日記、大鏡）、『日本語歴史コーパス　鎌倉時代編』(3)に収録されている説話・随筆作品五作品（今昔物語集（本朝部）、宇治拾遺物語、十訓抄、方丈記、徒然草）を対象に、従来の語彙表には採用していなかった『日本語歴史コーパス』にある情報を用いて、新たな角度から分析を行うとともに、これまでの語構成分析結果と組み合わせて、従来からの考え方を補完する、あるいは新しい知見を得ようとする試みを行うものである。

二　『日本語歴史コーパス』の「本文種別」と「ジャンル」を用いた分析

『日本語歴史コーパス』は、日本の代表的な古典文学作品をコーパス化したもので、収録されている本文データには、出現するすべての語に、読み・品詞・活用型（ク活用またはシク活用を示すもので、従来「活用」と称していたが、本稿では『日本語歴史コーパス』の項目名に従い「活用型」と呼ぶ）・活用形・語種等の形態論情報が付与され、さらに、『日本語歴史コーパス』が底本とする小学館「新編日本古典文学全集」の情報に基づいて本文に「本文種別」と呼ぶ情報を付与し、当該箇所が地の文なのか、あるいは会話文なのかといった分類が施されている。

また、『日本語歴史コーパス』は、オンライン検索ツール「中納言」を通して検索することができ、検索できる項目には、検索語となるキーを含めて、[1]コーパス情報（サブコーパス名、サンプルID、連番）、[2]形態論情報（前文脈、キー、後文脈、語彙素ID、語彙素読み、語彙素、語彙素細分類、語形、語形代表表記、品詞、活用型、活用形、書字形、仮名形出現形、発音形出現形、語種、原文文字列、振り仮名）、[3]本文情報（本文種別、話者、文体、歌番号）、[4]作品情報（ジャンル、作品名、成立年、巻名等、部）、[5]作者情報（作者、生年、性別）、[6]底本情報（底本、ページ番号、校注者、出版社）、[7]その他（外部リンク）がある。

筆者のこれまでの研究では、主に、形容詞そのものの持つ属性である活用型（ク活用、シク活用の別）、階層構造[4]等を分析の対象としており、形容詞が使われる状況や場面については考慮してこなかった。また、ジャンルについても、韻文と散文という大きなくくりでしか比較をしてこなかった。

そこで、前述のオンライン検索ツール「中納言」を通して検索できる項目のうち、[3]本文情報の一つである「本文種別」と[4]作品情報の一つである「ジャンル」に着目し、『日本語歴史コーパス　平安時代編』と『日本語歴史

コーパス　鎌倉時代編』を対象に、時代による違いについても明らかにするため、それぞれ別々にジャンルによって本文種別の分布状況に差があるかどうかを分析することにした。

なお、「本文種別」とは、用いられている本文が歌（本稿では『日本語歴史コーパス』の項目名に従い、「和歌」ではなく「歌」と呼ぶ）なのか会話文なのか等を示したもので、歌、会話、会話—発話引用、古注、古注—歌、詞書、手紙、空白（＝地の文、以下、「地の文」と表記する）を区別したものであり、もう一方の「ジャンル」とは、文字どおり作品のジャンルを表したもので、歌集、歌物語、作り物語、随筆、日記、歴史物語、説話等を区別したものである。

ところで、この後に示す分析結果について、最初に断っておくべきことがある。それは、ジャンルについてである。『日本語歴史コーパス　平安時代編』に出現するジャンルは、「歌集」、「歌物語」、「作り物語」、「随筆」、「日記」、「歴史物語」の六種類で、このうち、「歌集」に含まれる作品は『古今和歌集』のみ、「随筆」に含まれる作品は『枕草子』のみ、「歴史物語」に含まれる作品は『大鏡』のみというように、一ジャンル一作品のものがあり、その場合、ジャンルの特性は含まれる作品そのものの特徴となってしまうという問題を孕んでいるということである。

（一）　本文種別とジャンルによる集計（平安時代）

最初に、平安時代の十六作品に出現する形容詞について、ジャンルによって本文種別の分布状況に差があるかどうかを検証する。

さて、表1—1・表1—2・表1—3は、平安時代の十六作品に出現する形容詞三六四六四語（延べ語数）について、本文種別・ジャンル別の出現頻度とジャンルごとの出現総数に占める各本文種別の出現比率を示したもので

表１―１　本文種別・ジャンル別の出現頻度および出現比率（ク・シク活用全体）

延べ語数							
本文種別／ジャンル	歌集	歌物語	作り物語	随筆	日記	歴史物語	合計
歌	556	357	526	14	349	55	1857
会話		172	8251	551	914	1323	11211
会話－発話引用		3	131	46	44	294	518
古注	5						5
古注－歌	8						8
詞書	66						66
手紙		1	121				122
地の文	48	773	16146	2818	2832	60	22677
合計	683	1306	25175	3429	4139	1732	36464
出現比率（%）							
本文種別／ジャンル	歌集	歌物語	作り物語	随筆	日記	歴史物語	合計
歌	81.4	27.3	2.1	0.4	8.4	3.2	5.1
会話	0.0	13.2	32.8	16.1	22.1	76.4	30.7
会話－発話引用	0.0	0.2	0.5	1.3	1.1	17.0	1.4
古注	0.7	0.0	0.0	0.0	0.0	0.0	0.0
古注－歌	1.2	0.0	0.0	0.0	0.0	0.0	0.0
詞書	9.7	0.0	0.0	0.0	0.0	0.0	0.2
手紙	0.0	0.1	0.5	0.0	0.0	0.0	0.3
地の文	7.0	59.2	64.1	82.2	68.4	3.5	62.2
合計	100.0	100.0	100.0	100.0	100.0	100.0	100.0

表１―２　本文種別・ジャンル別の出現頻度および出現比率（ク活用）

延べ語数							
本文種別／ジャンル	歌集	歌物語	作り物語	随筆	日記	歴史物語	合計
歌	401	257	406	10	247	37	1358
会話		104	4876	311	516	720	6527
会話－発話引用			92	27	19	179	317
古注	2						2
古注－歌	7						7
詞書	43						43
手紙			75				75
地の文	39	437	9079	1475	1630	21	12681
合計	492	798	14528	1823	2412	957	21010
出現比率（％）							
本文種別／ジャンル	歌集	歌物語	作り物語	随筆	日記	歴史物語	合計
歌	81.5	32.2	2.8	0.5	10.2	3.9	6.5
会話	0.0	13.0	33.6	17.1	21.4	75.2	31.1
会話－発話引用	0.0	0.0	0.6	1.5	0.8	18.7	1.5
古注	0.4	0.0	0.0	0.0	0.0	0.0	0.0
古注－歌	1.4	0.0	0.0	0.0	0.0	0.0	0.0
詞書	8.7	0.0	0.0	0.0	0.0	0.0	0.2
手紙	0.0	0.0	0.5	0.0	0.0	0.0	0.4
地の文	7.9	54.8	62.5	80.9	67.6	2.2	60.4
合計	100.0	100.0	100.0	100.0	100.0	100.0	100.0

表1―3　本文種別・ジャンル別の出現頻度および出現比率（シク活用）

延べ語数							
本文種別／ジャンル	歌集	歌物語	作り物語	随筆	日記	歴史物語	合計
歌	155	100	120	4	102	18	499
会話		68	3375	240	398	603	4684
会話－発話引用		3	39	19	25	115	201
古注	3						3
古注－歌	1						1
詞書	23						23
手紙		1	46				47
地の文	9	336	7067	1343	1202	39	9996
合計	191	508	10647	1606	1727	775	15454
出現比率（%）							
本文種別／ジャンル	歌集	歌物語	作り物語	随筆	日記	歴史物語	合計
歌	81.2	19.7	1.1	0.2	5.9	2.3	3.2
会話	0.0	13.4	31.7	14.9	23.0	77.8	30.3
会話－発話引用	0.0	0.6	0.4	1.2	1.4	14.8	1.3
古注	1.6	0.0	0.0	0.0	0.0	0.0	0.0
古注－歌	0.5	0.0	0.0	0.0	0.0	0.0	0.0
詞書	12.0	0.0	0.0	0.0	0.0	0.0	0.1
手紙	0.0	0.2	0.4	0.0	0.0	0.0	0.3
地の文	4.7	66.1	66.4	83.6	69.6	5.0	64.7
合計	100.0	100.0	100.0	100.0	100.0	100.0	100.0

ある。そして、表1―1はク活用・シク活用形容詞全体、表1―2はク活用形容詞、表1―3はシク活用形容詞についてそれぞれ集計したものである。

これらの表から、歌集では歌の比率が高いことは当然のこととして、このほか、歴史物語では会話の比率が、随筆では地の文の比率がそれぞれ高く、作り物語では会話文の比率がやや高い一方、日記では作り物語や随筆に比べて歌の比率がやや高い中、その本文は作り物語と随筆の中間に位置する比率で構成されていることが見て取れる。また、これらの表から、ク活用とシク活用という活用型による差がほとんどないことも読み取れる。ただ、ここで気になることは、歴史物語における会話の比率の七六・四パーセントという高さである。前節の最後で触れたように、これは『大鏡』固有の事情なのか他の歴史物語にもあてはまるものなのかは、今後あらためて調査する必要がある。

(二) 本文種別とジャンルによる集計（鎌倉時代）

続いて、鎌倉時代の五作品に出現する形容詞についても同様に検証する。

表2―1・表2―2・表2―3は、鎌倉時代の五作品に出現する形容詞一六八三〇語（延べ語数）について、本文種別・ジャンル別の集計に加えて、作品ごとの出現頻度と出現比率を示したものである。そして、表2―1はク活用・シク活用形容詞全体、表2―2はク活用形容詞、表2―3はシク活用形容詞についてそれぞれ集計したものである。

これらの表を鳥瞰すると、説話は会話の比率がやや高く、随筆は地の文の比率が高いことが見てとれる。また、作品ごとの差を見ると、説話に分類される『十訓抄』は会話の比率が他の作品より低い一方、随筆である『方丈記』には会話が全くないことがわかるほか、先に見た平安時代の十六作品と同様、ク活用とシク活用という活用型

表2―1　本文種別・ジャンル別の出現頻度および出現比率（ク・シク活用全体）

延べ語数								
本文種別／作品・ジャンル	今昔物語集	宇治拾遺物語	十訓抄	徒然草	方丈記	説話	随筆	合計
引用			65			65	0	65
歌	54	6	74	2		134	2	136
会話	3149	896	357	211		4402	211	4613
会話－発話引用	173	30	5	3		208	3	211
地の文	7559	1594	1342	1151	159	10495	1310	11805
合計	10935	2526	1843	1367	159	15304	1526	16830
出現比率（%）								
本文種別／作品・ジャンル	今昔物語集	宇治拾遺物語	十訓抄	徒然草	方丈記	説話	随筆	合計
引用	0.0	0.0	3.5	0.0	0.0	0.4	0.0	0.4
歌	0.5	0.2	4.0	0.1	0.0	0.9	0.1	0.8
会話	28.8	35.5	19.4	15.4	0.0	28.8	13.8	27.4
会話―発話引用	1.6	1.2	0.3	0.2	0.0	1.4	0.2	1.3
地の文	69.1	63.1	72.8	84.2	100.0	68.6	85.8	70.1
合計	100.0	100.0	100.0	100.0	100.0	100.0	100.0	100.0

表2―2　本文種別・ジャンル別の出現頻度および出現比率（ク活用）

延べ語数								
本文種別／作品・ジャンル	今昔物語集	宇治拾遺物語	十訓抄	徒然草	方丈記	説話	随筆	合計
引用			49			49	0	49
歌	39	3	48	1		90	1	91
会話	2090	549	251	150		2890	150	3040
会話－発話引用	112	22	3	2		137	2	139
地の文	5666	1014	866	798	120	7546	918	8464
合計	7907	1588	1217	951	120	10712	1071	11783
出現比率（%）								
本文種別／作品・ジャンル	今昔物語集	宇治拾遺物語	十訓抄	徒然草	方丈記	説話	随筆	合計
引用	0.0	0.0	4.0	0.0	0.0	0.5	0.0	0.4
歌	0.5	0.2	3.9	0.1	0.0	0.8	0.1	0.8
会話	26.4	34.6	20.6	15.8	0.0	27.0	14.0	25.8
会話－発話引用	1.4	1.4	0.2	0.2	0.0	1.3	0.2	1.2
地の文	71.7	63.9	71.2	83.9	100.0	70.4	85.7	71.8
合計	100.0	100.0	100.0	100.0	100.0	100.0	100.0	100.0

表２―３　本文種別・ジャンル別の出現頻度および出現比率（シク活用）

延べ語数								
本文種別／作品・ジャンル	今昔物語集	宇治拾遺物語	十訓抄	徒然草	方丈記	説話	随筆	合計
引用			16			16	0	16
歌	15	3	26	1		44	1	45
会話	1059	347	106	61		1512	61	1573
会話－発話引用	61	8	2	1		71	1	72
地の文	1893	580	476	353	39	2949	392	3341
合計	3028	938	626	416	39	4592	455	5047
出現比率（％）								
本文種別／作品・ジャンル	今昔物語集	宇治拾遺物語	十訓抄	徒然草	方丈記	説話	随筆	合計
引用	0.0	0.0	2.6	0.0	0.0	0.3	0.0	0.3
歌	0.5	0.3	4.2	0.2	0.0	1.0	0.2	0.9
会話	35.0	37.0	16.9	14.7	0.0	32.9	13.4	31.2
会話－発話引用	2.0	0.9	0.3	0.2	0.0	1.5	0.2	1.4
地の文	62.5	61.8	76.0	84.9	100.0	64.2	86.2	66.2
合計	100.0	100.0	100.0	100.0	100.0	100.0	100.0	100.0

による差はほとんどないことが読み取れる。

　さらに、（一）の平安時代の作品の集計結果と比較すると、随筆については、時代を問わず、地の文の比率が高いことがうかがえることに加えて、鎌倉時代の説話は平安時代の作り物語に近いという様相が認められる。

三　ジャンルごとの特徴語について

　第二節では、ジャンルによって本文種別の分布状況に差があることを見たが、本節では本文種別やジャンルの別によって、形容詞の使用状況には差違、ないしは、特徴的な現れ方といったものがあるのかということを『日本語歴史コーパス　平安時代編』のデータを使って検証してみたい。

　ここで、ジャンルごとの特徴を見るにあたり、第二節で述べた一ジャンル一作品の問題に再び話を戻すと、『日本語歴史コーパス　平安時代編』に取り上げられた「歌集」、「歌物語」、「作り物語」、「随筆」、「日記」、「歴史物語」という六種類のジャンルのうち、「歌集」に含まれる作品は『古今和歌集』のみ、「随筆」に含まれる

表３―１　『日本語歴史コーパス　平安時代編』の形容詞の活用型・階層構造別集計

延べ語数					
	第一次	第二次	第三次	不　明	総　計
ク 活 用	1080	275	1	2	1358
シク活用	487	10		2	499
合計	1567	285	1	4	1857
比率（%）					
	第一次	第二次	第三次	不　明	総　計
ク 活 用	79.5	20.3	0.1	0.1	100.0
シク活用	97.6	2.0	0.0	0.4	100.0
合計	84.4	15.3	0.1	0.2	100.0

表３―２　八代集に出現する形容詞の活用型・階層構造別集計

延べ語数					
	第一次	第二次	第三次	不　明	総　計
ク 活 用	2372	798	5	0	3175
シク活用	1287	9		0	1296
合計	3659	807	5	0	4471
比率（%）					
	第一次	第二次	第三次	不　明	総　計
ク 活 用	74.7	25.1	0.2	0.0	100.0
シク活用	99.3	0.7	0.0	0.0	100.0
合計	81.8	18.0	0.1	0.0	100.0

作品は『枕草子』のみ、「歴史物語」に含まれる作品は『大鏡』のみであった。随筆については、同時代に他に随筆に分類される作品がないことから、『枕草子』の特徴が随筆の特徴と扱うことは止むを得ないことであるが、歴史物語については、同時代に他に歴史物語に分類される作品があるため、現時点ではあくまでも『大鏡』の特徴として参考程度に留めておくこととしたい。また、歌集についてだが、表1―1を見ると、「歌集（古今和歌集）」だけで使用されている形容詞の延べ語数は五五六語であるが、本文種別が「歌」であるものは全ジャンルで一八五七語あることから、本文種別が「歌」であるデータを便宜的にすべて「歌集」というジャンルに含めて分析・検討することにする。

さて、歌で使われる形容詞（延べ語数）については、拙著において、八代集に現れる形容詞を対象に分析した結果、ク活用形容詞、しかも第一次形容詞が多いという特徴がみられることをかつて明らかにした[5]。そこで、『日本語歴史コーパス　平安時代編』に出現する本文種別が「歌」である形容詞一八五七語を従来の語構成情報を付加したデータとマッチングさせ、同じように、階層構造と活用型の両面から集計したところ、表3―1のような結果になった。これを筆者が八代集の延べ語数データを用いて分析した結果（表3―2）と比較してみると、ほとんど同様の傾向であることがわかる。

このことから、ジャンルごとの特徴を分析するにあたっては、特に、ジャンル「歌集」に関しては、本文種別「歌」のデータをジャンル「歌集」に分類し直すことで、一作品の影響を受けにくい結果が出るのではないかと考えられるため、まずは、『日本語歴史コーパス　平安時代編』のジャンル分類に従って考察を行い、その後、本文種別「歌」のデータをジャンル「歌集」に分類し直したデータで考察を行った後、必要に応じて補正を行うこととする。

ところで、『日本語歴史コーパス　平安時代編』の本文種別を使った分析は、小木曽智信氏(6)がすでに行っており、短単位・長単位(7)のデータについて、本文種別（地の文、会話文、和歌）ごとの特徴語・反特徴語を抽出し、品詞ごとに分析を行っている。その中で、小木曽氏は長単位で見た形容詞の特徴語として以下のものを挙げている。

地の文：をかし、白し、面白し、めでたし、懐かし、美し、いみじ

会話文：賢し

和歌：憂し、恋し

本稿では、小木曽氏の手法に倣い、対数尤度比（Log Likelihood Ratio：LLR）を用いて、『日本語歴史コーパス　平安時代編』のデータからジャンルごとにそのジャンルを特徴づける語を抽出してみる。なお、対数尤度比とは、調査対象のテキストにおける当該語の用例数が、比較のため参照するテキストにおける当該語の用例数から期待される数と比較してどの程度多いのか、あるいは少ないのかを示す指標であり、調査対象のテキストをA、比較のため参照するテキストをBとすると、以下の式で求められる。

$$LLR=2(a\log a+b\log b+c\log c+d\log d-(a+b)\log(a+b)-(a+c)\log(a+c)-(b+d)\log(b+d)-(c+d)\log(c+d)+(a+b+c+d)\log(a+b+c+d))$$

a：Aでの語wの頻度　b：Bでの語wの頻度

c：Aの延べ語数－a　d：Bの延べ語数－b　logx：xの自然対数

ただし、語wのAでの使用率＜語wのBでの使用率の場合、−1を乗じて補正する。

例えば、歌集の特徴語を抽出する場合、Aとして『日本語歴史コーパス　平安時代編』から抽出した形容詞のうち、ジャンルが歌集となっている語全体を、Bとして同じくジャンルが歌集以外となっている語全体をあてはめ、前述の式でLLRを計算し、ジャンルごとにLLRの値が一〇以上であるものをそのジャンルの特徴語として抽出した。

では、具体的にどのような形容詞がそれぞれのジャンルの特徴語として現れているかを見てみる。表4―1・表4―2・表4―3・表4―4・表4―5・表4―6は各ジャンルのLLRの値が一〇以上であるもののうち上位一〇位までの見出し語を示したものであり、順に歌集、歌物語、作り物語、随筆、日記、歴史物語のものである。

表の項目は、左から連番、見出し語、活用型、階層構造、当該見出し語の各ジャンルでの出現数、およびそれらの合計、LLRとなっている。このうち、見出し語は形容詞を一意に定めるものとして、コーパス上の項目の語彙素読みと語彙素をアンダーバーで連結したもの、活用型はコーパス上の項目の活用型のク活用・シク活用の別を抜き出したものとなっている。なお、階層構造はコーパス上の項目ではなく、筆者がこれまでに独自に付加してきた語構成情報で、見出し語をキーとしてマッチングさせて付け加えたものである。

これらを見ると、まず、歌集では、コヒシイ（恋）・ウイ（憂）・ヲシイ（惜）などの情意性形容詞が上位にきており、作り物語でもフカイ（深）を除いて、上位には情意性形容詞が並んでいる。これに対して、随筆では、ヲカシイ（可笑）・メデタイ・ワロイ（悪）・ワルイ（悪）・ヨイ（良）といった評価形容詞が上位に並んでいる。歌物語、日記、歴史物語においても、他のジャンルとは違ったものが特徴語として抽出されている。

また、第三節で述べたように、本文種別「歌」のデータをジャンル「歌集」に分類し直したデータから同じようにジャンルごとの特徴語を抽出した結果を表5―1・表5―2・表5―3・表5―4・表5―5・表5―6（順に歌集、歌物語、作り物語、随筆、日記、歴史物語）に示す。これらと表4―1・表4―2・表4―3・表4―4・表4―5・表4―6とを比較すると、一部順位や語の入れ替えがあるものの、ほぼ同じような特徴を示していると言えるが、これらすべてのジャンルの特徴語にどのような傾向や意味があるのかについては、これらの語の本文での用例を詳細に分析した上でないと結論づけることはできないため、ここでは、ジャンルによって異なった特徴があることを指摘するに留め、今後の課題としたい。

ここで、歌集の特徴語について触れておきたい。

和歌の形容詞について、阪倉篤義氏(8)に八代集の歌に用いられない形容詞に関する研究成果がある。それによると、八代集の歌に用いられない形容詞のうち、大多数が情意性形容詞であるとし、その理由を「作者の個人的感懐の理解を読み手に強制することを避けるというのが、八代集の歌のいき方であった結果」だと考えておられ、先の表4―1に示した結果、すなわち、コヒシイ（恋）・ウイ（憂）・ヲシイ（惜）という情意性形容詞が上位を占めている状況と阪倉氏の指摘とが矛盾するように見える。しかし、このことについては、中川正美氏(9)が同じく和歌に用いられない形容詞の大半が情意性の感情形容詞であることを論じる中で、逆に和歌が多用した形容詞として「うし」、「こひし」、「かなし」、「はかなし」、「わびし」、「をし」を例に挙げ、次のように指摘している。

表４―１　歌集の特徴語

No.	見出し語	活用型	階層構造	歌集	歌物語	作り物語	随筆	日記	歴史物語	合計	LLR
1	コヒシイ_恋しい	シク	第一次	50	23	148	2	40	6	269	150.81
2	ウイ_憂い	ク	第一次	45	40	233	8	43	3	372	98.15
3	ナイ_無い	ク	第一次	155	170	2425	221	536	163	3670	94.57
4	ヲシイ_惜しい	シク	第一次	15	4	37	2	8	2	68	49.85
5	シゲイ_繁い	ク	第一次	16	6	77	6	27	4	136	33.57
6	サムイ_寒い	ク	第一次	11	4	17	11	10	4	57	33.48
7	アヤナイ_文無い	ク	第二次	7	3	17		5		32	23.07
8	カナシイ_悲しい	シク	第一次	28	52	343	6	94	29	552	21.53
9	マサシイ_正しい	シク	第一次	3	1					4	19.42
10	アライ_粗い	ク	第一次	3	1					4	19.42

表４―２　歌物語の特徴語

No.	見出し語	活用型	階層構造	歌集	歌物語	作り物語	随筆	日記	歴史物語	合計	LLR
1	オナジイ_同じい	シク	第一次	13	76	332	43	96	59	619	86.81
2	オモシロイ_面白い	ク	第二次	7	48	169	13	39	6	282	80.42
3	ヒサシイ_久しい	シク	第一次	11	35	115	36	31	16	244	48.12
4	カナシイ_悲しい	シク	第一次	28	52	343	6	94	29	552	38.85
5	ウイ_憂い	ク	第一次	45	40	233	8	43	3	372	37.12
6	カギリナイ_限り無い	ク	第二次	5	32	231	8	26	13	315	27.01
7	ワビシイ_侘しい	シク	第一次	13	20	91	27	26		177	19.87
8	ニナイ_二無い	ク	第二次		9	32		2		43	18.31
9	イヤシイ_卑しい	シク	第一次	3	9	23	5	3	2	45	17.54
10	アライ_粗い	ク	第一次	3	1					4	15.55

表４―３　作り物語の特徴語

No.	見出し語	活用型	階層構造	歌集	歌物語	作り物語	随筆	日記	歴史物語	合計	LLR
1	ココログルシイ_心苦しい	シク	第二次		2	300	3	5	5	315	157.83
2	ナツカシイ_懐かしい	シク	第一次	1		199	3	3	5	211	96.83
3	イトホシイ_いとおしい	シク	第一次		5	402	18	26	12	463	101.50
4	イカメシイ_厳めしい	シク	第一次			88		2	2	92	47.68
5	フカイ_深い	ク	第一次	14	16	414	14	43	11	512	52.71
6	コヨナイ_こよない	ク	第二次		1	199	7	18	6	231	46.68
7	ラウタイ_ろうたい	ク	第二次		1	97	2	2	3	105	40.12
8	メヤスイ_目安い	ク	第二次			110	3	7	1	121	40.14
9	ウシロメタイ_後ろめたい	ク	第二次	1	4	127	6	4		142	40.71
10	ワヅラハシイ_煩わしい	シク	第一次		1	134	4	8	4	151	40.33

表4—4　随筆の特徴語

No.	見出し語	活用型	階層構造	歌集	歌物語	作り物語	随筆	日記	歴史物語	合計	LLR
1	ヲカシイ__可笑しい	シク	第一次		35	635	421	138	28	1257	584.78
2	イミジイ__いみじい	シク	第一次		47	922	343	214	203	1729	184.46
3	ニクイ__憎い	ク	第一次	1	5	124	90	17	3	240	139.22
4	メデタイ__めでたい	ク	第二次	1	9	257	139	36	66	508	136.79
5	シロイ__白い	ク	第一次	3	5	105	77	48	9	247	92.17
6	ワロイ__悪い	ク	第一次		2	22	37	15	3	79	74.38
7	ワルイ__悪い	ク	第一次	1		2	15	1		19	52.24
8	トイ__疾い	ク	第一次	7	11	114	63	53	21	269	46.26
9	クロイ__黒い	ク	第一次	1		26	22	4	3	56	35.82
10	ヨイ__良い	ク	第一次	7	36	396	113	78	55	685	34.63

表4—5　日記の特徴語

No.	見出し語	活用型	階層構造	歌集	歌物語	作り物語	随筆	日記	歴史物語	合計	LLR
1	アカイ__明い	ク	第一次	1	6	32	19	37	7	102	43.27
2	ナイ__無い	ク	第一次	155	170	2425	221	536	163	3670	40.31
3	マダシイ__未しい	シク	第一次	1	2	13	4	17		37	27.81
4	オボシイ__思しい	シク	第一次		1	22	2	18	1	44	25.12
5	クライ__暗い	ク	第一次	1	6	53	22	32	2	116	22.97
6	カナシイ__悲しい	シク	第一次	28	52	343	6	94	29	552	15.93
7	トイ__疾い	ク	第一次	7	11	114	63	53	21	269	15.87
8	シロイ__白い	ク	第一次	3	5	105	77	48	9	247	13.70
9	オホツカナイ__覚束無い	ク	第一次	2	7	143	11	42	5	210	13.20
10	ワカレガタイ__別れ難い	ク	第二次					3		3	13.06
11	アヤシイ__怪しい	シク	第一次	4	41	595	69	136	48	893	12.59

表4—6　歴史物語の特徴語

No.	見出し語	活用型	階層構造	歌集	歌物語	作り物語	随筆	日記	歴史物語	合計	LLR
1	イミジイ__いみじい	シク	第一次		47	922	343	214	203	1729	144.28
2	カシコイ__賢い	ク	第一次		10	163	32	18	47	270	59.21
3	メデタイ__めでたい	ク	第二次	1	9	257	139	36	66	508	53.90
4	ズチナイ__術無い	ク	第二次				3		11	14	52.84
5	ヤムゴトナイ_やんごとない	ク	第二次		3	177	17	12	34	243	31.11
6	アサマシイ__浅ましい	シク	第一次	1	10	237	29	61	43	381	26.75
7	オナジイ__同じい	シク	第一次	13	76	332	43	96	59	619	25.04
8	カライ__辛い	ク	第一次	1	2	25	2	9	12	51	21.33
9	コハイ__強い	ク	第一次			3	2	1	6	12	20.53
10	アシイ__悪しい	シク	第一次		12	143	37	50	31	273	19.45

表５―１　歌集の特徴語

No.	見出し語	活用型	階層構造	歌集	歌物語	作り物語	随筆	日記	歴史物語	合計	LLR
1	ウイ＿憂い	ク	第一次	159	14	167	6	24	2	372	452.53
2	コヒシイ＿恋しい	シク	第一次	104	7	134	1	20	3	269	269.48
3	ナイ＿無い	ク	第一次	413	93	2333	219	459	153	3670	215.34
4	カナシイ＿悲しい	シク	第一次	105	30	312	6	73	26	552	127.39
5	シゲイ＿繁い	ク	第一次	40	1	68	6	18	3	136	79.47
6	アヤナイ＿文無い	ク	第二次	20		12				32	75.65
7	ノドケイ＿長閑けい	ク	第一次	15		6		2		23	58.63
8	フカイ＿深い	ク	第一次	74	7	382	13	25	11	512	58.06
9	ヲシイ＿惜しい	シク	第一次	21	3	33	2	7	2	68	43.64
10	アサイ＿浅い	ク	第一次	25		86	2	2	1	116	35.04

表５―２　歌物語の特徴語

No.	見出し語	活用型	階層構造	歌集	歌物語	作り物語	随筆	日記	歴史物語	合計	LLR
1	オナジイ＿同じい	シク	1	50	72	314	43	84	56	619	112.68
2	オモシロイ＿面白い	ク	2	7	48	169	13	39	6	282	107.13
3	カギリナイ＿限り無い	ク	2	10	30	229	8	25	13	315	36.34
4	ヒサシイ＿久しい	シク	1	25	26	115	36	27	15	244	36.09
5	ニナイ＿二無い	ク	2		9	32		2		43	23.42
6	イヤシイ＿卑しい	シク	1	4	8	23	5	3	2	45	18.26
7	ヨイ＿良い	ク	1	8	36	395	113	78	55	685	15.12
8	カナシイ＿悲しい	シク	1	105	30	312	6	73	26	552	13.64
9	ナイ＿ない	ク	1		3	4				7	12.55
10	アヤシイ＿怪しい	シク	1	13	41	595	69	129	46	893	11.75

表５―３　作り物語の特徴語

No.	見出し語	活用型	階層構造	歌集	歌物語	作り物語	随筆	日記	歴史物語	合計	LLR
1	ココログルシイ＿心苦しい	シク	第二次		2	300	3	5	5	315	203.74
2	イトホシイ＿いとおしい	シク	第一次		5	402	18	26	12	463	151.07
3	ナツカシイ＿懐かしい	シク	第一次	4		196	3	3	5	211	113.18
4	コヨナイ＿こよない	ク	第二次		1	199	7	18	6	231	70.55
5	イカメシイ＿厳めしい	シク	第一次			88		2	2	92	61.20
6	ココロヤスイ＿心安い	ク	第二次			168	1	20	5	194	61.64
7	メヤスイ＿目安い	ク	第二次			110	3	7	1	121	55.28
8	オホイ＿多い	ク	第一次	18	21	594	68	65	36	802	60.34
9	ラウタイ＿ろうたい	ク	第二次		1	97	2	2	3	105	53.96
10	ワヅラハシイ＿煩わしい	シク	第一次	1	1	133	4	8	4	151	54.55

表5—4　随筆の特徴語

No.	見出し語	活用型	階層構造	歌集	歌物語	作り物語	随筆	日記	歴史物語	合計	LLR
1	ヲカシイ__可笑しい	シク	第一次	5	33	634	421	136	28	1257	591.15
2	イミジイ__いみじい	シク	第一次	1	47	921	343	214	203	1729	188.25
3	ニクイ__憎い	ク	第一次	1	5	124	90	17	3	240	140.55
4	メデタイ__めでたい	ク	第二次	2	8	257	139	36	66	508	138.62
5	シロイ__白い	ク	第一次	4	5	105	77	47	9	247	93.23
6	ワロイ__悪い	ク	第一次		2	22	37	15	3	79	74.95
7	ワルイ__悪い	ク	第一次	1		2	15	1		19	52.49
8	トイ__疾い	ク	第一次	20	5	112	63	50	19	269	47.00
9	ヨイ__良い	ク	第一次	8	36	395	113	78	55	685	35.60
10	クロイ__黒い	ク	第一次	1		26	22	4	3	56	36.14

表5—5　日記の特徴語

No.	見出し語	活用型	階層構造	歌集	歌物語	作り物語	随筆	日記	歴史物語	合計	LLR
1	アカイ__明い	ク	第一次	2	6	32	19	36	7	102	45.99
2	マダシイ__未しい	シク	第一次	2	1	13	4	17		37	30.76
3	オボシイ__思しい	シク	第一次		1	22	2	18	1	44	28.13
4	クライ__暗い	ク	第一次	3	5	53	22	31	2	116	25.02
5	ナイ__無い	ク	第一次	413	93	2333	219	459	153	3670	21.28
6	シロイ__白い	ク	第一次	4	5	105	77	47	9	247	17.09
7	トイ__疾い	ク	第一次	20	5	112	63	50	19	269	16.93
8	アヤシイ__怪しい	シク	第一次	13	41	595	69	129	46	893	15.74
9	コイ__濃い	ク	第一次	8	4	43	30	25	2	112	13.81
10	ワカレガタイ__別れ難い	ク	第二次					3		3	13.67

表5—6　歴史物語の特徴語

No.	見出し語	活用型	階層構造	歌集	歌物語	作り物語	随筆	日記	歴史物語	合計	LLR
1	イミジイ__いみじい	シク	第一次	1	47	921	343	214	203	1729	153.80
2	メデタイ__めでたい	ク	第二次	2	8	257	139	36	66	508	57.00
3	ズチナイ__術無い	ク	第二次				3		11	14	53.59
4	カシコイ__賢い	ク	第一次	5	10	162	31	18	44	270	52.96
5	ヤムゴトナイ__やんごとない	ク	第二次		3	177	17	12	34	243	32.75
6	アサマシイ__浅ましい	シク	第一次	4	10	237	29	58	43	381	28.59
7	オナジイ__同じい	シク	第一次	50	72	314	43	84	56	619	22.61
8	カライ__辛い	ク	第一次	4		25	2	8	12	51	22.02
9	コハイ__強い	ク	第一次			3	2	1	6	12	20.92
10	アシイ__悪しい	シク	第一次	2	10	143	37	50	31	273	20.77

八代集が用いない和文特有の感情形容詞は、「うとまし」「おそろし」「むつかし」といった生々しく極端な感情や、「かたじけなし」「かろがろし」「たふとし」「つつまし」「めざまし」「めやすし」「やむごとなし」といった身分や上下関係にかかわる感情、「いとほし」「心うし」「心苦し」「はしたなし」「はづかし」「くちをし」「人わろし」といった社会への顧慮や対人関係にかかわる感情を表している。それに対して和歌が多用したのは、「うし」「こひし」「かなし」「はかなし」「わびし」「をし」といった、必ずしも対象を必要とせず、主情的で外界をも自己の裡に収斂しようとする感情形容詞であった。

このことを考え合わせると、表4―1では、従来の研究で指摘された特徴語が抽出されているということになる。

四　おわりに

本稿において明らかになった点は、①ジャンルによって本文種別の分布状況に一定の差がある、②ジャンルを特徴づける語にも差がある、③歌集の特徴語の傾向は、従来から指摘されてきた内容とも一致する、④作り物語は文体的には会話が多く、特徴語としては情意性形容詞が多い、⑤随筆の特徴語には評価形容詞が多いという点である。しかし、すべてのジャンルの特徴語の傾向や意味を明らかにするには、さらなる調査・分析が必要となることから、この点については今後の課題としたい。

『日本語歴史コーパス』では、品詞別語数などの基本的な統計データが提供されるとともに、検索ツール「中納言」を用いると単なるキーワード検索だけではなく、ある語の直前や直後にどのような語が現れるかという共起条件を指定した高度な検索も可能であることから、従来、手作業に頼っていた、あるいは、膨大な作業量のため手作業では困難であったことも機械的に実現できるようになった。今後は、『日本語歴史コーパス』のさらなる充実を期待するとともに、有効な活用を考えていきたい。

〔注〕

（1）国立国語研究所（2016）『日本語歴史コーパス』バージョン2016. 3 https://chunagon.ninjal.ac.jp/

（2）国立国語研究所（2016）『日本語歴史コーパス　平安時代編』（短単位データ　1.1/長単位データ　1.1）http://pj.ninjal.ac.jp/corpus_center/chj/heian.html

（3）国立国語研究所（2016）『日本語歴史コーパス　鎌倉時代編Ⅰ説話・随筆』（短単位データ　1.0/長単位データ1.0）http://pj.ninjal.ac.jp/corpus_center/chj/kamakura.html

（4）階層構造とは、拙著で詳しく述べたように、成立した語形が形容詞として第一番目のものであるか、あるいは既存の形容詞に何らかの語構成要素が接合して構成された第二番目（この第二番目の形容詞にさらに別の要素が接合して構成された第三番目）のものであるかを分析したものであり、派生や複合によってどの程度自己増殖が進んでいるかを捉えようとした観点である。具体的に言うと、形容詞として成立した第一番目の語形である第一次形容詞として「なし・くるし」等があり、この第一次形容詞から構成された「をさ／なし・こころ／ぐるし」等は第二次形容詞ということになる。さらに、この第二次形容詞から構成された「こころ／をさ／なし・もの／こころ／ぐるし」等は第三次形容詞となり、対象とした資料から採取された形容詞にはこのような三段階のものが存在する。

（5）拙著『形容詞・形容動詞の語彙論的研究』第三篇第一章（和泉書院［2005・11］）

（6）「中古和文における文体別の特徴語」（『コーパスと日本語史研究』ひつじ書房［2015・10］）

（7）形態論情報を付与する際に参照する電子化辞書　UniDic の設計に基づく単語の区切り方で、短単位では複合形容詞は複数の語として認定されるが、長単位では一語として認定される。

（8）「歌ことばの一面」（『文学・語学』一〇五）［1985・5］）

（9）『源氏物語文体攷　形容詞語彙から』（和泉書院［1999・1］）

〔謝辞〕本稿の執筆に当たっては、大阪国際大学短期大学部の前川武氏に多大な協力を得た。記して感謝を申しあげる。

なお、本稿は、日本学術振興会平成28—30年科学研究費補助金（基盤研究(C)、課題番号16K02746）によ る研究成果の一部である。

ミ語法における節の形成と意味

竹内 史郎

一　はじめに

筆者はこれまでに、竹内（二〇〇二）、竹内（二〇〇四）、竹内（二〇〇五ａ）、竹内（二〇〇八）等において、ミ語法と称される言語現象について分析を試みてきた。これらの論考では主に以下に示すようなことを述べた。ミ語法の人称制約、および述語の語彙的アスペクトといった側面は形容詞述語文と同様の性質を示すので、何よりもまず、こうした性質に整合するようにミ語法の構文的な意味が定められなければならない。すなわち、ミ語法は節レベルにおいては原因理由節であることを担う形容詞述語文であり、語レベルにおいて「〜み」は形容詞の各活用形と範列的な関係にあると考えられる。また、述語の形態が「〜み」であることやその項が助詞ヲで標示されるというミ語法の形態的な特徴があるために、従来ミ語法を形容詞述語文とみなすことが躊躇されてきたわけであるが、こうしたことは、上代語の文法の記述に近代語の文法が影を落としていることから生じたもので、ミ語法の格や語尾の形態を説明するには言語類型論的な多様性を視野に入れて上代語の文法の特性を考慮する必要がある。このことを重視すれば、上代語においては格助詞ヲやミ語尾は形容詞を述語とする文に現れることが説明できるので、それらはミ語法の動詞性を認めるための意味機能的な裏づけを持たない。従来形容詞性と動詞性を併せ持つというように曖昧に説明されるきらいのあったミ語法は、[1]純然たる形容詞述語文として理解されなければならない。

右の一連の論稿では、ミ語法の述語や格の形態と構文的意味との関係が明らかにされたわけであるが、なお残された問題として次のことがある。ミ語法の節には、その節末の形態が動詞連用形節と同じであり、なおかつ、原因理由の意味が備わるという特徴が認められるが、なぜミ語法の節にこうした特徴が認められるのかということが深く掘り下げられて説明されることはなかった。ミ語法の節末の形態はどうして動詞連用形節と同一であるのか、ミ語法の原因理由の意味はそもそもどこから生じ、どのように拡張・展開していったのか、本稿はこうした問題を扱う。ミ語法は上代文献において、変化がすでに収束した状態で観察されるため、右の問題を扱うとなれば文献以前のことに言及することになる。また、琉球諸語を含む諸方言を見渡しても今のところ他に類を見ない現象であり、アプローチを方言研究の成果をふまえた比較対照的な考察にもとめることもできない。このため、ミ語法の節の形成、および原因理由の意味の起源とその展開を論じるとなればそもそも反証可能な議論とならない恐れがある。しかし一般言語学的な知見やこれまでの日本語史における節の意味変化についての研究の蓄積をふまえ、同じことがくり返し生じるという点に着目して、より一般性の高いメカニズムを記述していくようにすれば議論は説得的なものになると考える。こうした点を念頭におきながら、以下本稿では、ミ語法の節の形成と原因理由の意味の起源、そしてその意味の拡張・展開のプロセスを明らかにしていく。

二　動詞連用形節からの類推による状態性述語文の従属節化

二・一　ミ語法

筆者は、竹内（二〇〇二）において、動詞活用語尾との関連づけと形態類推という概念の導入によって、古代語形容詞の活用語尾について論じた。その中で、活用語尾の観点からすれば、ミ語法のミ語尾は形容詞活用語尾の一つとして自然に理解できるという考えを述べた。ミという形態は、四段動詞連用形節から-iの形を類推的に取り入れたとみて、動詞活用語尾形態に仮託した数ある形容詞活用語尾の中の一つであるのだと考えることができる。また、ミ語尾の子音部分についても次のように説明がつく。形容詞活用語尾に目を向けると、連体形はキ、終止形はシ、そして原因理由節を形成する形はミというように、イ列のものが複数存在する。よってこれらは、子音の形態によって機能差の明示を果たしたと考えられる。さて、以上のような見方が成り立つとしても、形容詞述語はどうして四段動詞連用形節から-iの形を類推的に取り入れなければならなかったのだろうか。以下この点について考えてみたい。

ミ語法は形容詞を節末の述語とする原因理由表現であるが、上代文献には、ミ語法の他にも形容詞を節末の述語とする原因理由表現が存在する。

(1) a 恋しけば(戀之家婆)形見にせむと我がやどの植ゑし藤波今咲にけり(萬葉集・巻八・一四七一)

b …あしひきの山きへなりて玉桙の道の遠けば(美知能等保家婆)間使ひも遣るよしもなみ思ほしき言も通はず…(萬葉集・巻十七・三九六九)

(2) a 風交じり雨降る夜はすべもなく寒くしあれば(為部母奈久寒之安礼婆)堅塩を取りつづしろひ糟湯酒うちすすろひて…(萬葉集・巻五・八九二)

b 大君の遠の朝廷と思へれど日長くしあれば(氣奈我久之安礼婆)恋ひにけるかも(萬葉集・巻十五・三六六八)

(3) a …常知らぬ国の奥かを百重山越えて過ぎ行きいつしかも都を見むと思ひつつ語らひ居れど己が身し労はしければ(意乃何身志伊多波斯計礼婆)玉桙の道の隈回に草手折り柴取り敷きて床じものうち臥い伏して思ひつつ…(萬葉集・巻五・八八六)

（4）　b　若ければ（和可家礼婆）道行き知らじ賂はせむしたへの使ひ負ひて通らせ（萬葉集・巻五・九〇五）

　a　初花の散るべきものを人言の繁きによりて（人事乃繁尓因而）よどむころかも（萬葉集・巻四・六三〇）

　b　人言の繁きによりて（比登其登乃之氣吉尓余里弖）まを薦の同じ枕は我はまかじやも（萬葉集・巻十四・三四六四）

（1）は「〜けば」、（2）は「〜くあれば」、（3）は「〜ければ」、（4）は「〜きによりて」によるものである。

またさらには次に示すものもある。

（5）　a　しきたへの枕ゆくくる涙にそ浮き寝をしける恋の繁きに（戀乃繁尓）（萬葉集・巻四・五〇七）

　b　…腰細のすがる娘子のその姿のきらきらしきに（其姿之端正尓）花のごと笑みて立てれば玉桙の道行き人は己が行く道は行かずて呼ばなくに門に至りぬ（萬葉集・巻九・一七三八）

　c　君により言の繁きを（言之繁乎）故郷の明日香の川にみそぎしに行く（萬葉集・巻四・六二六）

（6）　a　かくばかり面影のみに思ほえばいかにかもせむ人目繁くて（人目繁而）（萬葉集・巻四・七五二）

　b　ますらをの心はなくて（大夫之心者無而）秋萩の恋のみにやもなづみてありなむ（萬葉集・巻十・二一二二）

　c　玉くしげ三諸戸山を行きしかばおもしろくして（面白四手）古思ほゆ（萬葉集・巻七・一二四〇）

（7）　a　君がため醸みし待ち酒安の野にひとりや飲まむ友なしにして（友無二思手）（萬葉集・巻四・五五五）

　b　恐きや命被り明日ゆりや草が共寝む妹なしにして（伊牟奈之尓志弖）（萬葉集・巻二十・四三二一）

（5）は「〜きに」となったもの、（6）は「〜くて」、（7）は「なしにして」とあるものである。これらは形容詞を節末の述語とする原因理由表現であると言うべきではないのかもしれないが、解釈の上で結果的に、先行する節と後続節に因果関係を認めざるを得ない場合があるので念のために示しておく。以上に示したもので、形容詞を節末の述語とする原因理由表現のヴァリエーションは尽くされている。

ミ語法と右に示したそれ以外のタイプとの関係はどのように捉えたらよいだろうか。従来の説には、ミ語法に特別な性格を与えることで両者の意味的な差異を示唆したり認めたりするものがあるが[2]、このような説は両者が共時的に共存し得ることに説明を与えようとしたものに他ならない。しかしながら、後に述べるように、ミ語法とそれ以外のタイプは日本語の歴史において相補分布するような関係にあると見た方がよい証拠がある。つまり、両者には歴史的な先後関係が認められるように思われる。次に示すのは、記紀歌謡における形容詞を節末の述語とする原因理由表現のタイプ別用例数である。なお表1における「合計」はミ語法を除いた合計である。

表1　記紀歌謡における形容詞を節末の述語とする原因理由表現のタイプ別用例数

―ミ	―ケバ	―クアレバ	―ケレバ	―キニヨリテ	―キニ	―クテ	ナシニシテ	合計
11	0	0	0	0	0	0	0	0

また次に示すのは、萬葉集における形容詞を節末の述語とする原因理由表現のタイプ別用例数である。表2においても「合計」はミ語法を除いている。

表2　萬葉集における形容詞を節末の述語とする原因理由表現のタイプ別用例数

―ミ	―ケバ	―クアレバ	―ケレバ	―キニヨリテ	―キニ	―クテ	ナシニシテ	合計
432	6	16	9	13	3	15	5	57

一見して明らかなようにミ語法の用例数が他を圧倒していることがわかるが、ここでは、ミ語法以外の、形容詞を節末の述語とする原因理由表現が表1において用いられていないことに着目したい。記紀歌謡と萬葉集を比較し

た場合、記紀歌謡では五七調が成立していないということもあり、前者は「歌」のより古い表現形態と言うことができる。これに伴い記紀歌謡には、より古態と言える言語現象が観察されるということになる。例えば、アスペクト助動詞のタリについて言えば、記紀歌謡ではもっぱら「てあり」の形が用いられており、形態的に融合した形は用いられていない。このような状況を考慮すれば、表1でミ語法だけが用いられ他のタイプが用いられないのは形容詞を節末の述語とする原因理由表現においてミ語法が他のタイプに先立つものであることを示唆していると見ることができる。また、萬葉集におけるミ語法以外のタイプの作歌年代を土屋文明氏の『萬葉集年表　第二版』によって調査してみると、五七例中四一例が作歌年代を判定できた。その結果、七〇〇年を遡るものはなく、主に万葉第三期から第四期にかけてのものであることがわかった。こうした結果は、表1においてミ語法以外のタイプの使用が皆無であることと整合的であり、表1と表2から導かれた右の主張を支持するものとなっている。

そうすると、周知のように平安時代以降ミ語法は当時代的な表現とは言えなくなるわけであるから[2]、歴史的な推移を考慮すればミ語法以外のタイプは、ミ語法に取って代わって形容詞を節末の述語とする原因理由表現を担うようになったということが想定される。つまり、両者はある意味、等価で交替可能な関係にあると言うことができるであろう。以下では、ミ語法以外のタイプが存在せずミ語法だけが存在していたという、歴史上の局面を想定した上で考察を進めよう。

まず、いわゆる形容詞の連用形「〜く」では原因理由節を形成することができないことを確認しておく。

（8）　a　…神ながらわご大君のうちなびく春の初めは八千代種に花咲きにほひ山見れば見のともしく（等母之久）川見れば見のさやけく…（萬葉集・巻二十・四三六〇）

b　…父母を見れば貴く妻子見ればかなしく（可奈之久）愛し…（萬葉集・巻十八・四一〇六）

c　天地と相栄えむと大宮を仕へ奉れば貴く（貴久）嬉しき（萬葉集・巻十九・四二七三）

これらの例では、「〜く」が状態性述語に後続しているが、このような場合「〜く」は後続する状態性述語と並列する関係にあることになる。では、「〜く」に後続するのが非状態性述語、すなわち出来事を表す述語であればどうだろうか。

（9） a 秋田刈る仮廬を作り我が居れば衣手寒く（衣手寒）露そ置きにける（萬葉集・巻十・二一七四）
b 旅にても喪なく（母奈久）はや来と我妹子が結びし紐はなれにけるかも（萬葉集・巻十五・三七一七）
c 色深く（伊呂夫可久）背なが衣は染めましをみ坂給らばまさやかに見む（萬葉集・巻二十・四四二四）

こうした場合「〜く」が係り先の述語のアスペクチュアルな局面を修飾することになる。いわば後続節にとり込まれて「〜く」自体が後続節の表す事態とは別個の事態を表すということにはならない。いずれにせよ、形容詞は「〜く」の形では原因理由節を形成することができない。原因理由節を形成するためには、何よりも先行する節が後続節にとり込まれることなくそれとは別個の事態を表すことが不可欠だからである。

これに対し、動詞連用形節であれば後続節の表す事態とは別個の事態を表すことが可能である。

（10） a …ますらをの男さびすと剣大刀腰に取り佩き（刀利波枳）さつ弓を手握り持ちて…（萬葉集・巻五・八〇四）
b 朝なれば妹が手にまく鏡なす三津の浜辺に大舟にま梶しじ貫き（真可治之自奴伎）韓国に渡り行かむと…（萬葉集・巻十五・三六二七）
c 草枕旅行く人も行き触れば（徃觸者）にほひぬべくも咲ける萩かも（萬葉集・巻八・一五三二）

つまり、動詞連用形節を形成するｉには、後続節にとり込まれることなくそれとは別個の事態として先行する節を形成する機能があると考えられる。こうした機能はテ形によって果たされることもあり得る。テ形のありなしで生じる文の意味の違いを確認されたい。

（11）　a　肌寒く起きた／うるさく泣いた／楽しく練習した

　　b　肌寒くて起きた／うるさくて泣いた／楽しくて練習した

本稿では、四段動詞連用形節から類推的にiを取り入れることによって、形容詞述語文は、後続節にとり込まれることなく別個の事態として先行節を形成する機能を獲得したのだと考える。結果としてミ語尾の形に落ち着いたのは、すでに述べたようにシやキとの関係からである。なお、節の末尾の音節のミはいわゆる甲類であり四段動詞連用形節の末尾の音節がそうであるのと同様である。ここで注意しなければならないのは、伝統的に用いられる「連用形」という用語についてである。形容詞であれ動詞であれ係り先が用言であれば「連用形」とされるので、「連用形」を不用意に用いてしまえば、（9）の形容詞の連用形節の機能と（10）の動詞の連用形節との機能的な差異が見落とされてしまうことになる。ミ語法における節の、後続する節に対する機能は形容詞連用形節とは異なり、動詞連用形節と類似している。

（12）　a　春の野にすみれ摘みにと来し我そ野をなつかしみ（奈都可之美）一夜寝にける（萬葉集・巻八・一四二四）

　　b　草枕旅を苦しみ（久流之美）恋ひ居れば可也の山辺にさ雄鹿鳴くも（萬葉集・巻十五・三六七四）

　　c　…葦刈ると海人の小舟は入江漕ぐ梶の音高しそこをしもあやにともしみ（登母志美）しのひつつ遊ぶ盛りを天皇の食す国なれば…（萬葉集・巻十七・四〇〇六）

二・二　知ラニ・カテニ・アカニ、ホリ

後続節の表す事態とは別個の事態として節を形成するために四段動詞連用形節から類推的にiを取り入れたのはミ語法に限ったことではない。

萬葉集には、知ラニ、カテニ、アカニというように、否定辞がニとなった形を見出すことができる。知ラニは三

一例（知ラニスは除く）、カテニは一四例（カテニス、カテニオモフは除く）、アカニは一例（アカニスは除く）が存する。以下、本稿では、これらをニ語法と呼ぶこととする。

(13) a 山守のありける知らに（不レ知尓）その山に標結ひ立てて結の恥しつ（萬葉集・巻三・四〇一）

b あらたへの布衣をだに着せかてに（伎世難尓）かくや嘆かむせむすべをなみ（萬葉集・巻五・九〇一）

c …松田江の長浜過ぎて宇奈比川清き瀬ごとに鵜川立ちか行きかく行き見つれどもそこも飽かにと（安加飽尓等）布勢の海に舟浮け据ゑて沖辺漕ぎ辺に漕ぎ見れば…（萬葉集・巻十七・三九九一）

ニ語法においても先に述べたミ語法と同様の事情が存するように思われる。形容詞の「〜く」に相当する「〜ず」の形であれば付帯状況のニュアンスがより強くなるという点に違いがあるものの、後続節の表す事態とは別個の事態として節を形成することがやはりむずかしい。したがって「〜ず」の形では否定述語を節末とする原因理由節を形成できない。

(14) a みやびをと我は聞けるをやど貸さず（屋戸不レ借）我を帰せりおそのみやびを（萬葉集・巻二・一二六）

b 志賀の海人の一日もおちず（一日毛於知受）焼く塩の辛き恋をも我はするかも（萬葉集・巻十五・三六五二）

c …衣手の別れし時よぬばたまの夜床片去り朝寝髪掻きも梳らず（可伎母氣頭良受）出でて来し月日数みつつ…（萬葉集・巻十八・四一〇一）

否定辞は、四段動詞連用形節から類推的にiを取り入れることにより、後続節にとり込まれることなく別個の事態として先行節を形成する機能を獲得したと考えられる。なお、結果としてニという形式であるのは、ク語法のク語尾を後接して「〜なく」となるときのナや連体形のヌや、そして接続助詞バを後接して「〜ねば」となるときのネなどとの共通性を保つためであろう。

ミ語法に加えてホリ（欲）のことにも言及しておく。ホシ（欲）は萬葉集に二四例ほど用いられていることからすると、当時普通に用いられていた形容詞と考えられる。しかしながらこの形容詞は、他の形容詞一般とは異なりホシミという形で用いられず、ミ語法によって原因理由節を形成することが確認できない。また、ミ語法以外のタイプによって原因理由節を形成する例も存在しない。とすると、ホシは原因理由節を形成する用法を特別に欠いていたのかというとそうではなく、節末をホリとすることでホシミに相当する用法を備えていたと思われる。

（15）　a　…我妹子に近江の海の沖つ波来寄る浜辺をくれくれと一人そ我が来る妹が目を欲り（妹之目乎欲）（萬葉集・巻十三・三二三七）

b　夕さればひぐらし来鳴く生駒山越えてそ我が来る妹が目を欲り（伊毛我目乎保里）（萬葉集・巻十五・三五八九）

こうしたホリの例は上代文献に二五例が存するが（ホリス・ホリオモフの例は除く）、ミ語法に代替する用法があることによってホシがホシミとなることがブロックされていたわけである。ホシにおいても、四段動詞連用形節から類推的にiを取り入れることによって、後続節にとり込まれることなく別個の事態として先行節を形成する機能を獲得したということがあったと考えられる。iを取り入れるという点は他の形容詞一般と同様のことであるが、ミ語尾を後接してホシミとはならず、ホリとあるところが他の形容詞一般との相違点であり注意される。

なお、上代文献には、連体節末で用いられるホルないしホリが三例認められる。この三例のうち二例は過去辞のキが後接している。

（16）　a　琴頭に來居る影媛玉ならば吾が欲る玉の（婀我裒屢多摩能）鰒白珠（日本書紀歌謡・九一）

b　我が欲りし（吾欲之）野島は見せつ底深き阿胡根の浦の玉そ拾はぬ「我が欲りし（吾欲）子島は見しを」（萬葉集・巻一・一二）

c　我が欲りし（和我保里之）雨は降り来ぬかくしあらば言挙げせずとも稔は栄えむ（萬葉集・巻十八・四一二四）

こうした例を根拠に、ホリないしホルが形容詞ホシに対応する動詞としてその動詞化を遂げていたと見るべきではないだろう。例えば主節末の用法など、他の用法を見出すことができず、ホリないしホルを純然たる動詞とするには用法が非常に限定されている点が気がかりである。また、ホリスやホリオモフというように別に動詞として機能する形式もある。ホリないしホルが完全に動詞化をへたものであるとするのは時代性への配慮を欠くあまりに割り切った見方であるように思われる。

二・三　ミ語法、ニ語法、ホリの共通性

以上に述べてきたように、本稿は、機能的な側面に対する説明に重きを置きながら、四段動詞連用形節から類推的にiを取り入れるという共通の成り立ちをミ語法、ニ語法、ホリに見出した。その結果として節末のiを除いた子音部分がそれぞれ異なるのは個別の事情によるものであった。だとすると、三者は一括してi語法とでもいうべきであり、こう呼ぶならば名が三者の共通性を反映してわかりやすいものとなろう。ミ語法、ニ語法、ホリはあくまで形容詞ないし否定辞における用法の欠を補うために四段動詞連用形からiを取り入れたわけである。言い換えれば、三者におけるiの取り入れは、通常の意味での動詞化を目指すものではなく、形容詞ないし否定辞における用法の一つを担うためのものに過ぎない。したがって、ミ語法、ニ語法、ホリの体系への位置づけは、共時的には動詞の側のそれとは無関係になされなければならない。ニ語法が否定辞の用法の体系の中に位置づけられなければならないのと同様に、ミ語法とホリは形容詞の用法の体系の中に位置づけられなければならない。

三　節の意味

ミ語法における節の主節に対するある種の振る舞いについて述べてきたが、本稿では、ミ語法の原因理由という節の意味については手をつけておらずまだ何も述べていない。以下では節の意味の起源とその拡張について論じることとする。

三・一　ミ語法の原因理由の意味はどこに求められるか

ミ語法の用例を整理しているとミ語法の節とそれに後続する節との意味的な関係にパターンのあることに気づく。

(17)　a　かくしつつあらくを良みぞ（在久乎好叙）たまきはる短き命を長く欲りする（萬葉集・巻六・九七五）
　　b　春の野にすみれ摘みにと来し我ぞ野をなつかしみ（奈都可之美）一夜寝にける（萬葉集・巻八・一四二四）
　　c　…射水川清き河内に出で立ちて我が立ち見れば…湊には白波高み妻呼ぶと渚鳥は騒く葦刈ると海人の小舟は入江漕ぐ梶の音高しそこをしもあやにともしみ（登母志美）しのひつつ遊ぶ盛りを天皇の食す国なれば…（萬葉集・巻十七・四〇〇六）
　　d　白波の寄そる浜辺に別れなばいともすべなみ（伊刀毛須倍奈美）八度袖振る（萬葉集・巻二十・四三七九）

ミ語法の節の意味タイプと主節の意味タイプの組み合わせがある種のものに集中しているのであるが、以下順を追って説明していく。

金水（一九九〇）では、事態の存在を知るために、環境から知覚を通して刺激を得る際のその刺激を徴証とし、環境を共有する主体間で知り易さに大差ないものを外的徴証、特定の主体に所有されるもので、所有者以外の立場からは直接知ることができず、存在を認定するためには推論によらなければならないものを内的徴証と区別する。

外的徴証は「視覚、聴覚、臭覚、触覚によって知られる徴証」であるとし、一方、内的徴証には「体内感覚、痛み、かゆみ、信念、意図、感情、思考、「見える、聞こえる」等の述語で表現される視覚・聴覚そのもの等」が含まれるとしている。本稿では、こうした外的徴証と内的徴証の区別を形容詞述語文の意味の分析に援用したいと考える。

（18） a　空が青い

b　私は犬がこわい

c　机がない／高い／低い

d　モチベーションがない／高い／低い

（18a）が外的徴証の形容詞文、（18b）が内的徴証の形容詞文であることは言うまでもないが、（18c）と（18d）の比較からわかるように、述語が同じ形容詞であっても、主語名詞句の意味が異なれば文全体が異なる意味のタイプに属するということがある。すなわち（18c）は外的徴証の形容詞文、（18d）は内的徴証の形容詞文ということになる。さて竹内（二〇〇五b）でも述べたように、先行する節と後続する節の意味タイプにおいて、内的徴証の文と意志動詞文との組み合わせが生じると安定的に因果解釈が得られることとなる。現代日本語からの例であるが、先行する節と後続する節の意味タイプの組み合わせが「内的徴証―意志動詞文」となった例を示しておく。

（19） a　彼に危害を加えようと思い、なぐった。

b　急ぎで頼まれていた仕事を思い出し、すぐにとりかかった。

c　彼の受賞がうれしくて方々に電話をした。

d　昨日は練習が面倒くさくて部活にいかなかった。

以上のことを念頭において（17）に示した例を見てみると、やはり、ミ語法として表される節が内的徴証のタイプであり後続する節が意志動詞文となっていることがわかる。内的徴証のタイプのミ語法は上代文献に一七七例見られ、その中一六六例が「内的徴証―意志動詞文」という意味タイプの組み合わせになっている。この場合、(19)に示した連用形節およびテ節がそうであるように、節自体に原因理由の意味が備わる必要はなく、先行する節の事態が主節の事態とは別個の事態であれば、文全体は原因理由表現となり得る。

後続する節の意味タイプが意志動詞文ではないことで、この組み合わせから外れることになる例が一一例ある。以下にすべての例をあげる。

まずは、後続する節の述語が自発表現となっており意志動詞文とは言えないものである。

(20)　a　君に恋ひいたもすべなみ（痛毛為便奈美）葦鶴の音のみし泣かゆ（所レ泣）朝夕にして（萬葉集・巻三・四五六）

b　思ひ出づる時はすべなみ（時者為便無）豊国の木綿山雪の消ぬべく思ほゆ（可レ消所レ念）（萬葉集・巻十・二三四一）

c　思ひ出づる時はすべなみ（時者為便無）佐保山に立つ雨霧の消ぬべく思ほゆ（應レ消所レ念）（萬葉集・巻十二・三〇三六）

d　ますらをの心思ほゆ（許己呂於毛保由）大君の命の幸を聞けば貴み（多布刀美）（萬葉集・巻十八・四〇九五）

次に示すのは、後続する節の述語が状態性のものになっており意志動詞文とは言えないものである。

(21)　a　岩が根のこごしき山に入りそめて山なつかしみ（山名付染）出でかてぬかも（出不レ勝鴨）（萬葉集・巻七・一三三二）

b　人言を繁み言痛み（人言乎繁三毛人髪三）我が背子を目には見れども逢ふよしもなし（相因毛無）（萬葉集・巻十二・二九三八）

c …梓弓爪弾夜音の遠音にも聞けば悲しみ（悲弥）にはたづみ流るる涙留めかねつも（流涕留可祢都母）（萬葉集・巻十九・四二一四）

さらには、後続する節の述語が無意志動詞になっており意志動詞文とは言えないものである。

（22） a …目言も絶えぬ然れかもあやに哀しみ（綾尓憐）ぬえ鳥の片恋づま朝鳥の通はす君が夏草の思ひしなえて（念之萎）…（萬葉集・巻二・一九六）

b ぬばたまの夜渡る月をおもしろみ（夜渡月乎怜）我が居る袖に露そ置きにける（露曽置尓鶏類）（萬葉集・巻七・一〇八一）

c 今朝鳴きて行きし雁が音寒みかも（雁鳴寒可聞）この野の浅茅色付きにける（浅茅色付尓家類）（萬葉集・巻八・一五七八）

d …大君の御門を守り我をおきて人はあらじといや立て思ひし増さる（於毛比之麻左流）大君の命の幸の聞けば貴み（貴美）（萬葉集・巻十八・四〇九四）

（20）（21）（22）に示した例は、「内的徴証―意志動詞文」という意味タイプの組み合わせからさほど外れるものではない。よってこれらの例を根拠にして、新たな原因理由の意味の拡張がミ語法に生じたということにはならないであろう。むしろ「内的徴証―意志動詞文」という意味タイプの組み合わせに準じるものとして位置づけられる。

三・二 節の意味の拡張

ミ語法には、以上に言及した内的徴証のタイプの他に外的徴証のタイプもある。

（23） a 風をいたみ（風乎疾）沖つ白波高からし海人の釣舟浜に帰りぬ（萬葉集・巻三・二九四）

b 山高み（山高三）降り来る雪を梅の花散りかも来ると思ひつるかも（萬葉集・巻十・一八四一）

c　草深み（草深三）こほろぎさはに鳴くやどの萩見に君はいつか来まさむ（萬葉集・巻十・二二七一）

d　東風をいたみ（安由乎疾美）奈呉の浦回に寄する波いや千重しきに恋渡るかも（萬葉集・巻十九・四二一三）

（23）に示した例は、「内的徴証—意志動詞文」という意味タイプの組み合わせから大きく外れているわけであるから、先行する節と後続する節における意味タイプの組み合わせにより原因理由の意味が表されているとは言えない。また、その他の文脈上の要因によって原因理由の意味が生じているということも想定できない。したがって、外的徴証のタイプのミ語法では、「〜み」節自体に原因理由の意味が備わっていると言わなければならない。

では、先行する節と後続する節との意味タイプの組み合わせにより原因理由の意味が表されている場合と節自体に原因理由の意味が備わっている場合とではどちらが原初的なものと言えるだろうか。本稿は、当初のミ語法では節の意味タイプの組み合わせにより原因理由の意味が表されていたと考える。以下ではその根拠が理論的にも経験的にも存することを示そうと思う。

因果関係や対立関係などの節と節ないし文と文の意味的な関係は何の前ぶれもなく突然、接続助詞や接続詞等の言語形式によって表されるようになるわけではない。もともと文脈から読みとられていたニュアンスが慣習化された結果、それが形式に焼きつけられる等のように、節と節ないし文と文の関係を表す意味の起源は言語形式の意味とはまた別のところにあるのが普通である。ミ語法の節の意味の起源を考える際にもこうしたことが前提とされなければならない。だとすれば、ミ語法の節が形成された当初から節自体に原因理由の意味が備わっていたということは考えにくく、その当初は「内的徴証—意志動詞文」という、先行する節と後続する節における意味タイプの組み合わせにより原因理由の意味が表されていたとするのが自然である。内的徴証と文の意志性との組み合わせによって表されていた原因理由の意味が、言語形式である「〜み」節に焼き付けられたという説明が合理的であり、この逆の方向は考えにくい。そして、いったん言語形式に原因理由の意味が焼きつくと、すなわち、節末の形容詞述語を「〜み」の形にし、その項を任意にヲで標示すれば原因理由節が得られるということになれば、節と節の意味タイプの組み合わせにおける制約がなくなる。ここに外的徴証のタイプへの拡張が認められることになる。さらには、次に示すように形容詞型の活用をする助動詞ベシにおいても節末を「べみ」とすることで原因理由節であることが表せるということにもなる。

(29) a 嘆きせば人知りぬべみ（人可ㇾ知見）山川の激つ心を塞かへてあるかも（萬葉集・巻七・一三八三）

b 秋萩を散り過ぎぬべみ（秋芽子乎落過沼蛇）手折り持ち見れどもさぶし君にしあらねば（萬葉集・巻十・二二九〇）

このように、節の意味変化のメカニズムをふまえ、意味の慣習化（conventionalization）という観点に着目するならば、ミ語法の原因理由の意味が内的徴証のタイプから外的徴証のタイプへと拡張されたとする仮説に理論的な根拠を見出し得る。そしてこれに留まらず、本稿は、間接的ではあるが経験的な根拠をも示すことができる。

右に述べた原因理由の意味の拡張は、実のところ日本語の歴史においてくり返し生じていると本稿は考える。先に述べたようにミ語法の歴史的展開を論じるということになれば文献時代以前のことに言及することになるが、このようなとき、言語の歴史には同じことが繰り返し生じることがあるということに着目して、文献に現れた類似する現象を経験的な証拠として示すやり方は有効である。そこで、平安時代から文献に見えるサニ構文と称される表現を取り上げてみよう。サニ構文は、節末の述語が状態性のものに限られ、かつ原因理由表現であるという点でミ語法との共通性がある。

(24) a 仰の事をかしこさに、かの童を、まいらせむとて仕うまつれば（竹取物語・五六頁）

b 秋の雨いと静かに降りて、御前の前栽の色々乱れたる露のしげさに、いにしへの事どもかきつづけ思し

出でられて、御袖も濡れつつ、女御の御方に渡りたまへり（源氏物語・二・四四八頁）

c　紀年ニハ、岸門トアルカ、此ニハ鴈トアルハ、岸ト鴈ト聲カチカサニ、誤タソ。（史記抄・一・三一八頁）

d　サルホトニ舊モ、不審サニ、土字ノ下へ注ヲ入テ、下へ連タラハ、ヨカラウト云テ置タソ（史記抄・五・二三八頁）

筆者は、竹内（二〇〇五b）において、サニ構文の発達に伴い、別個の形態素の連続であった節末のサニが接続助詞として再分析され、原因理由の意味を獲得するということを論じる中で、次のことを明らかにした。まず、当初（一〇世紀以前）のサニ構文は、サニ節の意味タイプと後続する節の意味タイプの組み合わせが「内的徴証―意志動詞文」のものに限られる。(4)

（25）　a　ふねのむつかしさにふねよりひとのいへにうつる。（土左日記・三八頁）

b　昔、男、みそかに語らふわざもせざりければ、いづくなりけむ、あやしさによめる（伊勢物語・六四段・0803）

c　それ（蘆になひたる男）が顔を見るに、…いみじきさまなれど、わが男に似たり。これを見て、よく見まほしさに、「この蘆もちたるをのこよばせよ。かの蘆買はむ」といはせける（大和物語・一四八段・1579）

こうした例は、節末のサニが接続助詞として原因理由節であることを表しているのではなく、節と節の意味タイプの組み合わせによって原因理由の意味が生じていると考えられる。それが、一一世紀から一四世紀かけてサニ節と後続する節の意味タイプの組み合わせが「内的徴証―意志動詞文」から外れるもの、すなわち「内的徴証―無意志動詞文」であるもの（→（26c））や「外的徴証―意志動詞文」であるもの（→（26a））あるいは「外的徴証―無意志動詞文」であるもの（→（26ｂ））が見えるようになる。

（26）ａ　月のかげのはしたなさに、うしろざまにすべり入るを、つねにひき寄せ、あらはになされてわぶるもをかし（枕草子・三一三頁）

ｂ　年たちかへる朝の空のけしき、なごりなく曇らぬうららかげさには、数ならぬ垣根の内だに、雪間の草若やかに色づきはじめ（源氏物語・三・一三七頁）

ｃ（少将は）興ゼシ人ノ恋シサニ、イトヾ哀ゾ増リケル（延慶本平家物語・上・二六五頁）

しかしこれらはまだ用例数も少なく、サニ節と後続する節の意味タイプの組み合わせの類型として定着するに至っているとは言えない。ところがこれが一五世紀に至ると、外的徴証のタイプの用例数が増加し、内的徴証のタイプの用例数と拮抗して、同等の存在感を示すようになる。

（27）ａ　掩ト蓋トハ、トレモ、ヲ、フト讀ホトニ、字訓カ同シサニ通用シタ（史記抄・二・四四五頁）

ｂ　昌邑王ハ、幼サニマタ此時ハ、封セラレモセナンタシモノソ（史記抄・五・四二四頁）

ｃ　星ノ晝見ル、ハ、物怪ソ。日光カ衰微シテ、陰氣ノ盛ナルホトニ、晝ノ光明カナサニ、星カ見ルソ（史記抄・二・一八七頁）

サニ構文は、ここにおいて、サニ節が外的徴証のタイプとなるものへと拡張したと言うことができる。なお、否定辞にサニが下接する、次のような例が存することも併せて確認されたい。

（28）ａ　めのとの女房せめても心のあられずさに、はしり出て、いづくをさすともなく、その邊を足にまかせてなきありく程に（覚一本平家物語・下・三九八頁）

ｂ　その後は、いとゞ事悪しきやうなるもむつかしながら、たゞ御一所の御心ざし、なをざりならずさに、慰めてぞ侍（とはずがたり・六三頁）

c　独立──此句ハ焼灯ハスキツトセンサニフルサトノコトヲ思出シテコ晩景門ニ独立テ鴉ノ暮ニトマリニ林ヘカエルヲ数ソ。（中興禅林風月集抄・九三頁）

サニ節が内的徴証、後続する節が意志動詞文となっており、奇しくも先に言及したニ語法との共通性が見出せる。

以上のサニ構文の歴史的展開は、先に述べたミ語法の節の意味の拡張に関する仮説を裏付けていよう。ここまで述べてきたことからすると、節末の述語が状態性のものに限られる原因理由表現の発達においては、当初の原因理由の意味が「内的徴証―意志動詞文」という節と節の意味タイプの組み合わせによっており、その後に外的徴証のタイプが生じるという経路が繰り返されると考えられる。そして本稿は、ミ語法も例外ではなかったと結論づけることとなる。

四　おわりに

本稿は、ミ語法の節の形成と意味について次のことを明らかにした。すなわち、ミ語法の節末の形態が動詞連用形節と同じであるのはなぜか、ミ語法の原因理由の意味はそもそもどこから生じ、どのように拡張・展開したのか、こうした問題について解決を試みた。また、本稿で述べてきたことにより、共時的な理解として、ミ語法が純然たる形容詞述語文であることは動かないこととなったように思われる。特にニ語法との並行性は重視されなければならない。

なお残る問題があるとすれば、次のようなことであろうか。ミ語法の節は通常の原因理由節とは大きく異なるところがある。通常の原因理由節では、カラやノデがそうであるように、節末の要素によって節の意味が、すなわち原因理由節であることが示される。これに対しミ語法は、節末の要素によって原因理由の意味が表されるというわけではなく（節末のミがその意味を担うとするのは奇妙であろう）、節の要素の意味に還元できない意味を持つ構文である。[5] いわば節全体が原因理由の意味を担っていると考えられ、この意味でミ語法は通常の原因理由節から逸脱した特徴を有していると言えそうであるが、ミ語法の節のこうした特徴については機会を改め論じることとしたい。

〔注〕

(1) とは言え、従来の研究では、そもそもミ語法の形容詞性とは何か、あるいは動詞性とは何かということが明示されていないように思われる。

(2) 例えば、木下(一九七五)、木下(二〇〇一)、内田(一九九九)など。

(3) 当時代的とは言えない化石的な表現として、和歌や漢文訓読文において用いられることはあった。

(4) 用例数など、より詳しいデータについては竹内(二〇〇五)によられたい。

(5) 節の要素の意味に還元できない意味を持つ構文について詳しくは秋元・前田(二〇一三)、三宅(二〇一五)を参照されたい。

〔使用文献〕

○萬葉集…『萬葉集　本文篇』(塙書房)、『萬葉集　訳文篇』(塙書房)

○竹取物語・伊勢物語・大和物語…『歌物語　伊勢物語・平中物語・大和物語　総合語彙索引』(勉誠社)

○源氏物語…日本古典文学全集(小学館)

○延慶本平家物語…『延慶本　平家物語』(勉誠社)

○古代歌謡(記紀歌謡)、とはずがたり、覚一本平家物語…岩波日本古典文学大系

○史記抄…『史記桃源抄の研究　本文篇』丸善株式会社

○中興禅林風月集抄…柳田征司「京都府立総合資料館蔵　惟高妙安抄「中興禅林風月集抄」」『近代語研究　第四集』(武蔵野書院)

〔参考文献〕

秋元実治・前田満（二〇一三）「第一章　文法化と構文化」秋元実治・前田満（編）『文法化と構文化』三頁―四〇頁、ひつじ書房
内田賢德（一九九九）「人麿歌集のミ語法」『声と文字　上代文学へのアプローチ』一五七―一七一頁、塙書房
木下正俊（一九七五）「ミ語法私按」『国文学』五二号、一四三―一五五頁、関西大学
木下正俊（二〇〇一）「「たどきも不知雖念」の訓義」『萬葉』一七六号、一―一八頁
金水敏（一九九〇）「述語の意味層と叙述の立場」『女子大文学　国文篇』四一号、左二六―五六頁、大阪女子大学
竹内史郎（二〇〇二）「古代語形容詞の活用語尾――動詞活用語尾形態への仮託――」『語文』七八輯、一―一一頁
竹内史郎（二〇〇四）「ミ語法の構文的意味と形態的側面」『國語学』五五巻一号、右一―一五頁
竹内史郎（二〇〇五ａ）「ム型・ブ型・ミス型動詞とミ語法の形態論的必然性による推移」『萬葉』一九一号、一九―四〇頁
竹内史郎（二〇〇五ｂ）「サニ構文の成立・展開と助詞サニについて」『日本語の研究』一巻一号、二―一七頁
竹内史郎（二〇〇八）「古代日本語の格助詞ヲの標示域とその変化」『國語と國文學』八五巻四号、五〇―六二頁
三宅知宏（二〇一五）「第8章　日本語の「補助動詞」と「文法化」・「構文」」秋元実治・青木博史・前田満（編）『日英語の文法化と構文化』二三七―二七〇頁、ひつじ書房

〔付記〕　本稿は、筆者が大阪大学大学院博士前期課程に在籍していた頃に行っていた研究である。一七年の歳月を経て、ようやくここにまとめることができうれしく思う。この場をお借りして、当時から研究をあたたかく見守って下さっている蜂矢真郷先生、大鹿薫久先生、金水敏先生に感謝の意を表します。

ナを伴う二音節化名詞

蜂矢 真弓

一　はじめに

山口（一九九二）、阪倉（一九九三）、安部（二〇一四）では、チ〔路〕→ミチ、ヌ〔沼〕→ヌマ、カ〔髪〕→カミ等の、一音節語の多音節化について述べられている。例えば、これらの例について説明すると、チ〔路〕→ミチの場合は、名詞チ〔路〕が、上に畏敬の念の意味の接頭語ミを伴った結果、二音節名詞ミチ〔路〕が形成される。次に、ヌ〔沼〕→ヌマの場合は、現代で言うところのヌルヌルに当たる擬態語ヌ〔沼〕が、場所を表すマを伴った結果、二音節名詞ヌマ〔沼〕が形成される。そして、カ〔髪〕→カミの場合は、川端（一九七九）の「名詞の活用」の〔C〕に挙げられているように、名詞被覆形カ〔髪〕が、「自立形を形造る、資格的に接尾語であるもの」である《i》を伴う際に、子音（この場合はm）を挿入した結果、二音節名詞カミ〔髪〕が形成される。

このように、多音節化する理由は語によって様々であるが、根本的に、一音節語は、異なる意味であるにもかかわらず同音である語も多く、その語が表す意味の判別が難しいことや、二音節以上の名詞に比べ安定性を欠くということがあるかと思われるが、一音節語の多音節化というもの全体について述べるのは、調査範囲を広げ、考察を深めてからにするとして、今回は、一音節語の多音節化のうち、ナを伴うことによる二音節化について考察することにする。

二　ワナ〔羂〕・ハナ〔端〕・エナ〔胞衣・胎衣〕

本節では、ワ〔輪・曲・勾〕→ワナ〔羂〕、ハ〔端〕→ハナ〔端〕、エ〔胞〕→エナ〔胞衣・胎衣〕について考察する。

ワ〔輪・曲・勾〕

……伊都閉黒益之、天能瓱和爾齋許母利弖、……（『祝詞』出雲國造神賀詞）

『時代別国語大辞典上代編』の「みかわ【瓱】（名）」の項には、「ミカと同じで、大形の甕の類であろう。酒を盛る器。ワは輪か。」とあることから、ミカワとはミカ〔甕〕＋ワ〔輪〕であり、ワは丸い輪の状態のものであるものと考えられる。このワ〔輪・曲・勾〕に対し、ワナ〔羂〕という語がある。

ワナ〔羂〕

足柄《あしがら》の　をてもこのもに　さすわなの〈佐須和奈乃〉かなるましづみ　児《こ》ろ我紐解《あれひもと》く（『萬葉集』三三六一）

『時代別国語大辞典上代編』の「わな【羂】（名）」の項に、「縄・木枝・竹などを輪にして禽獣を捕える仕掛け。」とあることから、ワ〔輪・曲・勾〕＋ナ→ワナ〔羂〕であり、ワナとは輪の物、輪の状態の物という意味であると考えられる。このナは、「〜の物」という意味の上から考えると、準体助詞ノと同様の、準体助詞ナかとも思われる。

準体助詞ノについては、『日本文法大辞典』の「の 古助〔格助詞・間投助詞・終助詞・準体助詞〕」の項〔青木伶子氏執筆〕において、次のように述べられている。

連体格用法（体言をうけ体言にかかる用法）は、下の体言省略の方向において「薬師《くすりし》は常の（乃）もあれど賓客《まらひと》の今の薬師貴かりけり賞《め》だしかりけり」〔仏足石歌〕のような準体助詞ともいわれる用法を経て、形式名詞「それがしがすいて読のは源氏平家のものかたりなとをよむほとに」〔狂言記・姫粥〕にまで発展し、また、修飾語増加の方向において連用格用法（主語を示す用法）に発展した。

このように、ノが連体助詞から準体助詞へと発展して行くのであれば、ナも連体助詞から準体助詞へと発展して行く可能性があるのではないかとも思われる。ただ、これは、あくまでノの話であって、準体助詞のナがあることが確実とは言えないので、このナは当面接尾語として見るのが良いかと思われる。以降、ハナ〔端〕・エナ〔胞衣・胎衣〕についても述べるが、その際のナも、同様であると考える。

「ワ〔輪・曲・勾〕＋ナ」の構成によって、輪の物、輪の状態の物という意味を持つものとして形成されたワナ〔羂〕であるが、このワナ〔羂〕は、ワ〔輪・曲・勾〕との意味分化のために形成されたものと考えられる。

ハ〔端〕

山の端《は》に〈山乃波尓〉月傾《かたぶ》けば　いざりする　海人《あま》の灯火《ともしび》　沖《おき》になづさふ（『萬葉集』三六二三）

ハナミヅ〔始水〕

卯《う》の花《はな》を　腐《くた》す霖雨の　始水《はなみづ》に〈始水邇〉寄るこつみなす　寄らむ児《こ》もがも（『萬葉集』四二一七）

ハナ〔端〕

後陣《ごぢん》におとす人々のあぶみのはなは、先陣《せんぢん》の鎧甲《よろひかぶと》にあたるほどなり。（『平家物語』巻第九）

いずれの例も先端の意であることから、こちらも、ハ〔端〕＋ナ→ハナ〔端〕、つまり、ハナとは、端の物という意味であり、ハナ〔端〕は、ハ〔端〕との意味分化のために形成されたものと考えられる。

エ〔胞〕

䏶（略）子乃兄（略）（『新撰字鏡』）

エナ〔胞衣・胎衣〕

褜《エナ》（観智院本『類聚名義抄』）

こちらも、ワナ〔罠〕・ハナ〔端〕の場合と同様に、エ〔胞〕＋ナ→エナ〔胞衣・胎衣〕であると思われる。ただし、意味分化のために形成されたワナ〔罠〕・ハナ〔端〕の場合とは異なり、エナ〔胞衣・胎衣〕はエ〔胞〕と意味が明確に異なるとも言い難い。エナ〔胞衣・胎衣〕は、エ〔胞〕がただ安定性を求めて二音節化したものかと思われる。また、阪倉（一九九三）が、「上代語単音節名詞一覧」を挙げた上で、「上代単音節名詞を五十音順に列べてみると」、「え（九語）」が最も多く、「このように同音語が六語以上もあっては、たとえ文脈やアクセントの違いなどによって援けられるとしても、その弁別には相当な困難が伴ったに相違ない。」とした上で、「この混同を防ぐ手段としては、各同音語グループごとに、必要なもののみを残して他は廃語にするか、またはその語形を改修して同音衝突の原因を避けるようにするかしかない」と述べられていることも、エ〔胞〕が二音節化してエナ〔胞衣・胎衣〕の形態に変化した理由かと考えられる。

三　スナ〔砂・沙〕・コナ〔粉〕

一方、ス〔沙〕とスナ〔砂・沙〕という語がある。

ス〔沙〕

次有レ神。埿土煑尊埿土、此云于毗尼沙土煑尊。沙土、此云須毗尼亦曰埿土根尊・沙土根尊（『日本書紀』神代上）

宇比地邇上神　次妹須比智邇去神此二柱神名以音（『古事記』神代）

スナ〔砂・沙〕

スナ

問　イサコヲスナトナツク如何　答スナハシクニハノ反　庭ノシキスナコトイヘル義ニヤ（『名語記』）

砂《スナ》—與沙《イサゴ》同（『文明本節用集』）

スヒヂニの例は、「沙土煑」の表記によって「ス＋ヒヂ＋ニ」の構成であると見られることから、スはス〔沙〕であると考えられる。このように、スが上代から存在しているのに対し、スナは中世に発生していることから、一見、前述の、ワ〔輪・曲・勾〕＋ナ➡ワナ〔羂〕、ハ〔端〕＋ナ➡ハナ〔端〕、エ〔胞〕＋ナ➡エナ〔胞衣・胎衣〕と同様に、接尾語かと思われるナを伴って、ス〔沙〕＋ナ➡スナ〔砂・沙〕と変化したように見える。

ところが、ス〔沙〕（上代）とスナ〔砂・沙〕（中世）との間に、スナゴ〔砂子〕（中古）という例が存在する。

スナゴ〔砂子〕

砂繊附　聲類云砂（略）和—以佐古 一—須奈古　水中細礫也（真福寺本『和名類聚抄』一）

砂（略）〔順〕川云禾、以佐古（上上上）一云須奈古（平平平）（図書寮本『類聚名義抄』一五二）

スナゴ〔砂子〕は、「ス〔沙〕＋連体助詞ナ＋コ〔粉〕」の構成で、つまり、スナゴとはスの粉ないし子という意味であると考えられる。スナゴ〔砂子〕の例は、後にも挙げる。

しかし、拙稿（二〇一五）において述べたが、アナツチ・タナツチ、シナトベ・シナツヒコのような、「名詞＋連体助詞ナ＋連体助詞ツ＋名詞」の複合名詞の存在や、マナブタのような、「名詞＋連体助詞ナ＋名詞」の複合名詞の後項の名詞が連濁している例の存在から、連体助詞ナは形骸化が進み、ナが連体助詞（「〜の」という意味）であるということが分からなくなってしまって行ったことが分かっている。その上、前述のように、ワナ〔羂〕・ハナ〔端〕・エナ〔胞衣・胎衣〕という、「〜ナ」という形態の二音節名詞が既に存在している。よって、連体助詞ナの形骸化による語構成意識の変化と、ワナ〔羂〕・ハナ〔端〕・エナ〔胞衣・胎衣〕の形態との類推による語構成への影響という二つのことが理由で、本来は「ス〔沙〕＋連体助詞ナ＋コ〔粉〕」の構成であったスナゴ〔砂子〕が、「スナ＋コ」の構成と異分析され、その結果、スナ〔砂・沙〕という語が発生したものと考えられる。

また、コ〔粉〕に対してコナ〔粉〕という語がある。このコナ〔粉〕も、スナ〔砂・沙〕と同様の理由で発生したものと考えられる。ただし、コ〔粉〕（上代）の後にコナ〔粉〕（近世）が発生するが、その間には、コナカキ〔餗・糝〕という例が存在していた。

イサゴ〔砂・沙石〕

　彼方《をちかた》の　あらら松原《まつばら》……たまきはる　内《うち》の朝臣《あそ》が　腹内《はらぬち》は　小石《いさご》あれや〈異佐誤阿例椰〉いざ闘《あ》はな　我《われ》は（『日本書紀』神功紀元年）

コナ〔粉〕(1)

　誰ｶ家の思婦ぞ月に諷ふて粉《コナ》引ハ　雪叢（『虚栗』下）

コナカキ〔餗・糝〕

　䰡（略）以糝煮火肉也（略）古奈加支（享和本『新撰字鏡』）

このコナカキ〔餗・糝〕とは、「コ〔粉〕＋連体助詞ナ＋四段動詞掻クの連用形の名詞化」の構成であり、元々は「コ〔粉〕の振りかけた物」という意味であると考えられる。しかし、スナゴ〔砂子〕の場合と同様に、連体助詞ナの形骸化による語構成意識の変化と、ワナ〔羂〕・ハナ〔端〕・エナ〔胞衣・胎衣〕の形態との類推による語構成への影響という二つのことが理由で、本来は「コ〔粉〕＋連体助詞ナ＋四段動詞掻クの連用形の名詞化」の構成であったコナカキ〔餗・糝〕が、「コナ＋カキ」の構成と異分析され、その結果、コナ〔粉〕という語が発生したものと考えられる。コナカキ〔餗・糝〕の例は、後にも挙げる。

四　スナゴ〔砂子〕・コナカキ〔餗・糝〕の異分析

前述のようにス〔沙〕→スナゴ〔砂子〕→スナ〔砂・沙〕の順に発生した結果、ス〔沙〕は衰退し、現代語においてスナ〔砂・沙〕の形態で存在している。

一方、コ〔粉〕→コナカキ〔餗・糝〕→コナ〔粉〕の順に発生した結果、コナ〔粉〕の形態で存在しているが、現代語において、コ〔粉〕も、コムギコ〔小麦粉〕・パンコ〔パン粉〕・コメコ〔米粉〕・カタクリコ〔片栗粉〕・イリコ〔煎り粉〕のように、複合語の後項部の例は多く存在していて、ス〔沙〕・スナ〔砂・沙〕の場合と、コ〔粉〕・コナ〔粉〕の場合とは異なっている。

そこで、このような差違が生まれた理由について、以下、考える。

ス〔沙〕の例は、異分析を生む理由となったスナゴ〔砂子〕を除くと、神名である前述のスヒヂニの例しか存在しない。(2) 一方、コ〔粉〕の例は、異分析を生む理由となったコナカキ〔餗・糝〕を除いても、『時代別国語大辞典上代編』に記載されているだけで、以下の七語がある。

コ〔粉〕

法花經幷鉢干飯粉等　与二優婆塞一〈粉コ〉（『日本霊異記』下一・真福寺本）

イサゴ〔砂・沙石〕

彼方《をちかた》の　あらら松原《まつばら》……たまきはる　内《うち》の朝臣《あそ》が　腹内《はらぬち》は　小石《いさご》あれや〈異佐誤阿例椰〉いざ闘《あ》はな　我《われ》は（『日本書紀』神功紀元年、再掲）

マナゴ〔細砂〕

相模道《さがむぢ》の　余綾《よろぎ》の浜の　砂《まなご》なす〈麻奈胡奈須〉児《こ》らはかなしく　思《おも》はるるかも（『萬葉集』三三七二）

ヒヂノコ〔泥〕

淤泥(略)倭云比地乃古（『新訳華厳経音義私記』）

ムギコ〔麦粉・麪〕

若《(ごとき)》ニ麪《ムキコ》に裹レ(みて)物を蒸《ム》一セるが者ト焼熟(せ)シメたる歡喜團等なり。（『蘇悉地羯羅経略疏』二・寛平八年点・大坪併治氏釈文）

麩(略)麦古（『新撰字鏡』、享和本は「麪麩(略)无支古」）

マサゴ

山したみづのたえず、はまのまさごの、かずおほくつもりぬれば、（『古今和歌集』仮名序）

繊沙末左己末奈己（『日本紀私記』丙本　孝照《ママ》）

ヒジリコ〔泥〕

泥　孫愐曰泥(略)和―比知利古一云古比知土和水也（真福寺本『和名類聚抄』一）

スナゴ〔砂子〕(3)

砂繊附聲類云砂(略)和―以佐古一―須奈古水中細礫也（真福寺本『和名類聚抄』一、再掲）

砂(略)川〔順〕云禾、以佐古(上上上)一云須奈古(平平平)（図書寮本『類聚名義抄』一五二、再掲）

コヒヂ

泥　孫愐曰泥(略)和―比知利古一云古比知土和水也（真福寺本『和名類聚抄』一）

つまり、ス〔沙〕はスヒヂニの例のみであり、そのままの形態を保持しようとする力が弱かったため、ワナ〔罥〕・ハナ〔端〕・エナ〔胞衣・胎衣〕という、二音節名詞「〜ナ」の形態との類推による語構成への影響を大きく受けてしまったと考えられる。一方、コ〔粉〕は、ス〔沙〕よりも用例が多く、そのままの形態を保持しようとする力が働いたため、ワナ〔罠〕・ハナ〔端〕・エナ〔胞衣・胎衣〕という、二音節名詞「〜ナ」の形態との類推による語構成への影響は、ス〔沙〕の場合に比べると小さかったものと考えられる。このことは、単独のスナ〔砂・沙〕の例が、中世（『名語記』・『文明本節用集』）に既に見られるのに対し、単独のコナ〔粉〕の例が見られるのは近世（『虚栗』）まで下ることの理由でもある。

次に、異分析されてしまったスナゴ〔砂子〕とコナカキ〔餗・糁〕とを比べてみる。スナゴ〔砂子〕は、大きさに違いがある可能性はあるものの、ス〔沙〕・スナ〔砂・沙〕と同じ、あるいはほぼ同じ意味である。一方、コナカキ〔餗・糁〕のカキは四段動詞掻クの連用形の名詞化であるため、コナカキ〔餗・糁〕は、コ〔粉〕・コナ〔粉〕とは同じ意味にはならない。また、室町時代以降には、コナカキ〔餗・糁〕と同じ意味を表す、「コ〔粉〕＋連体助詞ナ＋下二段掻クの連用形の名詞化」によるコナカケ〔餗・糁〕という語も出現するが、(4) やはり、コ〔粉〕・コナ〔粉〕とは同じ意味にはならない。

スナゴ〔砂子〕

なみのまに すなごふみこみ なくたづは きみにちとせを ゆづるべらなり（『古今和歌六帖』二二五〇）

……主殿寮《とのもり》の官人、手《て》ごとに箒《ははき》とりてすなご馴《な》らす。（『枕草子』一四二）

……けいたう坊、みやりて、足《あし》を砂子《すなご》に脛《はぎ》のなからばかりふみ入て……（『宇治拾遺物語』三五）

コナカキ〔餗・糁〕・コナカケ〔餗・糁〕

……長《アマ》レル臛《コナカキ》を乃(ち)鐺《カナヘ》の内に反《カヘ》歸シ、……（『南海寄帰内法伝』平安後期点・一）

糁ハ、コナカキトヨムソ。蔓草ヲ、コマカニキザウデ、米ヲ、スコシマゼテ、鍋《ナベ》ニ入テ、煮テ食スルヲ云ソ。コ、ラニ云フ、増ー水ノヿ《ミツウツノヿ》ソ。（略）糁ヲ、コナカキトモ、コナカケトモ、ヨメルソ。キトケト、ドチガ、是非ヲハ、シラヌソ。（『詩学大成抄』一二）

増水《ゾウスイ》《マスミツ》〈糝《コナカケ》也異名／云二楊花《ヤウクワト》一〉（『文明本節用集』）
楊花《ヤナギハナ》〈雑炊《ザフスイ》／糝《コナカケ》也〉（『文明本節用集』）
糝餗《コナカケ》同（『易林本節用集』）
Conacaqe. コナカケ（糝）米，野菜その他の物をまぜて作った粥．これは婦人語である．（『日葡辞書』補遺）
七日の糝《こなかけ》あつ物共（『毛吹草』巻第二・俳諧四季之詞正月）

そのため、連体助詞ナの形骸化による語構成意識の変化は、ス〔沙〕の場合に比べるとコ〔粉〕の場合は小さかったものと考えられる。

この段階で話を整理すると、ス〔沙〕→スナ〔砂・沙〕、コ〔粉〕→コナ〔粉〕の理由は、次の通りである。

ス〔沙〕→スナ〔砂・沙〕
①連体助詞ナの形骸化による語構成意識の変化（大）
②ワナ〔罠〕・ハナ〔端〕・エナ〔胞衣・胎衣〕の形態との類推による語構成への影響（大）

コ〔粉〕→コナ〔粉〕
①連体助詞ナの形骸化による語構成意識の変化（小）
②ワナ〔罠〕・ハナ〔端〕・エナ〔胞衣・胎衣〕の形態との類推による語構成への影響（小）

このことを踏まえて、コ〔粉〕が、以下の三種類の形態で存在している場合について、次節以降にそれぞれ見て行くことにする。

A複合語の前項部（「コ〔粉〕～」）
B単独（「コ〔粉〕」）
C複合語の後項部（「～コ〔粉〕」）

五　複合語の前項部の場合におけるコの同音衝突

まず、本節では、A複合語の前項部について考察する。第四節において述べた通り、コ〔粉〕→コナ〔粉〕の場合、①連体助詞ナの形骸化による語構成意識の変化も、②ワナ〔羂〕・ハナ〔端〕・エナ〔胞衣・胎衣〕の形態との類推による語構成への影響も小さかった。しかし、①の変化・②の影響が大きかったス〔沙〕→スナ〔砂・沙〕の場合と同様に、「コ〔粉〕～」→「コナ〔粉〕～」の変化は起きた。これは、③同音衝突の回避という理由も存在したためであると考えられる。

コには、コ〔粉〕の他にも、コ〔小〕・コ〔子〕という勢力の強いコが存在する。コ〔小〕は小さい様という意味であったが、このコ〔小〕は、コ〔小〕（小さい様）として存在し続ける一方で、コ〔子〕（小さい生物＝子供）へと意味が分化して行く。しかし、コブスマのように、小ブスマだと分かる例もあるが、『常陸国風土記』のコマツ〔小松・子松〕のように、コ〔小〕かコ〔子〕かの判別が難しい例もある。その証拠に、『萬葉集』には、「小松」という表記の例と、「子松」という表記の例の両方が存在する。

コブスマ

庭《には》に立つ　麻手《あさで》小衾《こぶすま》〈安佐提古夫須麻〉今夜《こよひ》だに　夫《つま》寄《よ》しこせね　麻手小衾〈安佐提古夫須麻〉（『萬葉集』三四五四）

コマツ〔小松・子松〕

いやぜるの　阿是《あぜ》の小松《こまつ》に〈阿是乃古麻都尓〉木綿《ゆふ》垂《し》でて　吾《わ》を振《ふ》り見《み》ゆも　阿是小島《あぜこしま》はも（『常陸国風土記』香島郡）

君に恋ひ　いたもすべなみ　奈良山《ならやま》の　小松が下《もと》に〈小松下尓〉立ち嘆くかも（『萬葉集』五九三）

巻向の 檜原《ひばら》もいまだ 雲居《くもゐ》ねば 小松が末《うれ》ゆ 〈子松之末由〉 沫雪《あわゆき》流る（『萬葉集』二三一四）

「コ〔小〕～」と「コ〔子〕～」に関しては、現代語においても、コヅツミ〔小包〕のように、小ヅツミだと分かる例もあるが、コイヌ〔小犬・子犬〕のように、コ〔小〕かコ〔子〕かの判別が難しい例もあり、完全に分化している訳ではない。特に「コ＋動植物」の場合は、現代に至るまで分化出来ていない（ただし、後述のように、コ〔子〕に対して、コ〔小〕はA複合語の前項部にしか存在することが出来ないという差違はある）。

そして、コ〔粉〕は、このコ〔小〕・コ〔子〕と意味が類似しており、コサメ〔小雨・霂〕のように、コ〔小〕かコ〔粉〕かの判別が難しい例もある。[5]

コサメ〔小雨・霂〕

少細降雨〈少細二合古佐女〉（『日本霊異記』上三・興福寺本）

そこで、A複合語の前項部の場合は、「コ〔小〕～」とも「コ〔子〕～」とも同音衝突を回避する必要性が出たため、「コ〔粉〕～」→「コナ〔粉〕～」という変化が起こったものと考えられる。

整理すると、次の通りである。

A複合語の前項部（「コ〔粉〕～」→「コナ〔粉〕～」）

①連体助詞ナの形骸化による語構成意識の変化（小）

②ワナ〔羂〕・ハナ〔端〕・エナ〔胞衣・胎衣〕の形態との類推による語構成への影響（小）

③同音衝突の回避（「コ〔小〕～」・「コ〔子〕～」との衝突）

六　単独の場合におけるコの同音衝突

次に、本節では、B単独（「コ〔粉〕」）について考察する。第四節において述べた通り、コ〔粉〕→コナ〔粉〕の

場合、①の変化も、②の影響も小さかった。しかし、①・②の影響が大きかったス〔沙〕→スナ〔砂・沙〕の場合と同様に、「コ〔粉〕～」→「コナ〔粉〕～」の変化は起きた。これは、A複合語の前項部の場合と同様に、B単独の場合も、③同音衝突の回避という理由が存在したためであると考えられる。ただし、この③同音衝突の回避は、コ|〔子〕との同音衝突の回避のみであった。コ|〔小〕は、接頭語であり、複合語の前項部にのみ存在出来るのであって、単独のコ|〔小〕は存在しないからである。

コ〔粉〕

法花經幷鉢干飯粉等　与二優婆塞一〈粉コ〉（『日本霊異記』下一・真福寺本、再掲）

コ|〔子〕

八田《やた》の　一本菅《ひともとすげ》は　子《こ》持たず〈古母多受〉　立ちか荒れなむ　惜《あた》ら菅原《すがはら》　言《こと》をこそ　菅原《すげはら》と言はめ　惜《あた》ら清《すが》し女《め》（『古事記』仁徳）

整理すると、次の通りである。

B単独（「コ〔粉〕」→「コナ〔粉〕」）

①連体助詞ナの形骸化による語構成意識の変化（小）

②ワナ〔羂〕・ハナ〔端〕・エナ〔胞衣・胎衣〕の形態との類推による語構成への影響（小）

③同音衝突の回避（「コ|〔子〕」との衝突）

七　複合語の後項部の場合におけるコの同音衝突

最後に、本節では、C複合語の後項部（「～コ〔粉〕」）について考察する。第四節において述べた通り、コ〔粉〕→コナ〔粉〕の場合、①の変化も、②の影響も小さかった。そして、A複合語の前項部（「コ〔粉〕～」）、B単独

（「コ〔粉〕」）の場合とは異なり、C複合語の後項部（「〜コ〔粉〕」）の場合においては、以下のように、③同音衝突の回避は不要であったと考えられる。

ムギコ〔麦粉・麵〕

若《ごとき》ニ麵《ムギコ》に裹レ（みて）物を蒸《ム》一セるが者ト焼熟（せ）シメたる歡喜團等なり。（『蘇悉地羯羅経略疏』二・寛平八年点・大坪併治氏釈文、再掲）

ワカコ〔小児・幼子〕

稱曰腕子今俗号稚子謂和可一古是其轉語也（嘉禄本『古語拾遺』）

イサゴ〔砂・沙石〕

彼方《をちかた》の　あらら松原《まつばら》……たまきはる　内《うち》の朝臣《あそ》が　腹内《はらぬち》は　小石《いさご》あれや〈異佐誤阿例椰〉いざ闘《あ》はな　我《われ》は（『日本書紀』神功紀元年、再々掲）

磣墋同（略）石微細而随風飛也伊佐古又須奈古（享和本『新撰字鏡』）

トノコ〔砥粉〕

砥粉《トノコ》（『毛吹草』巻第四）

ムギコ〔麦粉・麵〕のようにムギ粉だと分かる例、ワカコ〔小児・幼子〕のようにワカ子だと分かる例もあるが、イサゴ〔砂・沙石〕[6]のように、コ〔粉〕かコ〔子〕かの判別が難しい例もある。

しかし、コ〔粉〕かコ〔子〕かの判別が難しい例は、時代が下ると共に基本的に衰退した。その結果、ムギコ〔麦粉・麵〕等のように、「食物＋コ」の場合はコ〔粉〕、「食物以外＋コ」はコ〔子〕と、前項部によって判別が可能になった。中には、トノコ〔砥粉〕のように、「食物以外＋コ」であるにもかかわらず、コ〔子〕ではなくコ〔粉〕である例もあるが、使用範囲が限られており、使用頻度が低いであろうと思われる。

よって、基本的に前項部からコ〔粉〕かコ〔子〕かの判別をすることが出来るため、C複合語の後項部（「～コ〔粉〕」）の場合は、③同音衝突の回避という理由は存在せず、「～コ〔粉〕」の形態が保持された。

整理すると、次の通りである。

C複合語の後項部（「～コ〔粉〕」のまま）

①連体助詞ナの形骸化による語構成意識の変化（小）

②ワナ〔羂〕・ハナ〔端〕・エナ〔胞衣・胎衣〕の形態との類推による語構成への影響（小）

③同音衝突の回避は不要

なお、同音衝突の対象となる個数が二個→一個→〇個の順になるように、つまり、コ〔粉〕から形態を変える必要性が高いものから低いものへという順で説明するため、A複合語の前項部→B単独→C複合語の後項部の順に述べた。

八　まとめ

まとめると、次の通りである。

(1) まず、ナを伴って二音節化する一音節名詞には、ワ〔輪・曲・勾〕＋ナ→ワナ〔羂〕、ハ〔端〕＋ナ→ハナ〔端〕、エ〔胞〕＋ナ→エナ〔胞衣・胎衣〕があった。

(2) (1)のワナ〔羂〕・ハナ〔端〕・エナ〔胞衣・胎衣〕と同様かと思われる例として、ス〔沙〕＋ナ→スナ〔砂・沙〕という例があるが、実は、ス〔沙〕（上代）とスナ〔砂・沙〕（中世）の間に、「ス〔沙〕＋連体助詞ナ＋コ〔粉〕」の構成のスナゴ〔砂子〕（中古）という例がある。これは、①連体助詞ナの形骸化による語構成意識の変化、②ワナ〔羂〕・ハナ〔端〕・エナ〔胞衣・胎衣〕の形態との類推による語構成への影響、という二つの理由により、スナゴ〔砂子〕が「スナ＋コ」だと異分析された結果、ス〔沙〕→スナゴ〔砂子〕→スナ〔砂・沙〕の順に発生したものと考えられる。

(3) (1)のワナ〔罥〕・ハナ〔端〕・エナ〔胞衣・胎衣〕と同様かと思われる例として、コ〔粉〕＋ナ→コナ〔粉〕という例もあるが、(2)ス〔沙〕＋ナ→スナ〔砂・沙〕の場合と同様に、実は、コ〔粉〕（上代）とコナ〔粉〕（近世）の間に、「コ〔粉〕＋連体助詞ナ＋四段動詞掻クの連用形の名詞化」の構成のコナカキ〔餗・糝〕（中古）（後にはコナカケ〔餗・糝〕）という例がある。これも、(2)のスナゴ〔砂子〕の場合と同様に、①連体助詞ナの形骸化による語構成意識の変化、②ワナ〔罥〕・ハナ〔端〕・エナ〔胞衣・胎衣〕の形態との類推による語構成への影響、という二つの理由により、コナカキ〔餗・糝〕が「コナ＋カキ」だと異分析された結果、コ〔粉〕→コナカキ〔餗・糝〕→コナ〔粉〕の順に発生したものと考えられる。

(4) (2)・(3)のように、スナ〔砂・沙〕とコナ〔粉〕は同様の理由により発生したが、ス〔沙〕は衰退し、現代語においてスナ〔砂・沙〕の形態で存在しているのに対し、コナ〔粉〕は、現代語において、コナ〔粉〕の形態で存在している一方で、複合語の後項部の場合には、コ〔粉〕の形態でも存在している。これは、元々、ス〔沙〕はスヒヂニの例しかなかったのに対し、コ〔粉〕の例は多く存在していたが故に、コ〔粉〕の場合は、コ〔粉〕のままの形態を保持しようとする力が働き、ス〔沙〕の場合よりも、②ワナ〔罥〕・ハナ〔端〕・エナ〔胞衣・胎衣〕の形態との類推による語構成への影響が小さかったためであると考えられる。

そして、スナゴ〔砂子〕は、ス〔沙〕・スナ〔砂・沙〕と同じ、あるいはほぼ同じ意味であるのに対し、コナカキ〔餗・糝〕（コナカケ〔餗・糝〕）は、コ〔粉〕・コナ〔粉〕とは同じ意味にはならないことから、①連体助詞ナの形骸化による語構成意識の変化は、ス〔沙〕の場合に比べるとコ〔粉〕の場合は小さかったものと考えられる。

(5)　(4)に述べたような状況ではあるが、一方で、コ〔粉〕には、コ|〔小〕・コ|〔子〕との同音衝突の回避という事情がある。A複合語の前項部の場合は、①連体助詞ナの形骸化による語構成意識の変化、②ワナ〔罠〕・ハナ〔端〕・エナ〔胞衣・胎衣〕の形態との類推による語構成への影響（小）、③同音衝突の回避（「コ|〔小〕〜」・「コ|〔子〕〜」）の三つの理由により、「コ〔粉〕〜」→「コナ〔粉〕〜」へと二音節化したものと考えられる。

(6)　B単独の場合は、①連体助詞ナの形骸化による語構成意識の変化、②ワナ〔罠〕・ハナ〔端〕・エナ〔胞衣・胎衣〕の形態との類推による語構成への影響（小）、③同音衝突の回避（「コ|〔子〕」）の三つの理由により、「コ〔粉〕」→「コナ〔粉〕」へと二音節化したものと考えられる。

(7)　C複合語の後項部の場合は、③同音衝突の回避は不要であり、①連体助詞ナの形骸化による語構成意識の変化（小）、②ワナ〔罠〕・ハナ〔端〕・エナ〔胞衣・胎衣〕の形態との類推による語構成への影響（小）という理由しかなかったため、「〜コ〔粉〕」のままの形態を保持したものと考えられる。

以上、ナを伴うことによって二音節化する一音節名詞について考察した。今後は、その他の多音節化する一音節語についての調査・考察を続けることにより、最終的に、一音節語の多音節化について、体系的に研究することを目指したいと考える。

〔注〕

(1)　『男重宝記』の例から、『日本国語大辞典　第二版』には「コナは、もともと江戸語と意識されていたと思われる。」と記載されている。

くだけひしげたるをくはんとうにはこなにするといふ　粉科《こな》の義か（『男重宝記』五・二）

（2）ス〔洲〕については、改めて考察することにしたい。

（3）吉野（二〇一六）は、契沖『円珠庵雑記』の「まさご・いさご・まなご・すなご、皆同じ。」という説を紹介されている。

（4）その他、『十巻本和名類聚抄』・『元和本下学集』等にもコナカキ〔餗・糝〕の例、『天正本節用集』等にもコナカケ〔餗・糝〕の例があり、平安時代から江戸時代にかけて、ある程度使用されていた語であることが分かる。また、コナカケ〔餗・糝〕が、『毛吹草』では「俳諧四季之詞正月」として、『日葡辞書』補遺では「婦人語」として扱われていることから、コナカケ〔餗・糝〕が多種の文献で扱われていた語であることが分かる。

（5）『時代別国語大辞典上代編』の「コサメ【小雨・霂】（名）」の項には、「小雨。細かく降る雨。」と述べられている。

（6）イサゴ〔砂・沙石〕

彼方《をちかた》の　あらら松原《まつばら》……たまきはる　内《うち》の朝臣《あそ》が　腹内《はらぬち》は　小石《いさご》あれや　〈異佐誤阿例椰〉いざ闘《あ》はな　我《われ》は（『日本書紀』神功紀元年、再々掲）

是《こ》の時《とき》に、斬《き》る血《ち》激灑《そそ》きて、石礫《いしむら》・樹草《きくさ》に染《そま》る。此《これ》草木《くさき》・沙石《いさご》〈沙石〉の自《おの》づからに火《ひ》を含《ふふ》む縁《ことのもと》なり。（『日本書紀』神代紀上）

吉野（二〇一六）では、土橋（一九七六）の論を紹介されている。土橋氏は、神功紀元年の歌謡の注釈欄において、神代紀上のイサゴ〔砂・沙石〕の例を挙げた上で、イサゴという語について、以下のように述べられている。

この場合、「草木」が火を含むというのは、草木が燃料になること、「沙石」が火を含むというのは、小石を打ち合わせて火を作ることに基づく概念だからである。イサゴの語源は石子か。（略）腹の中には小石があるだろうか、そんなことはあるまい。武内宿禰がいかに強いといっても、腹の中に小石が詰まっているわけでもあるまいから、その腹に矢を射込むこともできないことはあるまい、の意である。

また、土橋氏は、同じ欄において、以下のようにも述べられている。

イサゴは、砂または小石。「磣石微細而随風飛沙也、伊佐古又須奈古（『新撰字鏡』享和本）」、「砂和名以佐古、一云須奈古」（和名抄）によれば、イサゴは砂のことで、「礫和名佐々礼以之」（和名抄）とは区別すべきもののようであるが、この歌のイサゴは砂では意味をなさない。なぜならこのイサゴは、矢をはね返すようなものでなければならないからである。そこで元来は砂も礫（小石）もひっくるめてイサゴと呼んだのではないか、と考えたい（略）

『日本書紀』の例から見ると、イサゴは小石の意であったが、『新撰字鏡』の例（イサゴが風で飛ぶ）から見ると、イサゴは砂の意であったということで、土橋氏は、イサゴは小石の大きさのものから砂の大きさのものまでを指すと述べておられる。つまり、石よりも小さい度合いというものは、主観的、かつ相対的なものであるため、イサゴとは、石子の大きさのものから石粉の大きさのものまでの範囲にわたって存在していたということである。よって、イサゴのコは、コ〔粉〕かコ〔子〕かの判別が難しいものと考える。Cでは、上代～平安初期頃においては、コ〔粉〕とコ〔子〕とは、意味の判別が難しい例が存在していたと捉えることも出来る。

〔使用文献〕

契沖『円珠庵雑記』（『日本随筆大成』日本随筆大成刊行會）、『毛吹草』（岩波文庫　岩波書店）、『古今和歌集』（日本古典文学大系　岩波書店）、『新訂増補國史大系8』（吉川弘文館）、『古事記』（新編日本古典文学全集　小学館）、『古代史籍集』（天理図書館善本叢書　八木書店）、『新編国歌大観』（角川書店）、『新訳華厳経音義私記』（古辞書音義集成1　汲古書院）、柳田征司『詩学大成抄の国語学的研究』（清文堂出版）、京都大学文学部国語学国文学研究室編『天治本新撰字鏡増訂版　附享和本・群書類従本』（臨川書店）、『日本古典全集刊行會板　日本古典全集　節用集（易林本）』、『文明本節用集　研究並びに索引』（勉誠社）、大坪併治『改訂訓點語の研究　下』（大坪併治著作集2　風間書房）、大坪併治『訓点資料の研究』（風間書房）、『男重宝記』（近世文學資料類従　参考文献編17　近世文学書誌研究会編　勉誠社）、『邦訳日葡辞書』（岩波書店）、『日本書紀』（日本古典文学大系　岩波書店）、小泉道『校注真福寺本日本霊異記』（訓点語と訓点資料第廿二輯）、『日本霊異記』（日本古典文学大系　岩波書店）、『古事記　祝詞』（日本古典文学大系　岩波書店）、『風土記』（新編日本古典文学

全集　小学館）、『平家物語』（日本古典文学大系　岩波書店）、『枕草子』（日本古典文学大系　岩波書店）、『萬葉集』（新編日本古典文学全集　小学館）、『元禄俳書集　其角篇』（天理図書館綿屋文庫俳書集成10　八木書店）、『名語記』（勉誠社）、『宮内庁書陵部蔵　図書寮本類聚名義抄　本文編』（勉誠社）、『宮内庁書陵部蔵　図書寮本類聚名義抄　索引編』（勉誠社）、『類聚名義抄観智院本』（天理図書館善本叢書　八木書店）、馬渕和夫『和名類聚抄古写本本文および索引』（風間書房）、『時代別国語大辞典上代編』（三省堂）、『時代別国語大辞典室町時代編』（三省堂）、『日本国語大辞典　第二版』（小学館）、『日本文法大辞典』（明治書院）

〔参考文献〕

安部清哉（二〇一四）『品詞別　学校文法講座　第二巻　名詞・代名詞』（第8章）（明治書院）
川端善明（一九七九）『活用の研究　Ⅱ』（大修館書店）
阪倉篤義（一九六六）『語構成の研究』（角川書店）
（一九九三）『日本語表現の流れ』（岩波セミナーブックス45　岩波書店）
土橋　寛（一九七六）『古代歌謡全注釈　日本書紀編』（角川書店）
山口佳紀（一九九二）「語形・語構成」（『講座日本語の語彙』第1巻　語彙原論　明治書院）
（二〇一一）『古代日本語史論究』（風間書房）
吉野政治（二〇一六）「さざれ石のいはほとなりて—語彙から見る石の一生—」（『国語語彙史の研究』三十五　和泉書院）
蜂矢真弓（二〇一五）「連体助詞ナの形骸化」（『國學院雑誌』第一一六巻十一号）

上代・中古の動詞「〜カフ」・「〜ガフ」

中垣徳子

一　はじめに

本稿では、上代・中古の動詞「〜カフ」・「〜ガフ」について述べる。たとえば、「〜カフ」はタタカフなどであり、「〜ガフ」はアラガフなどである。これまで、上代・中古の動詞「〜ナフ」について「上代・中古のナフ型動詞[1]」として述べ、上代・中古の動詞「〜ハフ」について「上代・中古のハフ型動詞[2]」として口頭発表した。続いて、上代・中古の「〜カフ」・「〜ガフ」の考察を行うこととしたい。これらは、ハ行動詞に関する語構成の研究の一環である。ただし、本稿の「〜カフ」・「〜ガフ」については、清濁の違いのあるものを同じものとみるか別なものとみるかという問題があるので、「上代・中古のカフ型動詞」とはしなかった。

第一節では派生法の視点から検討し、第二節・第三節では複合法の視点から検討する。第四節では必ずしも分類が確定出来なかったものを挙げる。

上代・中古の文献資料から検出した用例を、蜂矢真郷『国語派生語の語構成論的研究[3]』に従い、注（1）拙稿・注（2）口頭発表と同様に、本来型のものを挙げた[4]。用例の分類から「〜カフ」「〜ガフ」の語構成を考察してゆく。「〜カフ」・「〜ガフ」の用例の下部の〔四〕は四段活用、〔下二〕は下二段活用の略である。ただし、ナフ型動詞

・ハフ型動詞において、活用による差は特にみられなかったので、本稿でも活用別に分けなかった。

動詞が接尾辞フを伴ったところの本来型をAとして第一節に検討し、上接する語基が動詞カフ（交・差・替）を伴ったものをBとして第二節に検討する。Bを（イ）と（ロ）及び（ハ）に分ける。（イ）は、上接する語基が名詞・感動詞のものであり、（ロ）は、上接する語基が動詞連用形のものである。（イ）と（ロ）は、上接する語基が独立的なものである。それに対して、（ハ）は上接する語基がある程度独立的なものである。第三節において、Cとして、上接する語基が動詞カフを伴うが、濁音化してガフになるものを挙げた。Cの（イ）は、上接する語基が名詞のものであり、（ロ）は、上接する語基が動詞連用形のものであり、（ハ）は上接する語基がある程度独立的なものである。また、基本的に上接する語基が一音節のものから挙げる。

二　本来型のもの

カ行動詞が接尾辞フを伴う構成（すなわち本来型）のものをAとし、用例を挙げて述べる。派生前のカ行動詞～クの用例をそれぞれの後ろに挙げた。

ツカフ（付）〔四〕

ヘツカフ　こと放《さ》けば沖ゆ放《さ》けなむ湊より辺付かふ（辺着経《へつかふ》）時に放《さ》くべきものか（万葉一四〇二）

イロツカフ　色つかふ（色付相《いろつかふ》）秋の露霜な降りそね妹が手本《たもと》を纏《ま》かぬ今夜《こよひ》は（万葉二二五三）

サニツカフ　……さ丹《に》つかふ（羅丹津蚊経《さにつかふ》）色懐かしき　紫の大綾《おおあや》の衣《きぬ》……（万葉三七九一）

ツク〔四〕　旅と言《へ》ど真旅になりぬ家の妹《も》が着せし衣に垢つき（都枳《つき》）にかり（万葉四三八八）

サニツク　倭なる宇陀の真赤土《まはに》のさ丹着《につ》かば（左丹着者《さにつかば》）そこもか人の吾《わ》を言《こと》なさむ（万葉一三七六）

なお、ツカフには、使用する意のツカフ（使）という語もある。釘貫亨氏は、『古代日本語の形態変化』(5)第三部

第一章四の中で「「つく（付）―つかふ（使）」「とる（取）―とらふ」などの作用継続性表示語尾の付接の歴史的経過の追求など、課題が多いのであるが。」と述べられて、ツカフ（使）をツカフ（付）と同一の語と見られるようであるが、本稿ではツカフ（使）を取り上げず[6]、ツカフ（付）を本来型として挙げる。ツカフ（付）のみの単独の例は見えないので、ヘツカフ・イロツカフ・サニツカフの例を挙げた。

ツガフ（継）〔四〕

……言霊の幸はふ国と　語り継ぎ言ひ継がひ（都賀比《つがひ》）けり……（万葉八九四）

ツグ〔四〕　大坂に継ぎ（菟藝《つぎ》）登れる石群を手逓伝《たごし》に越さば越しかてむかも（紀歌謡・一九）

ムカフ（向）〔四・下二〕

御諸の其の高城《たかき》なる　大猪子《おおゐこ》が原　大猪子が腹にある　肝向ふ（牟加布《むかふ》）心をだにか相思はずあらむ（記歌謡・六〇）

……鶏が鳴く東男は　出で向ひ（伊田牟可比《いでむかひ》）顧《かへり》みせずて……（万葉四三三一）

ムク〔四〕　韓国の城の上に立ちて大葉子は領巾《ひれ》振らすも大和へ向きて（武岐底《むきて》）（紀歌謡・一〇〇）

ムカフは向き合ふの約であるという説もあるが、相対する対象が必要か存在するかと考察してみると、必ずしもそうではなく、「ある方向に面する。」（『時代別国語大辞典上代編』（以下、『上代編』と示す））、「その方を正面に見て向って進んでいく。」（『岩波古語辞典』補訂版（以下、『岩波古語』と示す））のように、向き続けることを表している意もみとめられる。

ホカフ（寿）〔四〕

大殿祭〈此云於保登能保加比《ほかひ》〉（延喜式　宮内省式）

ホク〔四〕　……神寿《ほ》き（菩岐《ほき》）寿き（本岐《ほき》）狂ほし　豊寿き（本岐《ほき》）寿き（本岐《ほき》）廻し……（記歌謡・四〇）

ヒカフ（引）｛下二｝

もみぢの散る木の下に馬をひかへて立てるをよませたまひければ（古今三〇五詞書）

ひかへたる車どもを見やりたるこそ、をかしけれ（枕草子・二〇五）

ヒク｛四｝　常陸なる浪逆《なさか》の海の玉藻こそ引け（比気《ひけ》）ば絶えすれ何《あ》どか絶えなむ（万葉三三九七）

ヒカフ（引）を、ヒク（引）「後へ下がる。立ち退く。」（『岩波古語』）の意の動作を続ける派生語ととらえて、ここに挙げた。

ネガフ（願）｛四｝

泡沫《みつぼ》なす仮《か》れる身そとは知れれどもなほし願ひ（祢我比《ねがひ》）つ千歳の命を（万葉四四七〇）

ネグ｛四｝　……かき撫でそ労《ね》ぎ（祢宜《ねぎ》）たまふ　うち撫でそ労《ね》ぎ（祢宜《ねぎ》）たまふ……（万葉九七三）

タタカフ（闘）｛四｝

盾並《たたな》めて伊那佐の山の　樹の間もよい行きまもらひ　戦へ（多多加閉《たたかへ》）ば吾はや飢《ゑ》ぬ……（記歌謡・一四）

一の大僧あり。斧を執りて父を毆フ《タヽカ》（毆〈太々加不《たゝかふ》〉）（霊異記　上五縁　興福寺本）

タタク｛四｝　……沫雪の若やる胸を　そだたきたたき（曽陀多岐多多岐《そだたきたたき》）まながり……（記歌謡・三）

右のタタカフの霊異記の例は、複数の者がタタキ合うのではなく、一人の僧が一方的にタタキ続けるものである。接尾辞フは反復・継続の意を持つことが納得される例である。

ナゲカフ（歎）｛四｝

……病をと加へてあれば　昼はも嘆かひ（歎加比《なげかひ》）暮し　夜はも息衝《いきづ》きあかし……（万葉八九七）

……為《せ》むすべのたどきを知らに　籠り居て思ひ嘆かひ（奈気加比《なげかひ》）慰むる心はなしに……（万葉三九六九）

ナゲク｛四｝　大野山霧立ち渡るわが嘆く（那宜久《なげく》）息嘯《おきそ》の風に霧立ちわたる（万葉七九九）

ナビカフ（靡）〔四〕
……玉藻なすか寄りかく寄り　靡かひ（靡相《なびかひ》）し嬬《つま》の命《みこと》の……（万葉一九四）
ナビク〔四〕　秋風になびく（奈妣久《なびく》）川辺の和草《にこぐさ》のにこよかにしも思ほゆるかも（万葉四三〇九）
シハブカフ（咳）〔四〕
……糟湯酒うち啜ろひて　咳《しはぶ》かひ（之匚夫可比《しはぶかひ》）鼻びしびしに……（万葉八九二）
シハブク〔四〕　喘〈志波不支《しはぶき》〉（新撰字鏡）

これら本来型は、記紀歌謡・万葉集などの用例が多く、万葉仮名表記で清濁の確認ができるものが多い。本来型のうち「〜ガフ」のものは、ツガフ（継）、ネガフ（願）のみである。

ここで、シラカフについて考察する。

シラカフ〔四〕
など言ひて、おろしたれば、奪ひしらかひ取りて、さしあふぎて、（枕草子・一三七）
ことさらに見えしらかふ人もあり（源氏物語・総角）

シラカフの意味や構成は、カの清濁も含めて、明確でない。「常に複合動詞の後項となり、特に目立ったり、競って行ったりする意を加える。」「「しらふ」「しろふ」とも語源的に連関がある。」（『角川古語大辞典』（以下、『角川古語』と示す））、「わざと……する。人目につくように動作をする。」「▽この語は「追ひ」「奪ひ」「見え」などの連用形の下についた例だけしか見えない。」（『岩波古語』）などと述べられている。

しかし、白くなる意のシラク（白）、ないし、米を精白する意のシラグ（精・白）から派生した語と考えられないだろうか。白さが際立ってはっきり目立つようになることから、「わざと……する」の意へ変わっていったものではないか。シラクの例は、万葉集の頃からあり、「……若かりし膚も皺みぬ　黒かりし髪も白けぬ（白斑奴《しらけぬ》）

……」（万葉一七四〇）、「臼一つに女ども八人立てり。米《よね》しらけたり。」（宇津保・吹上上）、「しらくといふことは、米《よね》を白くなす事なり。」（俊頼髄脳）などが見られる。シラグについては、阪倉篤義『語構成の研究』[7]第二篇第二章が「シラグは精白する意、それを「精鋭な」の意にもちゐる」と言及されている。シラカフは動詞シラクから派生したものと考え、本来型に分類した。

次に挙げるのは、接尾辞フがついている形であるので本来型と合わせてとらえることにしたいが、上接する語基がある程度独立的な要素であってAのような語基が動詞であるものではないので、「a準本来型」としてここに挙げた。

サカフ（界）〔四〕

大君の境ひ（界《さかひ》）たまふと山守置き守るといふ山に入らずは止まじ（万葉九五〇）

善業縁に攀《ヨ》ヂテ安き堺《サカヒ》に引く（堺〈サカヒ〉）（霊異記　中序文　国会図書館本）

サカフは、「区画する。境をつける。境界の意のサカの動詞化したものか。」（『上代編』）ととらえられている。サカ（界）＋フの構成であり、準本来型に分類した。境界の意のサカ（界）は、「……海界（海界《うなさか》）を過ぎて漕ぎ行くに……」（万葉一七四〇）が挙げられる。また、別の意のサカフもある。

サカフ（逆）〔下二〕

無を忤《サカフル》こと爲宗と。（推古紀一二年四月・岩崎本平安中期点）

このサカフは、「逆らう。従順でない。」（『上代編』）ととらえられている。サカ（逆）＋フの構成であり、準本来型に分類した。サカ（逆）は、「天の逆手（逆手《さかて》）を青柴垣に打ち成して、隠りき。」（記神代）が挙げられる。

二つのサカフは、類聚名義抄の声点が、低起式の「界〈サカフ〈平平上〉〉」（高山寺本　一〇三オ）と高起式の「忤〈サカフ〈上上平〉〉」（図書寮本）とあり、アクセントが異なる上、意味も違い、別の語であろう。[8]

三　動詞カフ（交・差・替）を伴うもの

上接する語基が動詞カフ（交・差・替）を伴う構成のものをBとし、用例を挙げて述べる。

動詞カフ（交・差・替）は、互いに入れ違う意である。この構成は複合法によるものなので、その視点から検討した。Bを上接する語基によって（イ）・（ロ）・（ハ）に分類する。

（イ）　上接する語基が名詞・感動詞のもの

チカフ（誓）〔四〕

強盟〈知可比天《ちかひて》〉（霊異記　下二縁　真福寺本）

禖〈誓祈也　知加布《ちかふ》　已不《こふ》〉（新撰字鏡　享和本）

盟〈チカフ（上上〇）〉（名義抄　観智院本　僧中）

誓〈チカフ（上上〇）〉（名義抄　観智院本　法上）

『岩波古語』は、「▽漢字「盟」は血をすすって約束を固くする意というが、日本語のチカヒも「血交ひ」に起源を持つという。」と述べ、『大漢和辞典』は、「盟」字の意味を「ちかふ。ちかひ。おたがひが取りかはした約束のことばを神に告げ、犠牲を殺して血をすすり、そのいつはりを誓約する。又、そのこと。」と述べる。これらの記述を考え合わせると、チカフのチは名詞チ（血）と言えよう。チ（血）は、「脉〈チノミチ（上上上〇）〉」（名義抄高山寺本　七九ウ）などのように、チカフと同じく高起式である。

キカフ（錯）〔四〕

掘り堅めたる柱・桁・梁・戸・まときかひ（錯比《きかひ》〈古語云伎加比《きかひ》〉）動き鳴る事なく（祝詞・大殿祭）

梁棟傾《ムネウツカタ(ブキ)》　差《キカヒ》、柱《ノコホ(レ)》　毀　壊《ヤフ(ルレバ)》　者（東大寺諷誦文稿）

錯〈マジフ、マジハル、キカフ〉（名義抄　観智院本　僧正）

粕谷興紀『延喜式祝詞』(9)は、キカフ（錯）について次のように注釈している。

交わっているものに食い違いができる、の意で、木材の接合部（継目）が、こすれ合って、ギシギシ、ギイギイと動き鳴るような凶々しいことがなく、の意。食い違いができる。

あるいはきしむ意か。

「▽キ（牙）カヒ（交・差）で歯がよく噛み合わない意か。」（『岩波古語』）、「未詳。ものとものとがかみあう意か。語構成で、意味的にも類義の動詞であったと思われる。祝詞の例には木交・木合・行合・切合などの説があるが、むしろ牙《キ》＝噛《カ》ムと類似の差しているところの意にとることもできる。」【考】祝詞の例は、名詞として、交差しているさま、あるいは交るのは、ものがかみあうことである。祝詞・大殿祭や東大寺諷誦文稿の例は、木造家屋の各部分の名称を柱、桁、梁、戸、棟などと挙げているので、キは木であろう。名詞キ（木）がカフ（交）ことが原義であり、結果としての、きしみやその音も表すようになったと考えられる。（『上代編』）などとされることを考察すると、共通して述べられてい

スヂカフ（筋）〔四・下二〕

いかでかは筋かひ御覧ぜられむとて、なほ臥したれば（枕草子・一七九）

箸のいときはやかにつやめきて、すぢかひたてるも、いとをかし（枕草子・一八九）

女君は、ただこの障子口、すちかひたる程にぞ伏したるべき（源氏物語・帚木）

柱をたよりにて木をすちかへてうちたるをいふなり（俊頼髄脳）

スヂカフについては、「線が交差する。はすかひになる。斜めにずれる。」（『岩波古語』）とされる。

イサカフ（否・禁）〔四〕

かの殿には今日もいみじくいさかひ給ひけり（源氏物語・東屋）

闘〈タ、カフ　アラソフ　イサカフ（平平上平）〉（名義抄　観智院本　法下）

イサカフは「《イサは相手の気持・行為を抑制・拒否する意。カヒは交ヒで交互になす意》」（『岩波古語』）と述べられている。上接する語基イサは、拒否の意を持つ感動詞と見て独立的なものに分類した。「《イサカヒ・イサチ・イサヒ・イサメ（禁）・イサヨヒなどと同根。相手に対する拒否・抑制の気持ちを表わす語》」（『岩波古語』）、「相手のことばに対して不承認・拒否の気持を込めて発する語」（『角川古語』）とイサに関連した語がいくつか挙げられている。これらの語に共通するのは拒否の意である。「犬上の鳥籠の山なる不知也川《いさやがは》いさ（不知《いさ》）とをきこせ我が名告らすな」（万葉二七一〇）も、拒否の気持ちをうたっている。『日本国語大辞典』第二版、イサの項「語誌」欄には、「本来は相手の発言をさえぎる」、「よくわからないこと、答えかねることをたずねられた時に、返事をあいまいにするための」「応答詞であったのだろうが、否定の気持が発展して」「肯定しがたく承服しがたいことを言われた時に、相手の発言を否定するための応答のことば」「のような「いな」に近い応答詞」となる、と述べられている。

（ロ）　上接する語基が動詞連用形のもの

シカフ（仕替）〔下二〕

　しかへて、ただしばしと、屏風よりはじめて、取り給ひて（落窪物語・一）

サシカフ（差交）〔下二〕

　白栲の袖指交《さしか》へて（指可倍弖《さしかへて》）靡き寝るわが黒髪の……（万葉四八一）

タチカフ（裁替）〔下二〕

　夏衣たちかへてける今日ばかり古き思ひもすずみやはせぬ（源氏物語・幻）

チリカフ（散交）〔四〕

春の野に若菜つまむと来しものをちりかふ花に道はまどひぬ（古今一一六）
トキカフ（解替）〔下二〕
古にありけむ人の　倭文幡の帯解きかへ（解替《ときかへ》）て……（万葉四三一）
トビカフ（飛交）〔四〕
雲近く飛びかふ鶴も空に見よ我は春日のくもりなき身ぞ（源氏物語・須磨）
ヒキカフ（引替）〔下二〕
山里のけはひひきかへて、みすの内心にくく住みなして（源氏物語・早蕨）
ユキカフ（行交）〔四〕
夏と秋とゆきかふ空の通ひ路はかたへすずしき風や吹くらん（古今一六八）

これらの用例は、万葉仮名表記による清濁の確認が出来ないものが多いが、動詞連用形＋動詞の構成と見られるので、連濁していないと考えられる。用例の時代が下るものも多い。(10)

（ハ）　上接する語基がある程度独立的であるもの
アツカフ（熱）〔四〕
暍〈傷熱也、阿豆加布《あつかふ》〉（新撰字鏡）
アツカフ（扱）〔四〕
ことなる事なき人の、子などあまた持てあつかひたる（枕草子・一四八）
あつかふべき人も無ければさうざうしきを（源氏物語・澪標）

「もとは自動詞「あつかふ（熱・暑）」で、熱・病・心痛など「事態に対して身をもって苦しみ煩う」ような意であったものが、「身を煩わせて事態に対処する」意に転じ、他動詞に変わっていくのにともなって「身を煩わせる」

ことよりも「事態に対処する」ことの方に重点が移り、やがて前者の意味特徴は忘れられ、単に「物事を処理する」意となったものか。」（『日本国語大辞典』〔語誌〕）とあり、アツカフが、アツ（熱）＋カフの構成であり、元々の熱などの事態に苦しむ意から、世話をするなどの意を持つアツカフ（扱）へ変化してきたことを述べるこの説は、頷けるものである。時代が下るとともにアツ（熱）の意識は薄れ、両者の距離は広がり、その語構成や関連性は忘れられたと言えよう。

ウカカフ（窺）〔四〕

一云　大き戸より窺ひて（于伽介俾氏《うかかひて》）殺さむとすらくを知らに（紀歌謡・一八）

……後つ戸よい行き違ひ　前つ戸よい行き違ひ　窺はく（宇迦迦波久《うかかはく》）知らにと……（記歌謡・二二）

諜〈伊久佐乃宇加加比《いくさのうかかひ》〉（新撰字鏡）

伺〈ウカ、フ（上上上平）〉（名義抄　観智院本　仏上）

ウカカフについて、「ウカネラフやウカミもこのウカと関係あるものであろう。名義抄には清濁両形がみえるが、上代では第三音節は清音であったと推定される。」（『上代編』【考】）と述べられ、「「うか」は「うかねらふ」「うかみ」などの「うか」で、「がふ」は「あらがふ」「うけがふ」などと同じく接尾語。」（『角川古語』）と述べられる。では、ウカミやウカネラフはどのような意味があるのか。ウカミ「間諜〈ウカミス（上上上平）〉」（名義抄　観智院本　法下七七）は、「敵のようすをうかがいさぐること。また、その人。」（『岩波古語』）と述べられている。ウカネラフ「この丘に小牡鹿覆み起し窺狙（宇加涅良比《うかねらひ》）かもかもすらく君ゆゑにこそ」（万葉一五七六）は、「《ウカはウカミ（窺見）・ウカカヒのウカと同根》」（『岩波古語』）と述べられている。意味は必ずしも明確でないが、こっそり、ひそかにというイメージが見える語であり、ウカはある程度独立的な要素と考えられる。

Bのカフは、いずれの例も濁音化していない。ただし、ウカカフは中古以降にウカガフに濁音化したと考えられる。

四　動詞カフが接尾語化・濁音化したもの

上接する語基が動詞カフ（ガフ）を伴う構成のものをCとしたが、Cは動詞カフ（交・差・替）のものが複合法により構成されたのち、接尾語化して濁音化したものと見て、Bとは異なるので別に分類した。

Bと同様に上接する語基によって（イ）・（ロ）・（ハ）に分類し、順に挙げてゆく。

（イ）　上接する語基が名詞のもの

チガフ｛四・下二｝

しきなどとりもていきておりたれば、あしのしたにうかびちがふ（蜻蛉日記・中）

お供の人人のとかう行きちがひ、涼みあへるを見給ふなりけり（源氏物語・椎本）

違〈チガフ（上上〇）〉（名義抄　観智院本　仏上五三）

チガフについて、『岩波古語』は「《チ（方向）とカヒ（交）との複合。同じ種類の動作が互いに交差する意。はじめ、「とびちがひ」「行きちがひ」など、移動に関する複合動詞の下項として使われた》」ととらえている。

しかし、チは、「方向」というより、ミチ（道）の意ではないだろうか[11]。チマタ（衢）が、「道《チ》=俣《マタ》」（『上代編』）、「《チ（道）マタ（股）の意》」（『岩波古語』）と述べられていることからも、名詞チ（道）と考えられる。チマタは「街〈チマタ（上上上）〉」（名義抄　高山寺本　二四オ）の声点があり、高起式である。『角川古語』は「上代以来の「たがふ」の転か。ただし、それと意味の重ならないところもある。」と述べているが、この「上代以来の「たがふ」」の例は、後述する記歌謡などのタガフである。ところが、声点は「違〈タガフ（平平上）〉」（名義抄　観智院本　法中五九）とあり、低起式である。金田一法則により、チガフのチは低起式タガフのタの母音交替ではなく、高起式の名詞チ（道）と考える。

（ロ）上接する語基が動詞連用形のもの

例が見当たらない。

（ハ）上接する語基がある程度独立的であるもの

タガフ｛四・下二｝

……後《しり》つ戸よい行き違ひ（伊由岐多賀比《いゆきたがひ》）前つ戸よい行き違ひ（伊由岐多賀比《いゆきたがひ》）……（記歌謡・二二）

駿河の海磯辺《おしへ》に生ふる浜つづら汝《いまし》を頼み母に違ひぬ（多我比奴《たがひぬ》）（万葉三三五九）

違〈タガフ（平平上）〉（名義抄　観智院本　仏上五九）

タガフは低起式であり、タ（手）＋動詞ノゴフの連用形が名詞化したものの構成であるタノゴヒ「手巾〈タノゴヒ（平平上平）〉」（名義抄　観智院本　法中一〇二）のタも低起式であるので、そのタはテ（手）の被覆形と見る。タガフの構成は、タ（手）＋カフ（交・差・替）であろう。ものが乱れ、かみあわなくなる意を持っている。

マガフ｛四・下二｝

……乎布《をふ》の崎花散りまがひ（麻我比《まがひ》）渚には葦鴨《あしかも》騒き……（万葉三九九三）

波とのみひとへに聞けど色見れば雪と花とにまかひぬるかな（土左日記）

紛〈マガフ（平平上）〉（名義抄　図書寮本　三一三）

マガフは低起式であり、マ（目）＋ナ［連体］＋名詞コ（子）の構成のマナコ「目〈マナコ（平平上）〉」（名義抄　観智院本　仏中六三）のマも低起式であるので、そのマはメ（目）の被覆形と見る。マガフの構成は、マ（目）＋カフ（交・差・替）であろう。ものが入り乱れ、区別がつかない意を持っている。目がチラチラすることからか、花や雪などに関して使われていることが多い。

上接する語基が名詞テ（手）・メ（目）の被覆形のものは、ある程度独立的なものとして（ハ）に分類した。

アラガフ〔四〕

馬子宿禰諍而《アラガヒテ》不従（敏達紀一四年　前田本）

いひそめてむことはとてかたうあらがひつ（枕草子・八七）

争〈アラガフ（平平上〇）アラソフ〉（名義抄　観智院本　仏上）

アラガフのアラは名義抄の訓を考慮すれば、アラソフの語基アラと同じであると考えられる。「広く優劣・勝敗などをめぐって互いに競合する意の類義語「あらそう」に対し、「あらがう」には、事の真偽・成否などをめぐって言葉で言い争い、強く言い立てる言語行為をさすという特徴がある。」（『日本国語大辞典』〔語誌〕）と述べられている。これらを考え合わせ、アラは対象への反抗的・否定的意味を持ち、ある程度独立的なものと考える。アラガフのガフは、次に述べるウタガフのガフと同様の意であろう。

ウタガフ〔四〕

赤駒の越ゆる馬柵《うませ》の結びてし妹が情《こころ》は疑ひ（疑《うたがひ》）も無し（万葉五三〇）

嫌〈疑也　宇太加布《うたがふ》〉（新撰字鏡）

わりなくもの疑ひする男に、いみじう思はれたる女（枕草子・一五〇）

猜〈ウタガフ（上上上平）〉（名義抄　観智院本　仏下本）

ウタガフについて、「《ウタはウタ（歌）・ウタタ（転）などと同根。（略）カヒは「交ひ」の意。》」（『岩波古語』）と述べられている。また、「人の発言や記載されたことについて虚偽ではないかという疑念を持つ」（『古語大鑑』）と述べられている。「「うた」は否定的な気分を伴う点で、「うたて」「うたがたも」などに通じる意を持つ。「がふ」は「あらがふ」「うけがふ」などと同じく接尾語であろう。」（『角川古語』）と述べられ、ウタは、「形状言。形容詞などに上接して、何となく・むしょうに等の副詞的意味を添え、また副詞ウタタ・ウタテなどの語基になっている。」（『上代編』）と述べられている。ウタガタ・ウタテは、「鶯の来鳴く山吹うたがたも（宇多賀多母《うたがたも》）君が手触れず花散らめやも」（万葉三九六八）、「于多弖《うたて》物云ふ王子ぞ」（記安康）、「見まくぞほしきうたて（宇多手《うたて》）此の頃」（万葉二四六四）など記紀万葉の時代から使われ、マイナスイメージの意を持っている。「物事の程度がいよいよ進み、はなはだしくなっていくのを不可解に感じ、さらには、その事をうとましく批判的に見る気持を表す語。」（『角川古語』、ウタテの項）ととらえられ、「うとましく批判的に見る」と述べられている。ただ、その点に言及しないものもあり、ウタガフは「《ウタはウタ（歌）・ウタタ（転）などと同根。自分の気持ちをまっすぐに表現する意。カヒは「交ひ」の意。》」と、ウタガタは「《奈良時代には、真実・本当の意。（略）》」と、ウタタは「《（略）ウタは、ウタ（歌）・ウタガヒ（疑）のウタと同根。自分の気持をまっすぐに表現する意。（略）》」と、ウタテは「《ウタタの転。（略）》」（『岩波古語』）と述べられている。ウタガフは、対象への批判的・否定的意味を持ち、ある程度独立的な語基ウタ＋ガフの構成であると考える。

Ｃ（イ）は、上接する語基の名詞に接した動詞カフ（交・差・替）が接尾語化して、カフからガフへ濁音化したものと考えられる。

Ｃ（ロ）は、例が見当たらなかった。

Ｃ（ハ）は、上接する語基が、被覆形のものなど、ある程度独立的なものである。清音カフであったものが濁音化したと見られるものもあり、上代の万葉仮名表記でガフと認められるものもある。いずれも、カフ（交・差・替）であると見られる。

つまり、Ｃは、元々動詞カフ（交・差・替）の意味であったものが接尾語化して～ガフになったものと考えられる。

五　その他のもの

A・B・Cの分類に確定出来なかった「〜カフ」・「〜ガフ」をDとし、以下に検討する。

ウケガフ〔四・下二〕

肯〈ウケカヘ　ムヘナフ〉（名義抄　観智院本　仏中）

不肯受〈ウケカヘス〉（名義抄　観智院本　仏中）

この天皇ひとりうけがひ給はざりしを（神皇正統記　仁徳）

ウク（受・諾・請）の連用形ウケ+カフの構成と見る。ただし、「《ウケ（受）カへ（交・易）の意》相手の言うところを受けて、こちらの賛意を伝える。承諾する。肯定する。」（『岩波古語』）と述べられているが、このウケガフのカフはカフ（交・差・替）ではなく、「《「不肯」の訓読。平安初期の漢文訓読語》……することを肯定しない。……することを承知しない。」「▽カへ（肯）は肯定・承認する意。」（『岩波古語』、カヘニスの項）と述べられるような、承諾する意のカフ（肯）であろう。用例数が少なく、その時代も下る。時代が下ると、ガフに濁音化し、接尾語化している。濁音ウケガフの例は、天草本伊曽保物語まで下るようである。

アテガフ〔四〕

宮の装束、女房の事などしげうおぼしあてかう（栄花物語・玉の飾り）

「《当て交（か）ひ）の意》」（『岩波古語』）と述べられ、「当（あ）つ」と、支える意の「かふ」の複合。対象を支え保つために何かをそれに押し当てる意。」（『角川古語』）と述べられる。しかし、動詞カフ（交・差・替）とカフ（支）とでは意味が異なる上、時代が下ると、ガフに濁音化し、接尾語化している。ウケガフと同様に用例数が少なく、時代も下る。濁音アテガフの例は、日葡辞書まで下るようである。

シタガフ〔四・下二〕

遵　之多何布《したがふ》（金光明最勝王経音義）

徇〈シタカフ（上上〇〇）〉（名義抄　観智院本　仏上）

シタガフはシタ＋カフの構成であろうが、この語の場合、カフ（交・差・替）ではないと考える。「他のものの下に立って、その命じるままに行動すること」ないし「他を下に立たせて意のままにすること」（『角川古語』）、「《下支ヒの意》」（『岩波古語』）などの記述からも、シタガフのガフは支える意であろう。

Dには、カフ（交・差・替）ではないものがいろいろ見られるということが注意される。

カムガフ〔下二〕

勘〈カムガフ（平平上平）〉（名義抄　観智院本　僧上）

いみじう腹立ち叱りて、かうがへて、また滝口にさへ笑はる（枕草子・五三）

えせ者の、従者かうがへたる（枕草子・一二〇）

カムガフは考えることであるが、その成り立ちには諸説あって、「かむがふ。【考】カウガヘなどの形をも混淆する古訓の例ばかりで、上代にこの語の存在した確証はないが、次期において法制関係の使用例ははなはだ多い。「勘」の字音に由来するという説もある。」（『上代編』）と述べられ、一方「《（略）カはアリカ・スミカのカ。所・点の意。ムカへは両者を向き合わせる意。（略）》」（『岩波古語』）と述べるものもある。これらの記述の隔たりは大きく、語の詳細な意味、構成などは不明である。

アカフ〔四〕

中臣の太祝詞言《ふとのりとごと》いひ祓へ贖《あか》ふ（安賀布《あかふ》）命も誰がために汝《なれ》（万葉四〇三一）

贖〈アカフ（平平上）〉（名義抄　観智院本　仏下本）

アカフの構成は未詳であるが、アガナフとの関連も考えてゆく必要がある。

六　おわりに

上代・中古の「〜カフ」・「〜ガフ」については次のことが述べられる。

Aに分類したものはカ行動詞〜クが接尾辞フを伴ったととらえられる本来型である。ツカフ・ツガフ・ムカフ・ホカフ・ヒカフ・ネガフ／タタカフ・ナゲカフ・ナビカフ／シハブカフおよびシラカフの十一種をみとめた。接尾辞フの反復・継続性の見える例である。a準本来型として二種のサカフをみとめた。

しかし、肥大した接尾辞「カフ」・「ガフ」を伴ったととらえられる応用型[12]の明確な例は見出し得なかった。本来型ではない、複合法による構成の「〜カフ」・「〜ガフ」には二つの変化の流れがみとめられる。清音カフのままのものと、元々はカフであったものがガフに変化したものとである。

Bに分類したものは清音「〜カフ」である。（イ）上接する語基が名詞・感動詞のものと、（ロ）上接する語基が動詞連用形のものと、（ハ）上接する語基がある程度独立的なものとである。（ロ）は、動詞＋動詞の二語とも見られるものであるので、濁音化していないと考えられる。（ハ）は、上接する語基がある程度独立的なものである。

他方で、Cに分類した「〜ガフ」の、（イ）上接する語基が名詞のもの、（ハ）上接する語基がある程度独立的なものは、動詞カフ（交・差・替）が濁音化したと考えられる[13]。C（イ）（ハ）には否定的意味を表すものが多いと考える。上接する語基が一音節のタガフ・チガフ・マガフなどは、いわば、乱れている、整っていないというマイナスのイメージを持つと言える。また、上接する語基が二音節のアラガフ・ウタガフなどは先述したように対象への批判的・反抗的意味を持って、否定的なイメージを持つと言える。語基＋動詞カフ（交・差・替）の構成から、マイナスイメージの動作を表現するのに濁音化した接尾語「ガフ」を生じていたと見られる。「ガフ」は語頭の濁音ではないので遠藤邦基氏の「濁音減価」[14]と直接つながらないけれども、「~ガフ」の傾向として「濁音減価」的な意識をみるものである。

B「~カフ」のものとC「~ガフ」のものとの差異を見るために、表にしてみた。時代区分として、上代に例があるもの・上代にはなく中古以降にあるものに分けた。また上接する語基の末尾を有坂秀世「国語にあらはれる一種の母音交替について」[15]を参考にし、被覆形的なもの（ア列・ウ列・オ列）と露出形的なもの（イ列・エ列）に分けた。その結果として、（イ）上接する語基が名詞・感動詞のものは、「~カフ」の語は中古以降でイ列がやや多く、「~ガフ」の語は上代には例がない。（ロ）動詞連用形のものの末尾は、当然ながらイ列・エ列である。（ハ）上接する語基がある程度独立的なものは、全て被覆形的なもの（ア列・ウ列）である。

今後は、残るハ行動詞の中から「~ラフ」「~ロフ」・「~ヨフ」について研究し、比較考察してゆきたい。

表

	例がある時代区分	上接する語基（語基末が**ア・ウ・オ列のものは太字**、イ・エ列は通常字）（イ）名詞・感動詞	（ロ）動詞連用形	（ハ）ある程度独立的なもの
B~カフ	上代にある	キカフ	サシカフ・トキカフ	**ウカカフ**
	中古以降	**イサカフ** チカフ／スヂカフ	シカフ／タチカフ・チリカフ・トビカフ・ヒキカフ・ユキカフ	**アツカフ（熱・扱）**
C~ガフ	上代にある			**タガフ・マガフ／アラガフ・ウタガフ**
	中古以降	チガフ		

〔注〕

（1）『国語語彙史の研究』三十四［二〇一五・三、和泉書院］

（2）第一一一回国語語彙史研究会［二〇一五・一二・五、関西大学］

（3）蜂矢真郷『国語派生語の語構成論的研究』二〇一〇、塙書房

（4）派生法において、本来型とは、カ行動詞～クが接尾辞フを伴ったととらえられるものであり、応用型とは、語基が肥大した接尾辞カフ・ガフを伴ったととらえられるものである。なお、肥大については、阪倉篤義『語構成の研究』［一九六六、角川書店］第二篇三章など参照。

（5）［一九九六、和泉書院］

（6）なお、「色つかふ秋の露霜な降りそね妹が手本を纏かぬ今夜は」（万葉一二五三）という同じ用例を挙げながら、ツカフを『岩波古語』では『接尾』としているが、『新明解古語辞典』は（動詞）としている。

（7）阪倉篤義『語構成の研究』［一九六六、角川書店］

（8）金田一春彦『国語アクセントの史的研究』（一九七四、塙書房）は、「同じ語の異なる活用形相互の間、ある語とその語の派生語・複合語との間に、規則的な関係の存在することも、全く現代語のアクセントと同じであることが推定される。」と、同「国語アクセント史の研究が何に役立つか」（『日本語音韻音調史の研究』（二〇〇一、吉川弘文館）第三編一は、「ある語が高く始まるならば、その派生語・複合語もすべて高く始まり、ある語が低く始まるならば、その派生語・複合語もすべて低く始まる」とされる。これを、金田一法則と言う。

（9）［二〇一三、和泉書院］

（10）金田一春彦「国語アクセント史の研究が何に役立つか」（前掲）、吉沢典男「複合動詞について」（『日本文学論究』（国学院大学）10［一九五二・七］、参照。

（11）蜂矢真郷「チ［路］とミチ［道］」（『万葉集研究』三十集［二〇〇九、塙書房］）参照。

（12）注（4）参照。

(13) なお、上代においては清音「〜カフ」であっても、B(ハ)のウカカフのように時代が下ると「〜ガフ」へと濁音化したものもある。これは、『角川古語』が「-がふ」は「あらがふ」「うけがふ」などと同じく接尾語。」と述べるように動詞カフが接尾語化し、その流れの中で濁音化しガフに変化したと考えられる。

(14) 『国語表現と音韻現象』[一九八九、新典社]、もと「濁音減価意識―語頭の清濁を異にする二重語を対象に―」(『国語国文』46―4[一九七七・四])

(15) 『国語音韻史の研究』[一九五七増補新版、三省堂]

〔参考文献〕

金田一春彦『国語アクセントの史的研究』一九七四、塙書房

金田一春彦『日本語音韻音調史の研究』二〇〇一、吉川弘文館

阪倉篤義『語構成の研究』一九六六、角川書店

蜂矢真郷『国語派生語の語構成論的研究』二〇一〇、塙書房

蜂矢真郷「複合語と派生語と」(『国語語彙史の研究』三十四[二〇一五・三、和泉書院])

吉田金彦「口語的表現の語彙「―かす」」(『国語国文』28―4[一九五九・四])

第二部　古代漢字文献

『日本書紀』における高句麗、百済、新羅の官職名

柳　玟和

一　はじめに

日本書紀の古代韓国関係記事には高句麗、百済、新羅の人名が見られ、人名の前後に職名・部名・官名などの官職名が記されている。日本書紀所載の高句麗、百済、新羅の官職名は国別の相違はさる事ながら、巻による特徴が見られる。

高句麗、百済、新羅の人名と官職名の記載様式に関しては韓国古代金石文からの研究があり、三国の人名と官職名の配列順序は国別における相違があるとされるが、高句麗と百済は新羅に比べて文字資料が制限されているため、判断が難しい部分もある(1)。そこで、筆者はこれまで日本書紀に見られる高句麗、百済、新羅の人名と官職名の記載様式を考察し、日本書紀では三国の人名と官職名の配列順序に特徴が明確に現れることを指摘してきた(2)。

周知のように日本書紀には巻の区分論が存在する。基になった資料の性格によって古代韓国関係記事も、表記字の使用に違いが見られ、それが巻別に現れる場合があるが、それは日本書紀の区分論とは必ずしも一致しない(3)。日本書紀の古代韓国関係記事に見られる高句麗、百済、新羅の職名・部名・官名も巻別の特徴を持っているので、各巻における使用状況を検討する必要がある。

従って、本稿では高句麗、百済、新羅の人名と共に記された職名・部名・官名が日本書紀の各巻にどのように現れるかを分析し、各巻の古代韓国関係記事の編纂に参照された資料の性格について触れていきたい。

二　高句麗の官職名

高句麗人名と共に付されている職名・部名・官名を出現順に示すと《表1》のようである。表から、職名は巻15～巻27、巻30に用例があり、部名は巻27、巻28、巻29に、官名は巻26、巻27、巻29に見られることがわかる。

まず、職名を見ると、王名に付く「上王、王」、王の政務を補佐する「大臣、内臣、臣」、技術者「工匠、画工、画師、侍医」と僧侶「沙門、釈、僧」、使者「使、大使、副使、小使」があり、種類が限定的である。これらのうち、「使、大使、副使、小使」と「画工、画師」について説明を加える。「使」の用例は、巻17の継体紀十年条「百濟遣灼莫古將軍。日本斯那奴阿比多。副高麗使安定等。來朝結好。」に見られ、管見では、この記事は高句麗との直接交流記事として認められる最初の例で、「安定」という高句麗使者の人名が明記された初出例でもある。ここの「使」は「使人、使者、使臣」の意味を持つ普通名詞とも思われるが、人名の前に付されているので、職名として見るのが妥当であろう。また、「大使、副使、小使」は高句麗人名を含む官職名の配列順序から職名と判断できる。ただし、巻30の「大使」は官職名の配列順序から官名として見られる。それらについて用例を提示すると次のようである。

① 高麗大使／宴子拔（巻23）：大使＋人名
② 小使／若德（巻23）：小使＋人名
③ 大使／達沙（巻26）：大使＋人名
④ 副使／伊利之（巻26）：副使＋人名

《表１》 高句麗人名に付された職名・部名・官名

巻	人　名	職　名	部　名	官　名
15　顕宗	工匠／須流枳、奴流枳	工匠		
17　継体	王／安、高麗使／安定	王、使		
19　欽明	狛鵠／香岡上王、高麗王／陽香	上王、王		
22　推古	大興／王、高麗僧／僧隆、 高麗僧／恵慈（僧／恵慈、恵慈②）、 雲聡、僧／道欣、僧／曇徴、 僧／恵灌、恵彌、法定	王、僧		
23　舒明	高麗大使／宴子抜、小使／若徳	大使、小使		
24　皇極	大臣／伊梨柯須彌	大臣		
25　孝徳	侍醫／毛治、畵工／狛／堅部／子麻呂	侍醫、畵工		
26　斉明	大使／達沙（達沙）、副使／伊利之、 高麗畵師／子麻呂、內臣／蓋金、 乙相／賀取文③、高麗沙門／道顯	大使、副使、 畵師、內臣、 沙門		乙相
27　天智	高麗大臣／蓋金、副使／達相／遁、 高麗前部／能婁（前部／能婁）、 大使臣／乙相／奄（臣／乙相／奄鄒）、 二位／玄武若光、釋／道顯、 太兄／男生（男生）、仲牟／王、 上部／大相／可婁②	大臣、釋、 王、臣、 副使、大使	上部、前部	達相、乙相、 大相、大兄、 二位
28　天武	前部／富加抃		前部	
29　天武	上部／位頭大兄／邯子（高麗邯子）、 大兄／富干、大兄／多武、 前部／大兄／碩干、後部／主博／阿于、 前部／大兄／德富、下部／大相／師需婁、 上部／大相／桓欠（桓欠）、下部／助有、 西部／大兄／俊德、卦婁毛切、大古／昂加、 南部／大使／卯問 （高麗卯問、高麗客卯問、　高麗使人卯問）		上部、下部、 西部、南部、 前部、後部	位頭大兄、 大兄、大古、 主博、大相、 大使
30　持統	沙門／福嘉	沙門		

《表２》　高句麗部名

五部	日本書紀	高麗記(翰苑註に引用)	魏書後漢書	
一	西部　下部	白部　右部	涓奴部	**西部**　右部
二	後部	黒部	絶奴部	北部　**後部**
三	上部	青部　**上部**	順奴部	東部　左部
四	南部　前部	赤部	灌奴部	**南部**　**前部**
五	(卦婁)	黄部	**桂婁**部	内部　黄部

⑤　大使／臣／乙相／奄鄒（巻27）：大使＋臣（職名）＋乙相（官名）＋奄鄒（人名）

⑥　副使／達相／遁（巻27）：副使＋達相（官名）＋遁（人名）

⑦　南部／大使／卯問（巻30）：南部（部名）＋大使（官名）＋卯問（人名）

高句麗人名を含む官職名の配列順序は「職名＋部名（出身地名）＋官等名＋人名」とされるが、それを基準にしてみると、①②③④の「大使、副使、小使」は人名の前に位置しているため職名、官名どちらとも言える。一方、⑤「大使」、⑥「副使」は官名「達相」の前に位置しているので、職名である。しかも⑤「大使臣／乙相／奄鄒」は同一巻に「臣／乙相／奄鄒」の用例が見られるので、職名（臣）＋官名（乙相）＋人名（奄鄒）が基本形式であるとすれば、「大使」は官名ではない。職名であるとすれば、職名が重なる形態になるが、流動的な職名としてみるのが無難であると思われる。これは、後述する百済の人名の前に用いられた「大使、副使、小使」と新羅の人名の前にある「大使」にも適用される。しかし、巻30の「大使」は南部（部名）＋大使（官名）＋人名（卯問）の順序となるので官名である。

また、「画工、画師」は同一人「画工／狛／堅部／子麻呂（巻25）」、「高麗画師／子麻呂（巻26）」に用いられている。前者は職名＋出身地＋姓氏＋人名、後者は（出身地）＋職名＋人名であるので、人名を含む官職名の配列順序は勿論表記も異なる。これは利用された資料の違いによるものと考えられる。

次に高句麗部名について検討する。日本書紀の高句麗部名は「上部、前部、後部、下部、西部、南部、卦婁」が見られる。用例を示すと次のようである。

上部：上部／大相／可婁（巻27）、上部／位頭大兄／邯子（巻29）、上部／大相／桓欠（巻29）
前部：前部／能婁（巻27）、前部／富加抃（巻28）、前部／大兄／碩干（巻29）、前部／大兄／徳富（巻29）
後部：後部／主博／阿于（巻29）
下部：下部／大相／師需婁（巻29）、下部／助有（巻29）
西部：西部／大兄／俊徳（巻28）
南部：南部／大使／卯問（巻29）
卦婁：卦婁／毛切（巻29）

これらの部名は巻による偏在が見られる。具体的には、巻27には「前部」と「上部」、巻28には「前部」、巻29には「上部、前部、後部、下部、西部、南部、卦婁」が見られ、巻27、巻28、巻29に用例が偏っている。岩波書店の日本古典文学大系『日本書紀』下の文末付表に示された中国側史書にある高句麗部名を参照すると《表2》の通りである。

「卦婁」については、高句麗の平壌城石刻に記されている「卦婁盖切小兄加群自此東回上口里四尺治」の「卦婁」を部名として推定して示した。[4] 高句麗の部名は中国側の史書と一致するものが多いが、「上部、下部」は『翰苑』に引用された「高麗記」と一致する。このような高句麗部名の表記の違いは日本書紀が参照した資料の成立時期と性格の違いによるものと考えられる。

最後に高句麗官名について考察する。《表3》に示したように、日本書紀の高句麗官名には「主簿、大相、位頭大兄、大兄、[5]大使、達相、乙相、二位、大古」がある。『三国史記』と『翰苑』註の「高麗記」にも高句麗官名が見られる。岩波書店の日本古典文学大系『日本書紀』下の文末付表に提示された『三国史記』と『翰苑』にある高

《表3》　高句麗官名

官位	日本書紀	出現巻	三国史記	高麗記（翰苑註に引用）	
一等位	**主簿**	巻27	**主簿**	吐捽	(舊名)大對盧
二等位	**大相**	巻27、巻29	**大相**	太大兄	(一名)莫何々羅支
三等位	**位頭**大兄	巻29	**位頭**大兄	鬱折	(華言)主簿
四等位			従大相	大夫使者	(亦名)謁奢
五等位	**大兄**	巻27、巻29	小相	皀衣頭**大兄**	(一名)中裏皀衣　頭大兄
六等位	(**大使**)	巻29	狄相	**大使**者	(一名)大奢
七等位			小兄	大兄加	(一名)纈支
八等位			諸兄	抜立使者	(一名)儒奢
九等位	(**達相**)	巻27	先人	上位使者	(一名)契**達奢**
十等位	(**乙相**)	巻26、巻27	自位	使者	(一名)**乙奢**
	(二位) (大古)	巻27 巻29		小兄	(一名)先支
				諸兄	(一名)翳属
				過節	(一名)伊紹　河紹還
				不節	(一名)先无
				先人	(一名)庶人

句麗官名を連掲する。

　表から日本書紀の高句麗官名は、『三国史記』と『翰苑』の高句麗官名と一致しないものもあるが、『三国史記』を基準にして見ると、日本書紀の高句麗官位は十等位と推定できる。下段の「二位、大古」は官位の推定が困難であるが、「大使、達相、乙相」は『翰苑』にある官名と発音が一部類似していることから、「大使」は六等位、「達相」は九等位、「乙相」は十等位に推定してみた。

　前述した部名の用例が巻27、巻28、巻29であることを考えると、両者の巻による用例の偏りが注目される。これは日本書紀に利用された資料との関連性で解釈することが可能である。そこでこれらについて日本書紀の高句麗関連記事の巻別出現状況と記事内容を中心に検討してみる。

　次の《表4》は日本書紀の高句麗関係記事と人名の巻別出現数を示したものである。記

《表４》　日本書紀の高句麗関連記事

巻（分註　引用書）	韓半島内記事		日本国内記事	
	記事件数（三四）	人名数（十）	記事件数（九五）	人名数（四八）
9	1			
10	1	2	2	
11			2	
14（百済記、日本旧記）	5			
15	1		3	
17（百済本記）	3	1	1	1
19（百済本記）	12	4	9	1
20			9	1
22			9	7
23			3	2
24	1		7	4
25			9	3
26（日本世紀）	1		8	6
27（日本世紀）	9	3	8	6
28			1	1
29			21	13
30			3	1

事の総数は約一二九件あり、五八人の高句麗人名が記されている。高句麗関連記事を韓半島内記事と日本国内記事に分けて考察する。

韓半島内記事は巻9、巻10、巻14、巻15、巻17、巻19に見られ、以降は関連記事がなく、巻24、巻26、巻27にある。すでに拙稿で記事内容を分析をしたが、[6]巻9と巻10の記事は事実が確実でないものであるので、事実の可能性のある記事は、巻14以降と見るべきであろう。巻14～巻19は韓半島における高句麗、百済、新羅と任那、加羅をめぐる情勢に関する内容で、百済史書と「日本旧記」からの引用も見られる。一方、巻24、巻26は百済滅亡に関連する韓半島内の情勢に関するものを伝えており、巻27の記事はすべて高句麗滅亡を前後とした韓半島内の急迫な状況を記述している。巻25と巻26には「伊吉博徳書」が引用されており、巻26と巻27には高句麗の亡命僧道顕の「日本世紀」が引用されているので、これらの資料が高句麗関連記事の中心資料であったと推定される。

日本国内記事は巻10、巻11、巻15、巻17に記事が散在しており、巻19から高句麗関連記事が増加する。以降、巻19、巻20においても高句麗使者の往来記事は数回見られるが、使者の人名が明記されず、「高句麗使人、高麗使者、高麗使、高麗大使、副使、高麗使、高麗二人」とあるだけである。巻19の日本国内記事には投化した高麗人「頭霧唎耶陛」、巻20に高麗僧「恵便」以外の高句麗人名の記載はない。ただし、巻22から多数の高句麗僧侶名が記載され、聖徳太子の仏教の師となった高麗僧恵慈の活躍が見られる。巻23には高句麗使者の名前が明記され、巻24～巻27、巻30には高句麗使者の往来などの交流記事が増えている。さらに、巻26～巻29には高句麗人名と共に部名、官名が併記されているが、これは当時の韓国側の高句麗金石文に見られる高句麗人名の配列順序とほぼ一致するので、資料の信頼性が高いと思われる。これらの記事は、日本朝廷の外交関連記録と「日本世記」を含み、百済と高句麗滅亡前後、日本に亡命した人が残した資料を基にしたものと考えられる。

三　百済の官職名

次は百済人名と共に付された職名・部名・官名の巻別の特徴を考察する。百済の職名、部名、官名を出現巻順に示すと次の《表5》のようである。表からわかるように、百済職名は巻9～巻30まで幅広く見られる。部名は巻17～巻19、巻25、巻26に、官名は巻15、巻17～巻21、巻23～巻29に見られる。

まず、職名から考察すると、王名「王、君」、王族「媛、女郎、夫人、太子」、親族「妻、叔父、子」に用いられ

《表５》 百済人名に付された職名・部名・官名

巻	天皇	職名	部名	官名
9	神功	王		
10	応神	王、媛		
11	仁徳	君		
14	雄略	王、媛、君、女郎、夫人		
15	顕宗			領事内頭
16	武烈	王、王子、君		
17	継体	將軍、將軍君、博士、太子、五経博士	前部	恩率
18	継体		下部、上部	脩德、都德
19	欽明	易博士、暦博士、醫博士、採藥師、樂人、王、王臣、王子、僧、五経博士	下部、前部、中部	上佐平、中佐平、下佐平、德率、杆率、奈率、将德、施德、固德、護德、季德、対德、城方首位
20	敏達	栴師		達率、恩率、德率
21	崇俊	鑪盤博士、瓦博士、畵工、寺工、僧、媛、尼		恩率、德率、那率、将德
22	推古	僧		
23	舒明	王、王子、大使、小使、副使		達率、恩率、德率
24	皇極	太子、大使、小使		大佐平、内佐平、達率、恩率、德率
25	孝德	王、君、大使	鬼部	佐平、達率
26	斉明	太子、王子、王、妻、叔父、君、子、沙彌、大使、副使	東部、西部	大佐平、佐平、達率、恩率
27	天智			佐平、達率
29	天武	王、僧、待醫、大博士、法師、百濟王、僧		大佐平、佐平
30	持統	王、沙門、書博士、醫博士、咒禁博士、陰陽博士		

るものがある。また、僧侶に付く「沙彌、沙門、尼」、各専門分野の人名に付される「将軍、将軍君、楽人、待医、博士、五経博士、易博士、暦博士、医博士、瓦博士、鑪盤博士、書博士、咒禁博士、陰陽博士、採薬師、椣師、画工、寺工」、使者に用いられる「大使、副使、小使」がある。これは日本書紀記載の高句麗、新羅より多様であり、巻による職名の記載にも変化が見られる。

巻9～巻16、巻22～巻26では「王、王子、媛、君、女郎、夫人、僧、太子、妻、叔父、子、沙彌」が頻繁に見られるが、巻17～巻21、巻29と巻30では各専門分野の職名「将軍、将軍君、楽人、沙門、尼、待医、博士、五経博士、易博士、暦博士、医博士、瓦博士、鑪盤博士、書博士、咒禁博士、陰陽博士、採薬師、椣師、画工、寺工」などがある。また、「大使、副使、小使」もあり、巻24～巻27に見られる。このように百済職名に多様な専門分野名が用いられている点は、当時の百済と日本との多方面に亙る交流があったためであると考えられるが、巻による職名の相違は記事内容や基になった資料の相違であると思われる。

次に百済部名の巻別使用について検討を加える。《表6》は日本書紀の巻別における百済部名の使用状況と中国史書と『三国史記』記載の百済部名を示したものである。表からわかるように、日本書紀の百済部名には「前部、上部、中部、下部、東部、西部、鬼部」がある。細かくみていくと日本書紀の各巻における百済部名は巻17に「前部」、巻18には「上部、下部」、巻19には「上部、下部、前部、中部、西部」、巻25に「鬼部」、巻26に「東部、西部」が見られる。中国史書と『三国史記』にも百済部名が記されているが、岩波書店の日本古典文学大系『日本書紀』にある補注を参照すると中国史書には「上部、前部、中部、下部、後部」、『三国史記』には「東部、西部、南部、北部」と記されており、両史書記載の百済部名は異なる。そして、日本書紀には中国史書にある「上部、下部、前部、中部」と三国史記にある「東部、西部」が見られ、他の史料にはない「鬼部」が記されている。日本書紀の巻による百済の部名の使用状況に注目すると、巻17～巻19までの百済部名は「西部」以外の全用例が中国史書に見

《表6》 百済部名

日本書紀			中国史書	三国史記
巻17	**前部**／木刕不麻甲背	前部	上部 下部 前部 中部 後部	西部
巻18	**上部**／都德／己州己婁、**下部**／脩德／適德孫	上部 下部		
巻19	**上部**／德率／科野次酒、**上部**／奈率／科野新羅、 **上部**／奈率／物部／烏、 **下部**／中佐平／麻鹵、**下部**／東城子言、 **下部**／施德／灼干那、**下部**／固德／汶休帶山、 **下部**／杆率／將軍三貴、**下部**／杆率／汶斯干奴、 **前部**／奈率／鼻利莫古、**前部**／德率／眞慕宣文、 **前部**／奈率／眞牟貴文、**前部**／施德／曰佐分屋、 **中部**／奈率／己連、**中部**／奈率／木刕昧淳、 **中部**／護德／菩提、**中部**／奈率／掠葉禮、 **中部**／杆率／掠葉禮、**中部**／奈率／皮久斤、 **中部**／德率／木刕今敦、**中部**／木刕／施德／文次、 **西部**／姫氏／達率／怒唎斯致契	上部 下部 前部 中部 西部		
巻25	**鬼部**／達率／意斯	鬼部		
巻26	大使／**西部**／達率／余宜受、 **西部**／恩率／鬼室福信、 副使／**東部**／恩率／調信仁	西部 東部		東部 西部 南部 北部

られ、巻26の百済部名は『三国史記』にあることがわかる。これは百済部名の時代的な変化によるもので、日本書紀が参照した百済資料が異なる時代のものであったためだと考えられる。すなわち、百済部名の時代的な変化が日本書紀に現れたものと思われる。

さらにここで注目すべきは、前述した高句麗部名「上部、前部、後部、下部、西部、南部、卦婁」のうち、「上部、下部、前部、西部」が百済の部名と一致するという点である。つまり、職名で述べた「大使、副使、小使」を含み、百済と高句麗は職名と部名に類似性が一部認められることである。しかし、両者で一致する部名の出現巻は、高句麗部名は巻27～巻29であるが、百済は巻17～巻19に現れている。これは、百済の部制度や行政区域などが高句麗の影響をうけたことは多くの研究で指摘されてきたが、

《表7》　百済官名

巻	中国史書による百済官位（16等位）																
	1	2	3	4	5	6	7	8	9	10	11	12	13	14	15	16	その他
	佐平	達率	恩率	徳率	扞率	奈率	将徳	施徳	固徳	季徳	対徳	文督	武督	佐軍	振武	克虜	
15																	領事 内頭
17			恩率														
18									脩徳、都徳								
19	上佐平 中佐平 下佐平			徳率	杆率	奈率	将徳	施徳	固徳 護徳	季徳	対徳						城方 首位
20		達率	恩率	徳率													
21			恩率	徳率		那率	将徳										
23		達率	恩率	徳率													
24	大佐平 内佐平	達率	恩率	徳率													
25	佐平	達率															
26	大佐平 佐平	達率	恩率														
27	佐平	達率															

日本書紀の高句麗関連の資料は百済に比べ、制限されているためであろう。

最後に、百済官名の巻別使用状況を考察する。上の《表7》は百済官位の巻別における出現状況を示したものである。表の上段には中国史書に記されている百済十六官位を位階順に並べ、それに従って日本書紀の百済官位の使用状況を整理した。なお、『三国史記』にも百済官位が記されているが、中国史書によるものとされるので、連掲しない。

表からわかるように、日本書紀の百済官位は中国史書に記されている十六等位のうち、十一等位が見られる。百済官位は巻17～巻29にかけて見られるが、巻によって出現官位に違いが見て取れる。百済官名の巻別の用例は、巻17には三等位の「恩率」が初出例として見られ、巻18には「脩徳、都徳」が記されている。これらの官位は中国史書に記載がなく正確な位階が推定できないが、徳系の位階に該当するとの説がある。(7)

また、巻19には一等位の「佐平」が「上佐平、中佐平、下佐平」に分かれており、二等位と三等位は見られず、四等位から十一等位までが記されている。巻20には二等位から四等位が見られ、巻21では三等位、四等位、六等位、七等位、そして巻23には二等位、三等位、四等位が記されている。ただ巻20〜巻23までは一等位に当たる百済官位は記されていない。

一方、巻24〜巻29においては一等位が記されているが、巻19の「上佐平、中佐平、下佐平」は見られず、「大佐平、内佐平、佐平」になっている。このように、百済官等名の一等位は巻19では「上佐平、中佐平、下佐平」、巻24では「内佐平、大佐平」、巻25〜巻29まで「内佐平」は見られず、「大佐平、佐平」に統一されつつあるのが看取できる。このような日本書紀の巻による百済官等名の相違は、時代を異にする複数の百済関連資料が日本書紀に利用されたため、官名の時代的な変化が現れたと推定できる。

四　新羅の官職名

ここでは新羅人名に付されている職名・部名・官名の巻別の特徴を考察する。新羅の官職名は前述した高句麗、百済とは一致しない独自のものが見られる。また、人名を含む官職名の記載様式においても高句麗、百済は「職名＋部名（出身地名）＋官名＋人名」であったが、新羅は「職名＋部名（出身地名）＋人名＋官等名」から「職名＋部名（出身地名）＋官名＋人名」への変化が窺える。日本書紀の新羅人名に付された職名・部名・官名を示すと次の《表8》のようである。

まず、職名から検討していく。新羅人名に付された職名には、「王子、王、弔使、媛、貢調使、沙門、新羅客、王子、学問僧」がある。巻19までは「王子、王、弔使」、巻21に「媛」、巻22に「大使」、巻25〜巻30には「貢調使、沙門、新羅客、王子、学問僧」が見られる。職名の出現巻による偏在はなく、新羅王と王子の他は、公的な業務と

《表８》　新羅人名に付された職名・部名・官名

巻	職　名	部名	官　　名
6　垂仁	新羅王子		
9　神功	新羅王		伐旱波、珍干岐、旱岐、干
17　継体	新羅王、上臣		奈麻禮、奈末、干岐（上臣）
19　欽明	弔使		奈末、及伐干、大舍
20　敏達			奈末
21　崇俊	媛		
22　推古	大使	沙喙部	奈末、大舍
25　孝徳	貢調使	沙喙部	大阿湌、沙湌（上臣）
26　斉明			及湌
27　天智	沙門	沙喙	級湌、大角干、沙湌（上臣）
28　天武	新羅客		
29　天武	王子	沙喙	韓阿湌、阿湌、大舍、貴干、一吉湌、級湌、沙湌、大麻、奈末、大奈末、大那末、大阿湌、波珍湌、（大監、弟監）
30　持統	弔使、學問僧、沙門、王子		級湌、大舍、翳湌、一吉湌、韓奈末、韓奈麻、大奈末、薩湌、（補命）

して派遣された使者以外は僧侶など特定職名に制限されていることが注目される。

次に、部名の巻別使用状況を考察する。日本書紀の新羅部名には「沙喙部・沙喙」が見られる。「沙喙部・沙喙」は新羅の六部の中の、二部である。「沙喙」は「沙喙部」と同一部名で、「部」が省略された形で用いられている。他に日本書紀では新羅六部の中の、一部の「喙部」、六部の「習部」が見えるが任那人に用いられている。日本書紀では他にも任那及び加羅の人名に新羅の官名と尊称が付されているものが多数あるが、この問題ついてはここでは述べない。新羅部名の用例を示すと次のようである。

・沙喙部：沙喙部／奈末／竹世士、沙喙部／奈末／北叱智（巻22）
沙喙部／沙湌／金多遂（巻25）

《表９》　新羅人名と官職名の記載様式

巻	新羅人名と官職名の記載様式	人名と官名の配列順序
6	新羅王子／天日槍	職名（新羅王子）＋人名
9	微叱己知／波珍干岐、微叱許智／伐旱 （許智／伐旱）（微叱／旱岐）	**人名＋官名**
	新羅王／波沙寐錦、新羅王／宇流助富利智／干	職名（新羅王）＋人名＋官名
17	夫智／奈麻禮、奚／麻禮、 上臣／伊叱夫禮智／干岐、伊叱夫禮知／奈末	**人名＋官名**
	新羅王／佐利遲	職名（新羅王）＋人名
19	彌至己知／奈末、久禮叱／及伐干、奴氐／大舍	**人名＋官名**
	弔使／味叱子失消	職名（弔使）＋人名
20	枳叱政／奈末、安刀／奈末、失消／奈末	**人名＋官名**
21	媛／善妙	職名（媛）＋人名
22	沙喙部／奈末／竹世士、沙喙部／奈末／北叱智	部名（沙喙部）＋**官名＋人名**
	奈末／竹世士、奈末／伊彌買、奈末／智洗遲	**官名＋人名**
	堪遲／大舍	**人名＋官名**
	大使／奈末／智洗爾	職名（大使）＋**官名＋人名**
25	上臣／大阿湌／金春秋	**官名＋人名**
	沙喙部／沙湌／金多遂	部名（沙喙部）＋**官名＋人名**
	貢調使／知万／沙湌	職名（貢調使）＋**人名＋官名**
26	及湌／彌武（彌武）	**官名＋人名**
27	沙喙／級湌／金東嚴、上臣／大角干／庾信	部名（沙喙）＋**官名＋人名**
	沙湌／督儒、沙湌／金萬物	**官名＋人名**
	沙門／道行	職名（沙門）＋人名
28	新羅客／金押實	職名（新羅客）＋人名
29	韓阿湌／金承元、阿湌／金祇山、大舍／霜雪、 一吉湌／金薩儒、韓奈末／金池山、 貴干／寶眞毛、韓奈末／金利益、 奈末／金孝福、奈末／金風那、	**官名＋人名**

	大奈末／金美賀、級湌／朴勤脩、奈末／好福、 沙湌／金清平、奈末／被珍那、級湌／金好儒、 大奈末／金楊原、阿湌／朴刺破、 奈末／金紅世、奈末／加良井山、 奈末／甘勿那、大奈末／金世々、 大奈末／考那、級湌／金消勿、阿湌／金項那、 大阿湌／金健勳、沙湌／金若弼、 波珍湌／金智詳、沙湌／薩虆生、 大奈末／金原升、大奈末／金壹世、 大那末／金釋起、大那末／金長志、 沙湌／金主山	
	大監／級湌／金比蘇、大監／奈末／金天冲、 弟監／大麻／朴武麻、弟監／大舍／金洛水、 弟監／大舍／金欽吉、沙喙／一吉湌／金忠平	部名（沙喙）＋官名＋人名
	王子／忠元	職名（王子）＋人名
30	級湌／金薩摹、級湌／金仁述、大舍／蘇陽信、 翳湌／金春秋、一吉湌／金薩儒、級湌／金道那、 沙湌／金江南、級湌／北助知、大奈末／金高訓、 韓奈末／許滿、韓奈麻／金陽元、級湌／朴億德、 補命／薩湌／朴强國、韓奈麻／金周漢	官名＋人名
	弔使／級湌／金道那	職名（弔使）＋官名＋人名
	弔使／金道那、學問僧／観常、學問僧／霊観、 沙門／行心、沙門／詮吉、沙門／福嘉、 王子／金霜林、王子／金良琳	職名（学問僧、沙門、王子、弔使）＋人名

・沙　喙：沙喙／級湌／金東嚴、沙湌／督儒、沙湌／金萬物（巻27）

沙喙／一吉湌／金忠平（巻29）

「沙喙部」は巻22と巻25、「沙喙」は巻27と巻29にある。韓国側現存資料では同一部名に「沙梁部・沙喙部」が用いられ、「沙喙」は見られないので、実際、「部」が省略された形が使われたか否かは確認できないが、可能性としてはあり得る。「沙喙部・沙喙」の表記の差は日本書紀が参照した資料の相違によるものであると思われる。

ここで、新羅人名と官名の配列順序も巻22から巻25を前後として相違があることに注目したい。日本書紀に見られる新羅人名と官職名の記載様式を巻別に示すと《表９》の通りである。

《表９》を参照すると人名を前後に伴う官名は、巻９、巻17、巻19、巻20、巻22、巻25~巻27、巻29~巻30に見られ、人名＋官名、官名＋人名の形で現れる。この二通りの配列形は巻によって使用が別れる。巻９~巻20は人名＋官名であり、巻26~巻30は官名＋人名である。但し、巻22と巻25には人名＋官名、官名＋人名の配列形が併存している。巻22と巻25における人名と官名の配列方式を見ると、人名＋官名の用例は各一例ずつで、他は全て官名＋人名の形式である。巻25以後の巻では、官名＋人名の配列方式に固定されているので、これらの巻では変化の過渡期的な形を残していると解釈できる。日本書紀の新羅人名は巻25から中国式の姓＋名の形式が見えはじめ、巻28~巻30では中国風の名前に統一されつつある。これも実際に新羅が三国を統一した以降に新羅人名を中国式に改名しており、その変化が日本書紀にも現れたと考えられる。

最後に、新羅官名の使用状況を見てみよう。日本書紀には新羅十二官位が見られる。それを巻別に示すと《表10》のようになる。表の下段には日本書紀出現の新羅官名を等位順に総合して示し、『三国史記』と韓国古代金石文、中国史籍の表記例を参照としてあげた(8)。

表から新羅官位の表記をみると、二等位「翳湌」を除く殆どの官名が海外資料に見られ、同一あるいは類似した

《表10》 新羅官名

巻	新羅官位（17等位中、12等位）												
	1等位	2等位	3等位	4等位	5等位	6等位	7等位	8等位	9等位	10等位	11等位	12等位	その他
6													
9	伐旱			波珍干岐 旱岐 干									
17				干岐							奈麻禮 奈末		上臣
19									及伐干		奈末	大舎	
20											奈末		
21											奈末	大舎	
22													
25					大阿湌			沙湌					
26									及湌				
27	大角干							沙湌	級湌				上臣
28													
29				波珍湌	韓阿湌 大阿湌	阿湌	一吉湌	沙湌	級湌	大麻 大奈末 大那末	奈末	大舎	大監 弟監 貴干
30		翳湌					一吉湌	薩湌	級湌	韓奈末 韓奈麻 大奈末		大舎	補命
日本書紀	伐旱 大角干	翳湌	（蘇判）	波珍干 岐 旱岐 干岐 干 波珍湌	韓阿湌 大阿湌	阿湌	一吉湌	沙湌 薩湌	及伐干 及湌 級湌	（大麻） 大奈末 大那末 韓奈末 韓奈麻	奈末 奈麻禮	大舎	
三国史記	伊伐湌 伊罰干 于伐湌 角干 角湌 舒発翰 舒弗邯	伊尺湌 伊湌	迊判 蘇判	波珍湌 海干 破彌干	大阿湌	阿湌 阿尺干 阿餐	一吉湌 乙吉干	沙湌 薩湌 沙咄干	級伐湌 級湌 及伐干	大奈麻 大奈末	奈麻 奈末	大舎 韓舎	
韓国金石文	一伐干	一尺干 伊干	匝干		大阿干		一吉干	沙干 沙尺干	及尺干 及干	大奈末	奈末 乃末	大舎	貴干
中国史籍	子賁旱 支 伊罰干 伊伐干	壱旱支 伊尺干	斉旱支 迎干	破彌干 破珎干	大阿干 大阿尺 干	謁旱支 阿尺干 阿干	壱吉支 乙吉干	沙咄干	奇貝旱 支 及伐干 及伏干 級伐干	大奈摩 大奈麻	奈摩 奈麻	大舎	

表記字を用いていることがわかる。但し、「翳湌」は類似した表記例は確認できないが『三国史記』の「伊湌」の「伊」は「翳」と上古音が［iei］で一致するので、日本書紀では当時新羅で使われていた用字法を残していると思われる。

《表10》に示した新羅官名は出現巻による偏在が認められる。巻9、巻17～巻21、巻25～巻27には官名の種類が制限的であるが、巻29と巻30には多くの官名が見られる。巻19までは官名が示されない新羅人が多くいること、そして巻29から新羅関係記事が増えることで多様な官名が現れるからである。官名の巻別使用状況を見ると、同一官位の官名が同一巻内で異表記されているものと、巻別によって表記の違いはあるものの類似性が認められるものとがあるので、それを中心に考察してみる。

巻9には新羅官位一等位の「伐旱」と四等位の「波珍干岐・旱岐・干」が見られる。この巻には新羅王子微叱己知（微叱許智ともある）に一等位の「伐旱」と四等位の「波珍干岐・旱岐・干」が付いている。「波珍干岐」は摂政前十月条に日本に人質として遣わしたときに用いられた官名であり、「伐旱・旱岐」は摂政五年三月条に新羅王子微叱許智の救出記事中に用いられている。さらに、ここでは「微叱己知」が「微叱許智」と異表記されているが、「己：ko」と「許：ho」は古代韓国漢字音では同一音として説明できない表記例でもある(9)。新羅王子微叱己知の官名からみた位階の変化は四等位→一等位→四等位である。これは人質として日本に行かされた時は四等位であったのが、日本にいる間に一等位になり、また、四等位に変わったと解釈せざるを得ない。しかし、これは説明に無理がある。

また、同巻の摂政前十二月条の新羅征伐に関する記事中の新羅王宇流助富利智に四等位の「干（干支に同じ）」が付されているものがある。新羅王宇流助富利智は他に見られず、四等位「干」は新羅王に相応しくない官位であり、巻9の同一人における位階の変化は説明が付かない。この巻は伝承記事であったため、新羅官名の位階の区別がなされず、官名が尊称に近い用法として用いられたと考えられる。他に、巻17の継体紀二十三年四月条の伊叱夫禮智に「干岐・奈末」の官名が用いられている。本文には上臣伊叱夫禮智干岐とあり、四等位の「干岐」が、分註「一本云」には十一等位の「奈末」とある。任那滅亡時の新羅の最高の責任者であり、上臣の称呼が冠せられている伊叱夫禮智には「奈末」は相応しくない官名である。これは本文と分註の資料の違いによるものと解することができる。

このように新羅官職名の使用状況から、巻9、巻17~巻21、巻25~巻27、巻29~巻30の区分がわかる。また、巻22から巻25にかけて人名と官名の配列順序の変化を見ることができる。日本書紀の新羅関連記事は、巻9は伝承記事で、巻19までは百済史書を中心資料としたものである。巻25から巻27の新羅関連記事は、百済と高句麗滅亡を前後とした韓半島内の情勢に関する記事が主であり、「伊吉博徳書」や「日本世記」からの引用が多い。巻29と巻30には新羅との交流関係記事が増える。これは新羅が三国を統一した天武紀五年（六七六年）前後、新羅との公的な交流記事が増えるのもその根拠となろう。

五　おわりに

日本書紀の高句麗、百済、新羅の人名と共に記された職名・部名・官名は国別による相違が見られ、巻による特徴が現れる。百済は多少例外ではあるが、高句麗、新羅の官職名は人名と共に記載される場合が大部分であるので、人名と官職名が共に示されることは、記事内容の正確性を判断する基準になると思われる。国別における官職名の巻の特徴を再整理する。

まず、高句麗職名は巻15~巻27、巻30に用例があり、技術者、僧侶、使者など種類が制限的である。高句麗部名は巻27、巻28、巻29に用例が偏っており、「上部、前部、後部、下部、西部、南部、卦婁」が見られる。巻27には

「前部」と「上部」、巻28には「前部」、巻29には「上部、前部、後部、下部、西部、南部、卦婁」がある。高句麗官名は巻26、巻27、巻29に見られ、「主簿、大相、位頭大兄、大兄、大使、達相、乙相、二位、大古」がある。部名のように巻の偏在があるが、「二位、大古」を除く官名が『三国史記』と『翰苑』の高句麗官名と一致または類似している。

次に、百済職名は巻9から巻30まで幅広く見られる。巻9から巻16、巻22から巻26では百済王族、僧侶など職名が制限的であるが、巻17~巻21、巻29と巻30では多様な専門分野の職名が現れ、当時の百済と日本との間に多方面に亙る交流があったことがわかる。百済部名は巻17~巻19、巻25、巻26に見られ、「前部、上部、中部、下部、東部、西部、鬼部」がある。巻17に「前部」、巻18には「上部、下部」、巻19には「上部、下部、前部、中部、西部」、巻25に「鬼部」、巻26に「東部、西部」が認められるが、巻17から巻19までの百済部名は西部以外の全用例が中国史書に見られ、巻26の百済部名は三国史記にあることがわかる。これは百済部名の時代的な変化によるもので、日本書紀が参照した百済資料が異なる時代のものであったためと考えられる。すなわち、百済部名の時代的な変化が、日本書紀に現れたものと思われる。百済官位は巻17から巻29にかけて見られ、中国史書に記されている十六等位のうち、十一等位が確認できる。百済官名は巻による表記の違いが見受けられるが、一等位は巻19に「上佐平、中佐平、下佐平」、巻24では「内佐平、大佐平」、そして、巻25~巻29まで「内佐平」は見られず、「大佐平、佐平」に統一されつつあるのが看取できる。このような日本書紀の巻による百済官等名の相違は、時代を異にする複数の百済関連資料が日本書紀に利用されたため、官等名の時代的な変化が現れたと推定できる。

最後に、新羅職名は巻6~巻19、巻27~巻30に見られ、新羅王、王子、弔使、僧侶などの特定職名に限定されている。部名は巻22、巻25、巻27、巻29に新羅六部中、二部「沙喙部・沙喙」が見られる。「沙喙部」は巻22、巻25、「沙喙」は巻27、巻29といった巻による偏在がある。巻22と巻25は新羅人名と官名の配列方式に混乱が見られる巻でもあり、「沙喙部・沙喙」の表記の差は日本書紀が参照した資料の違いによるものと推定される。新羅官名は巻9、巻17〜巻21、巻25〜巻27、巻29と巻30に見られる。巻9〜巻17には同一官位の官等名が同一巻内で異表記されているが、位階の区別がなされず、官等名が尊称に近い用法として用いられている。それ以後の巻にも種類に偏りが見られる。しかし、巻29と巻30には多くの官名が見られる。巻別によって表記の違いはあるものの海外資料の記載と類似性が認められる。このような官職名巻別における使用状況から、巻9、巻17〜巻21、巻25〜巻27、巻29〜巻30の区分が確認できる。

日本書紀に利用された百済史書は巻19の任那滅亡関連記事で引用されなくなる。任那復興に関する記事は巻21まで見えているが、それは日本側に残っている伝承記事が参照されたものと思われる。それ以降は仏教伝来記事や韓半島の使者の往来記事であり、古代韓国系資料による引用は見当たらない。

巻25から巻27にかけては百済と高句麗滅亡の前後における韓半島の情勢とが詳しく書かれており、伊吉博徳が遣唐使の記録として残した「伊吉博徳書」と高句麗の亡命僧道顕が残した「日本世記」が引用されている。これらの巻の百済関連記事には百済側を客観的に描写しているものもあり、巻19までに引用された百済関連資料とは性格が異る。この時期の古代韓国系資料として、百済と高句麗滅亡前後の韓半島の亡命人による資料が他にあった可能性がある。また、巻29、巻30には新羅との関連記事が増えるが、これは、新羅が三国を統一した天武紀から新羅との公的な交流記事が増えることがその根拠となろう。このようなことから、日本書紀の古代韓国関係記事は国別で分け、さらに巻別で分析することが必要であろう。

〔注〕

（1）古代三国では人名を含む官職名の配列順序において、百済と高句麗は職名＋部名（出身地名）＋官等名＋人名」で、新羅は「職名＋部名（出身地名）＋人名＋官等名」であるとされる。金昌稿『三国時代金石文研究』（二〇〇九年四月、ソウル西京文化社）

（2）(a)「日本書紀における新羅人名の記載様式」（東北亜文化研究　三二輯、韓国東北亜細亜文化学会、二〇一二年九月）

(b)「日本書紀における百済人名の記載様式」（日本語文学　六三輯、韓国日本語文学会、二〇一三年十一月）

(c)「『日本書紀』の高句麗人名表記」（日本研究　四〇輯、韓国中央大学校日本研究所、二〇一六年二月）

（3）柳玟和『『日本書紀』朝鮮固有名表記字の研究』二〇〇三年三月、和泉書院　四六頁参照。

（4）注（2）(c)で詳しく述べている。

（5）天智紀六年冬十月条の「太兄男生」は写本の異同が認められるため、「大兄」に改めた。

（6）注（4）に同じ。

（7）『日本書紀』下（日本古典文学大系、岩波書店）の六二二頁参照。

（8）注（7）の文末付表に示された百済官位の海外史籍用例を参照し、表に取り上げた。

（9）この問題については、注（3）で論じた。一一五頁参照。

前田本『日本書紀』の日・朝固有名詞の声点について

朴　美賢

一　はじめに

『日本書紀』（以下、書紀と略記）の古写本には漢字の声調や日本語のアクセントを表す符号が多数加点されており、これを声点という。前者は主として漢語や固有名詞に加点され、後者は訓注と歌謡の万葉仮名に加点されている。本稿は前田本書紀の固有名詞、特に日本系固有名詞と朝鮮系固有名詞（以下、日本系・朝鮮系と略記）の声点を対象として、その相異について論じたものである。書紀の朝鮮系の声点は不足している朝鮮語研究資料を補うものとして注目すべきであり、そのためには日本系の声点と比較してその性格を明らかにする必要がある。

書紀古写本の声点に注目した研究としては、権仁瀚（二〇〇五）と朴美賢（二〇一四）がある。権仁瀚（二〇〇五）は岩崎本を調査し、韓国語資料として利用しても問題のないことを論じている。[1] 朴美賢（二〇一四）は前田本の朝鮮系を調査し、岩崎本と系統は異なるものの、声点の性格が類似し、平声として加点される傾向があることを論じている。[2]

一方、鈴木豊（二〇一〇）は岩崎本に見える朝鮮の固有名詞を日本呉音資料として判断されている。[3] また高山倫明（一九八一）は書紀古写本の字音仮名で記された歌謡の漢字音の原音声調と日本語アクセントとの関係を考察し、それが平安時代のアクセントを反映していること、およびそれが奈良時代の中央語のアクセントと大差ないことを論じている。[4]

このように書紀古写本における朝鮮系の声点は朝鮮語の研究資料のみならず、日本呉音の資料としてみる余地がある。朝鮮語資料として利用するためには朝鮮系の声点の分析のみならず、日本系の声点と比較する必要がある。研究方法としてはまず中国中古音の原音声調と、日本呉音及び日本漢音の声調との対応を分析した。中国中古音の対応資料は李珍華・周長揖編（一九九三）「漢字古今音表」を利用し、日本呉音は沼本克明（一九九五）「観智院本類聚名義抄和音分韻表」、沼本克明（一九九七）「九條本法華経音」を、日本漢音は沼本克明（一九九五）「長承本蒙求分韻表」、沼本克明（一九九七）「新漢音分紐分韻表」を利用した。前田本の書紀の朝鮮系の用例は朴美賢（二〇一四）を、日本系の用例は朴美賢（二〇一六）を利用した。

二　前田本『日本書紀』の日・朝固有名詞の概要

前田本は巻一一、巻一四、巻一七、巻二〇の四巻が伝わっており、石塚晴通（一九七八）によると本文は一一世紀の伝写であり、訓点と声点は一二世紀以降の加点と推定されている。[5] 本調査では尊經閣文庫本（八木出版）と石塚晴通（一九七八）の翻刻を利用した。声点の認定は石塚晴通（一九七八）と鈴木豊編（二〇〇三）を参照した。

本調査によると声点の加点が見える日本系は一四七件、声点の延べ語数は三二三点、漢字の異なり語数は一九二種である。朝鮮系の件数は一五三件、声点の延べ語数は四四六点、漢字の異なり語数は一五七種で、両者を比較する量としては問題なかろう。これらの声点を巻別にみると、次の〈表1〉のようである。本資料の声点を中国中古音と区別するために平声はａ、上声はｂ、去声はｃ、入声はｄ、無表示は＊で表記した。

〈表1〉を見ると、前田本の日本系の声点はａ点とｂ点が大多数を占める。一般的に漢字は平声字が最も多く、平声は上声と去声の合計に匹敵する。つまり前田本でa点の割合が多いのは一般的な結果とも言える。しかしb点（上声）の割合が高いのは注目すべきことである。また朝鮮系の傾向とも異なる。朝鮮系の声点はa点が七八％を占め、b点とc点はそれぞれ八％と七％に過ぎない。また朝鮮系に見える多数のa点は中古音の平声の漢字が多く用いられたためではなく、上声・去声の漢字が前田本ではa点（平声）に加点されたためである。一方日本系の声点は〈表1〉のようにb点の割合が高いのは上声点字が多く用いられた場合と、平声・去声・入声字が前田本ではb点（上声）に加点された可能性とがある。これについては次節で論じる。

〈表1〉前田本『日本書紀』の日朝固有名詞の巻別加点状況

	巻	11	14	17	20	
a	日本	5	66	30	43	144（44%）
	朝鮮	0	43	255	46	339（76%）
b	日本	10	79	40	39	168（52%）
	朝鮮	0	15	25	5	45（10%）
c	日本	0	3	0	3	6（2%）
	朝鮮	0	2	22	4	28（6%）
d	日本	0	1	1	3	5（1%）
	朝鮮	0	4	16	14	34（7%）
計	日本	15	149	71	88	323
	朝鮮	0	64	318	64	446

一方、日本系に単数声点が付されているものが一六五字、同一漢字に複数の声点が付されているものが二七字である。単数声点の分布を〈表4〉から見ると、a点が七〇件（四五%）、b点が八九件（五二%）、c点が二件（一%）、d点が三件（一%）でa点とb点の割合が高い。

ちなみに日本系の複数声点は〈表2〉をみるとa点が二四件、b点が二二件、c点が三件、d点が一件である。複数声点もa点とb点の占める割合が高い。

〈表2〉日本固有名詞の複数声点の中古音との対応

中古音＼前田本	平	上	去	入	計
a	12	7	2	4	23
b	9	7	2	5	25
c	3				3
d				1	2
計	24	14	4	10	52

〈表3〉朝鮮固有名詞の複数声点の中古音との対応

中古音＼前田本	平	上	去	入	計
a	10	3	6	4	23
b	7	3	3	1	14
c	4		3		7
d				3	3
計	21	6	12	8	47

一方朝鮮系の複数声点はa点が二三件、b点が一四件、c点が七件、d点が三件で、a点の占める割合が高い。

複数声点の中には鞍部堅貴（＊＊a／c＊・巻一四—二〇一行）、漢陶部高貴（＊＊＊a／ca／b・巻一四—二〇〇行）の「堅」、「高」、「貴」のように同一ヶ所に加点されているものもあり、これについて石塚晴通[6]（一九七八）は新古形式が混じったものであると論じている。また貴、大、鹿、目、日のように中国中古音とまったく一致しないものもあることから複数の声点は中古音を反映するためであるとは限らないことが予測できる。

三　中国中古音との対応関係

朴美賢（二〇一四）によると朝鮮系は低平調であるa点に加点される傾向が強い。一方日本系は前節で述べたように、a点とb点、特にb点の割合の高いことが特徴である。中国中古音とはどのような対応であるかを見ると次の〈表4〉のようである。全用例は巻末の〈資料2〉と〈資料3〉を参照されたい。ここでは単数の声点のみを対象にし、また中国中古音で複数の声調の漢字は対象外にした。

〈表4〉から日本系における中国中古音の声調は平声が七七字、上声が三四字、去声が二九字、入声が二一字であり、上声と去声の合計が平声の割合と匹敵し、一般的な漢字の声調の割合と比較すると相異はない。しかし前田本の日本系の場合、平声の五一%、去声の四二%、入声の四三%がb点に加点され低平調のa点より高平調のb点の割合が高い。具体例は次のとおりである。

〈表4〉日・朝固有名詞の声点と中国中古音との対応

前田本	中古音	平	上	去	入	計
a点	日本	33（46%）	13（37%）	16（57%）	8（43%）	70
	朝鮮	45（79%）	21（95%）	18（94%）	5（17%）	89
b点	日本	37（51%）	22（63%）	12（42%）	9（43%）	80
	朝鮮	3（5%）	1（5%）			3
c点	日本	2（3%）				2
	朝鮮	8（16%）		1（6%）		9
d点	日本				3（14%）	3
	朝鮮	1（2%）			13（72%）	14
計	日本	72	35	28	20	155
	朝鮮	57	22	19	18	115

（1）日本系の声調と中国中古音との対応

平⇕a：加、姑、丘、弓、根、那、多、藍、來、摩、綿、娑、斯、山、桑、禅、神、深、安、餘、吾、窪、游、因、壬、張、銭、朝、尊、辰、間、歡、皇（三三字）

平⇕b：開、軽、鶏、勾、金、男、桃、綾、梨、名、蚊、弭、磐、杯、幡、邊、菩、鋒、三、身、呉、倭、原、圓、椷、人、鵜、前、庭、渟、糟、眞、天、川、炊、婆、

河、荒（三七字）

平⇳c：司、兄（二字）

上⇳a：玖、斗、等、馬、卯、本、部、善、我、野、椀、爾、歯（一三字）

上⇳b：莒、古、管、錦、島、栲、尾、弭、史、小、守、手、盾、市、宇、羽、耳、弟、鳥、枳、幸、火（二二字）

去⇳a：跨、具、瀬、利、笥、聖、穂、夜、喩、定、稚、派、閉、布、賀、恵（一六字）

去⇳b：見、固、代、賣、賜、勢、樹、御、至、賛、振、闘（一二字）

入⇳a：各、角、吉、別、玉、匝、頬、活（八字）

入⇳b：國、博、石、食、押、屋、赤、特、黒（九字）

入⇳d：達、泊、伯（三字）

一方、朝鮮系の声点は「平・上・去⇳a」、「入⇳d」という単純な対応である。具体例は次のとおりである。

（2）朝鮮系の声調と中国中古音との対応

平⇳a：加、昆、君、斤、奇、期、那、寧、奴、能、東、騰、流、麻、牟、彌、夫、賁、娑、斯、沙、城、須、淳、辛、阿、楊、余、于、熊、雌、伊、州、支、池、遅、参、陀、陁、呑、波、巴、平、評、奚（四五字）

平⇳b：官、州（二字）

平⇳c：高、金、消、新、臣、恩、前、耽（八字）

平⇳d：刕（一字）

上⇕ａ：古、久、鬼、枳、島、嶋、等、礼、里、母、武、茂、伴、本、部、已、爾、姐、主、撰、哆（二一字）
上⇕ｂ：濟（一字）
去⇕ａ：奈、怒、段、帯、慕、備、費、上、殿、定、政、佐、智、至、次、太、布、恵（一八字）
去⇕ｃ：既（一字）
入⇕ａ：列、伐、不、即、叱（五字）
入⇕ｄ：甲、徳、得、達、喙、木、発、百、失、日、灼、竹、戢（一三字）

書紀は正格漢文を目指して撰述されたが、森博達（一九七七）をはじめ、一連の研究から中国唐代の北方音を基盤としたα群（巻一四～二一・巻二四～二七）と日本固有漢字音を基盤にしたβ群（巻一～一三・巻二二～二三・巻二八～二九）が撰述され、後に編修の最終段階に巻三〇が執筆されたと論じられている。なお高山倫明（一九八一）は書紀古写本を対象に歌謡の仮名に加点された声点と中国中古音の声調を比較し、両資料の一致率が高い歌謡がα群に集中していることを論じた。声点も書紀の執筆当時の日本語のアクセントが反映された可能性を述べられている。

ここで前田本の固有名詞を書紀区分論に照らし合わせて日本呉音と日本漢音の対応を見ることにする。前田本は巻一一のみβ群で、対象になる日本系は一三件と十分ではないものの、本稿では全体の傾向を探るためにフォーカスを置くことにする。対応の結果は次の〈表５〉のようである。

中国唐代の北方音を基盤にしているα群の日本系の漢字は平声が九七字で、上声と去声の合計以上であり、一般的な漢字の構成割合と同様であるが、前田本においては高平調のｂ点が低平調のａ点より多いのが特徴である。つ

〈表5〉区分論から見た日本固有名詞の中古音との対応

前田本＼中古音		平	上	去	入	計
a	α 群	43	19	19	12	93
	β 群	3	1	1		5
b	α 群	51	24	12	15	102
	β 群	2	5	1		8
c	α 群	3				3
	β 群					
d	α 群				4	4
	β 群					
計	α 群	97	43	31	31	202
	β 群	5	6	2	0	13

まりこれは中国の中古音をそのまま反映しておらず、書紀区分論とは相違している。書紀歌謡の万葉仮名の声調は編纂当時のアクセントを反映しているが、固有名詞は必ずしも当時のアクセントを反映しているとは言えない。

権仁瀚（二〇〇五）は岩崎本の朝鮮系を対象に考察し、中国中古音との対応が「平・上・去⇔a」「入⇔d」であると報告している。岩崎本と前田本とは残存する共通の巻のないことを鑑みると、古写本における朝鮮系は平声傾向であると考えることができる。また岩崎本に見える「上・去⇔a」の対応について氏は古代朝鮮語の声調が中古漢語音とは異なる体系であると述べられ、岩崎本の朝鮮系には古代朝鮮語の声調が反映されていると論じる。前田本の朝鮮系と岩崎本とは同様の傾向であるものの、これが直ちに古代朝鮮語の声調を反映していると判断するには慎重になる必要がある。しかし少なくとも書紀古写本における朝鮮系の加点態度は「平声傾向」であることは予測できる。

四　日本呉音・日本漢音との対応関係

高山倫明（一九八一）は書紀古写本の歌謡の万葉仮名を原音声調と比較し中国人執筆と言われるα群の仮名の声調が中国原音と相当一致することから書紀古写本の声点は平安時代のアクセントを反映しており、なお書紀執筆当時の日本語のアクセントを反映していると論じている。これは書紀古写本の声点は唐代北方音を反映していることを意味する。しかし、先述のように固有名詞については必ずしも中国の原音を反映していないことがわかる。ここで日本呉音及び日本漢音との対応を調査し、日・朝固有名詞の相違について述べることにする。対応調査の結果は次の〈表6〉〈表7〉のようである。調査では単数声点の漢字を対象にした。具体例は次のとおりである。

〈表6〉日本固有名詞と呉音漢音との対応

呉音・漢音 ＼ 前田本		a	b	c	d	計
平	呉音	20	19			39
	漢音	16	20	2		38
上	漢音	6	10			16
去	呉音	18	21			39
	漢音	8	9			17
入	呉音	6	6		1	13
	漢音	4	5		1	10

〈表7〉朝鮮固有名詞と呉音漢音との対応

呉音・漢音 ＼ 前田本		a	b	c	d	計
平	呉音	27	1			28
	漢音	26		4		30
上	呉音	3				3
	漢音	15	1			16
去	呉音	17	1	5		23
	漢音	12		1		13
入	呉音	4			9	13
	漢音	1			8	9

（3）日本系と日本呉音との対応例

平⇕a：具、等、利、馬、本、部、善、聖、我、夜、野、喩、游、張、蔵、定、歯、閉、布、恵（二〇字）
平⇕b：開、見、古、固、弭、幡、勢、小、守、手、樹、勝、身、御、耳、弟、至、闘、幸（一九字）
去⇕a：加、根、那、多、藍、來、山、禅、信、神、餘、窪、王、因、尊、知、稚、歡（一八字）
去⇕b：軽、金、男、梨、賣、名、幡、邊、菩、三、倭、圓、人、鳥、中、枳、眞、川、波、河、和（二一字）
入⇕a：各、匝、吉、別、日、津（六字）
入⇕b：國、石、押、赤、特、黒（六字）
入⇕d：達（一字）

（4）日本系と日本漢音との対応例

平⇕a：姑、那、來、山、桑、神、深、安、餘、吾、張、蔵、銭、尊、知、歡（一六字）
平⇕b：開、軽、鶏、金、桃、名、杯、邊、菩、鋒、三、孫、原、人、前、眞、天、婆、河、和（二〇字）
平⇕c：兄、司（二字）
上⇕a：馬、娑、善、我、野、歯（六字）
上⇕b：古、管、錦、呂、梨、史、小、守、耳、鳥（一〇字）
去⇕a：具、笥、聖、信、夜、定、布、恵（八字）
去⇕b：見、固、代、賣、手、樹、御、媛、中（九字）
入⇕a：各、吉、玉、織（四字）

入⇕b：國、博、石、食、黒（五字）

入⇕d：泊（一字）

〈表6〉から日本系の声点と呉音・漢音との対応を見ると、呉音と対応する九一字のうち一致するのは二一字で、一致率は二三％である。また漢音と対応する八一字のうち一致するのは二七字で、一致率は三三％である。日本漢音との一致率が若干高いものの、一方的に漢音の影響を受けているとは断定できない。なお日本呉音におけるa点の割合は四八％、b点の割合は五一％であり、日本漢音のa点の割合は四三％、b点の割合は五三％で、b点の割合が高いことも改めて確認できる。

一方、朝鮮系の具体例は次のとおりである。

（5）朝鮮系と日本呉音との対応例

平⇕a：稽、古、己、久、期、段、騰、禮、里、武、茂、伴、本、部、備、比、費、巳、殿、政、主、至、智、撰、参、布、恵（二七字）

平⇕b：女（一字）

上⇕a：麻、于、波（三字）

去⇕a：加、君、斤、寧、流、彌、不、城、須、淳、信、阿、余、枳、陀、呑、和（一七字）

去⇕b：刀（一字）

去⇕c：高、既、金、消、将（五字）

入⇕a：列、伐、即、叱（四字）

入⇕d：甲、徳、得、百、率、失、日、足、竹（九字）

（6）朝鮮系と日本漢音との対応例

平⇕a：稽、君、期、那、寧、能、尼、東、騰、婁、流、彌、城、須、淳、辛、楊、于、伊、参、陀、呑、巴、波、平、和（二六字）
平⇕c：金、高、将、前（四字）
上⇕a：古、昆、鬼、怒、禮、里、母、武、不、夫、比、婆、阿、主、文（一五字）
上⇕b：女（一字）
去⇕a：帯、備、信、殿、定、政、智、滞、太、使、布、恵（一二字）
去⇕c：既（一字）
入⇕a：叱（一字）
入⇕d：甲、徳、得、木、發、百、失、日（八字）

尹幸舜（一九九五）は書紀古写本の朝鮮系の傍訓を調査し、漢字音は推古遺文と一致率が高く、呉音の影響を受けているると述べられる[7]。これを声点と関連して考えると、前田本の本文に加点されている朝鮮系の声点も日本語の影響を排除できない。しかし〈表7〉からも分かるように声点は呉音の影響を一方的に受けている訳ではない。

五　日・朝固有名詞の共通の漢字の声点

前田本書紀の日本系の声点は上声傾向、朝鮮系は平声傾向である。また書紀の撰述に影響を及ぼした中国中古音

漢音	呉音	中古音	朝鮮	日本	漢字	ID
平上	去	平	a	a	加	1
上去	平	上	a	a	古	2
平	去	平	c	ac	高	3
平上去	平上	去	ab	ab	貴	4
平	去	平	c	b	金	5
平	上去	平	a	a	那	6
平上	去	平	ab	a	多	7
上入	上去入	入	d	d	達	8
入	入	入	d	bd	徳	9
*	*	上	a	b	島	10
平上去	平上	上	a	a	等	11
平上去	上去	平	ab	ab	羅	12
上去	平	上	ab	a	利	13
上	平	上	a	ab	武	14
*	平	上	a	a	本	15
上去	平	上	a	a	部	16
上	平上去	平	a	a	娑	17
平	平去	平	a	a	斯	18
去	去	平去	a	a	信	19
上	去	平	a	ab	阿	20
平	平去	平	ac	a	安	21
平上去	平	平去	ab	a	王	22
*	上去	上	a	a	爾	23
入	入	入	d	ab	日	24
平	*	平	c	b	前	25
平	*	上	a	a	定	26
*	去	上	a	b	枳	27
*	上去	平去	ab	a	知	28
平去	平	去	a	b	至	29
去	平	去	a	a	布	30
去	平	去	a	a	恵	31
平	去	平	a	b	和	32

との対応から中古音をそのまま反映していないことが明らかであり、日本呉音、漢音の影響も一方的でないことも明らかである。ここでは日本系と朝鮮系の共通の漢字について考察を行う。共通の漢字の日朝声点と中古音・呉音・漢音の声調は次の〈資料1〉のようである。

日・朝固有名詞の共通の漢字は三二字で、これは日本系の加点漢字一九二字の一六％、朝鮮系の加点漢字一五七字の二〇％である。日・朝固有名詞が完全に一致する声調は一六字、部分一致は九字、不一致は七字で、部分一致を合わせると一致率は高いと言える。具体例は次のとおりである。

完全一致：加、古、貴、達、等、那、羅、本、部、娑、斯、信、爾、定、布、恵（一六字）
部分一致：高、多、徳、利、武、阿、安、王、知（九字）
不一致：金、島、日、前、枳、和、至（七字）

完全一致の中には「古、達、本、部、爾、定、布、恵」のように中国中古音と一致しないものがあり、いずれも上声、去声が前田本ではa点に加点されている。つまり前田本における固有名詞の「平声傾向」は強いと言える。

六　結論

以上のように前田本書紀の日・朝固有名詞の声点について考察した結果、日本系は中古音の平声・去声・入声が前田本では上声であるb点に加点される傾向が強い。一方、朝鮮系はa点に加点される傾向が高く、固有名詞における加点態度が同一ではないことがわかる。なお固有名詞の声点は中国中古音、日本呉音、日本漢音をそのまま反映しておらず、独自の加点態度であったと言える。

〔注〕

（1）権仁瀚（二〇〇五）「岩崎本『日本書紀』의 声点에 대한 一考察――韓国系固有名詞資料를 中心으로――」『大東文化研究』五二、三一八頁
（2）朴美賢（二〇一四）「前田本『日本書紀』の朝鮮系の声点について」『京都産業大学日本文化研究所紀要』一九、五八四―六〇〇頁
（3）鈴木豊（二〇一〇）「日本紀講書とアクセント――『日本書紀』声点本の成立に関する考察――」『論集』Ⅵ、アクセント史研究会、一七―四一頁
（4）高山倫明（一九八一）「原音声調から観た日本書紀音仮名表記試論」『語文研究』五一、一三―二〇頁
（5）石塚晴通（一九七八）「前田本日本書紀院政期点（研究篇）」『北海道大学文学部紀要』二六―二、二八六頁
（6）石塚晴通（一九七八）「前田本日本書紀院政期点（研究篇）」『北海道大学文学部紀要』二六―二、二八八頁
（7）尹幸舜（一九九六）「日本書紀諸写本に存する訓法の研究」中央大学大学院博士学位論文、二九六―三二一頁

〔参考文献〕

石塚晴通（一九七八）「前田本日本書紀院政期点」本文編・本文編補『北海道大学文学部紀要』二五―一、二六―一
鈴木　豊（二〇〇三）『日本書紀人皇巻諸本　聲點付語彙索引』アクセント史資料研究会
（二〇〇八）「岩崎本『日本書紀』声点の認定をめぐる問題点」『論集』Ⅳ、アクセント史資料会
（二〇一〇）「日本紀講書とアクセント――『日本書紀』声点本の成立に関する考察――」『論集』Ⅵ、アクセント史研究会
高山倫明（一九八一）「原音声調から観た日本書紀音仮名表記試論」『語文研究』五一
沼本克明（一九九五）「観智院本類聚名義抄和音分韻表」築島裕編『日本漢字音史論輯』汲古書院
（一九九五）「長承本蒙求分韻表」築島裕編『日本漢字音史論輯』汲古書院

森　博達（一九九七）「新漢音分紐分韻表」『日本漢字音の歴史的研究』汲古書院
（一九九七）「九條本法華経音」『日本漢字音の歴史的研究』汲古書院
（一九九一）『古代の音韻と日本書紀の成立』大修館書店
権　仁瀚（二〇〇五）「岩崎本『日本書紀』의 声点에 대한 一考察——韓国系固有名詞資料를 中心으로——」『大東文化研究』五二
朴　美賢（二〇一四）「前田本『日本書紀』の朝鮮系の声点について」『京都産業大学日本文化研究所紀要』一九
（二〇一六）「前田本『日本書紀』일본고유명의 성점연구」『日本學研究』四七、壇國大学校日本研究所
尹　幸舜（一九九六）「日本書紀諸写本に存する訓法の研究」中央大学大学院博士学位論文
柳　玟和（二〇〇三）『『日本書紀』朝鮮固有名表記字の研究』和泉書院

〈資料2〉日本固有名詞の漢字の声点と中古音・呉音・漢音の声調

漢字	前田本	中古音声調	日本呉音	日本漢音
各	a	鐸見入	カク入／＊	カク入／＊
角	a	覺見入	＊／＊	＊／カク
開	b	哈溪平	＊／カイ平	＊／カイ平軽
莒	b	語見上	＊／＊	＊／＊
堅	a・c	先見平	ケン平／ケン去	ケン平／＊
見	b	霰見・霰匣平	ケム平／＊	ケン去／＊
軽	b	清溪平	＊／キヤウ去	＊／ケイ平軽
鶏	b	齊見平	＊／ケイ去	＊／＊
固	b	暮見去	＊／コ平	＊／コ去
姑	a	模見去	＊／＊	＊／コ平軽
栲	b	皓溪上	＊／＊	＊／＊
跨	a	暮溪去	＊／＊	＊／＊
管	b	緩見去	＊／＊	＊／クワン上
廣	a・b	蕩見上	火ウ平／クワウ平	クワウ上／クワウ上
丘	a	尤溪平	グ去／＊	＊／＊
具	a	遇羣去	ク平／グ平	ク去／ク去
勾	b	侯見平	＊／＊	＊／＊
玖	a	有見上	＊／＊	＊／＊
國	b	德見入	コク／コク入	＊／コク入軽
弓	a	東見平	＊／＊	＊／＊
根	a	痕見平	＊／コン去	＊／＊
錦	b	寝見上	＊／＊	＊／キン上
磯	a・b	微見平	＊／＊	＊／＊
吉	a	質見入	キチ／キチ入	入軽
那	a	歌泥平	ナ／ナ去	ダ平／＊
男	b	覃泥平	＊／ナム去	ダム平上／＊
女	b	御娘去・語日上	ニョ／ニョ平	ヂヨ上／チヨ上

代	b	代定去	＊／＊	＊／タイ去
大	a・b	泰定・泰透去	タイ去／平ダイ	タイ去平／去
嶋	a・b	皓端上	＊／＊	＊／＊
桃	b	豪定平	＊／＊	＊／平タウ
菟	a	暮透去	＊／＊	＊／＊
斗	a	厚端上	＊／＊	＊／＊
藍	a	談來平	＊／ラム去	＊／＊
來	a	咍來平	ライ／ライ去	ライ平／平ライ
呂	b	語來上	＊／＊	＊／リヨ上・ロ上
鹿	a・b	屋來入	＊／ロク入	＊／＊
瀬	a	泰來去	＊／＊	＊／＊
輪	a・b	諄來平	＊／リン去	＊／リン平
綾	b	蒸來平	＊／＊	＊／＊
摩	a	戈明平	マ去／マ平	ハ上・マ平上・バ平／＊
馬	a	馬明上	メ平／＊	＊／ハ上
賣	b	卦明去	マイ去／マイ去	＊／ハイ去
綿	a	仙明平	＊／＊	＊／＊
名	b	清明平	ミヤウ去／ミヤウ去	メイ平／＊
目	a・b	屋明入	＊／モク入	＊／ホク入軽
卯	a	巧明上	＊／＊	＊／＊
蚊	b	文微平	＊／＊	＊／＊
尾	b	屋明平	＊／＊	＊／＊
弭	b	紙明平	ミ平／＊	＊／＊
博	b	鐸幇入	＊／＊	＊／ハク入
泊	d	鐸並入	＊／＊	＊／ハク入
伯	d	陌明入	＊／＊	ハク入／＊
磐	b	桓並平	＊／＊	＊／＊

排	a・b	皆並平	＊／ハイ平	＊／ハイ平
杯	b	灰幇平	＊／＊	＊／ハイ平
幡	b	元敷平	ハン去／バン去	＊／＊
邊	b	先幇平	ヘン／ヘン去	ヘン／ヘン平軽
別	a	薛並入	ヘチ／ベチ入	＊／＊
菩	b	模並平	ボ去／ボ去	ホ平／＊
鋒	b	鍾敷平	＊／＊	＊／ホウ平
氷	a・c	蒸幇平	＊／＊	＊／ヒヨウ平・ヘウ平
史	b	止生上	＊／＊	＊／シ上・シ上
司	c	之心平	＊／＊	＊／シ平
賜	b	虞心去	シ／＊	＊／＊
笥	a	志心去	＊／＊	＊／去
山	a	山生平	セン去／セン去	＊／サン平軽
三	b	談心平	＊／サム去	サム平／サム平軽
桑	a	唐心平	＊／＊	＊／サウ平
石	b	石禪入	＊／シャク入	＊／セキ入
善	a	獮禪上	是ン平／ゼン平	＊／セン上
禅	a	仙禪平	是ン去／ゼン去	＊／＊
聖	a	勁書去	平／＊	セイ去／＊
勢	b	祭書去	平／セイ平	＊／＊
小	b	小心上	セウ平／＊	セウ／上
孫	b	魂心・恩心平	＊／＊	＊／ソン平軽
守	b	有書上	＊／シユ平	＊／シウ上
手	b	有書上	＊／シユ平	シウ去＊／
樹	b	遇禪去	シユ／ジユ平	＊／シウ去
穂	a	至邪去	＊／＊	＊／＊
盾	b	準船上	＊／＊	＊／＊

勝	b	蒸書・證書去	＊／シヨウ平	シ平上去／シヨウ平軽・シヨウ去
市	b	止禪上	＊／＊	＊／シ去・シ上
食	b	職船入	自キ／＊	＊／シヨク入
神	a	眞船平	＊／ジン去	シン平／シン平
身	b	眞書平	シン平／＊	シン平上／＊
深	a	侵書平	ジム平去／＊	シム平／平軽
我	a	哿疑上	ガア平／ガ平	ガ上／＊
押	b	狎影入	カフ入／＊	＊／＊
夜	a	禡以去	ヤ／ヤ平	＊／ヤ去
野	a	馬以上	平／ヤ平	＊／ヤ上
御	b	御疑去	＊／＊	＊／キヨ去
餘	a	魚以平	去／＊	＊／ヨウ平・ヨ
吾	a	模疑平	＊／＊	ガ平／＊
呉	b	模疑平	＊／＊	＊／＊
屋	b	屋影入	＊／＊	＊／＊
窪	a	麻影平	去／＊	＊／＊
椀	a	緩影上	＊／＊	＊／＊
倭	b	戈影平	＊／ワ去	＊／＊
宇	b	麌雲上	＊／＊	＊／＊
羽	b	麌雲上	＊／＊	＊／＊
原	b	元疑平	外ン＊	＊／クヱン平
圓	b	仙雲平	＊／＊	＊／＊
媛	b	元雲平	＊／＊	＊／去
械	b	微影平	＊／＊	＊／＊
喩	a	遇以去	ユ去／ユ平	＊／＊
游	a	尤以平	＊／＊	＊／＊
耳	b	止日上	ニ／＊	ジ上／シ上

人	b	眞日平	＊／ニン去	ジン平／シン平
因	a	眞影平	イン／イン去	＊／＊
壬	a	侵日平	＊／＊	＊＊
子	a・b	止精上	シ／シ平	＊／シ上
鵜	b	之従平	＊／＊	＊／＊
匝	a	合精入	＊／サフ入	＊／＊
張	a	陽知平	チヤウ平／＊	＊／チヤウ平軽
蔵	a	唐従平	平／ザウ平	サウ平／＊
赤	b	錫昌入	者ク／シヤク入	＊／＊
田	a・b	先定平	テム去／＊	＊／テン平
銭	a	先従平	＊／＊	＊／セン平
庭	b	青定平	＊／＊	＊／＊
渟	b	青定平	＊／＊	＊／＊
弟	b	薺定平	テイ平／＊	＊／＊
朝	a	宵心平	＊／＊	＊／＊
糟	b	豪精平	サウ／＊	＊／＊
鳥	b	篠精上	去／テウ去	＊／テウ上
尊	a	魂精平	＊／ソン去	ソン平／ソン平
中	b	東知平	チウ／チウ去	チウ去上／＊
贄	b	至章去	＊／＊	＊／＊
織	a	織章入	＊／＊	シク入／シヨク入軽
振	b	震章去	＊／＊	＊／＊
津	a・b	質日平	＊／リチ入	＊／＊
眞	b	眞章平	シン／シン去	＊／シン平軽
辰	a	眞禪平	＊／＊	＊／＊
姫	a・b	之見平	＊	＊／＊
天	b	先透平	＊／テン去	テン平／テン平軽
川	b	仙昌平	＊／セン去	＊／＊

炊	b	支昌平	＊／＊	＊／＊
稚	a	至澄去	＊／チ去	＊／＊
歯	a	止昌上	シ平／シ平	＊／シ上
鬪	b	候端去	＊／トウ平	＊／＊
特	b	徳定入	トク／トク入	＊／＊
婆	b	戈並平	ハ去／バ去	ハ平／＊
派	a	卦滂去	＊／＊	＊／＊
坂	a・b	濟幇上	＊／＊	＊／＊
閉	a	霽幇去	ヘイ平／ヘイ平	＊／＊
河	b	歌匣去	カ去／ガ去	＊／カ平
賀	a	歌匣去	＊／＊	＊／カ・上去
閒	a	山匣平	＊／＊	＊／＊
幸	b	耿匣上	カウ平／＊	＊／＊
香	a・b	陽曉平	＊／キヤウ平	キヤウ平／キヤウ平軽
許	a・b	語曉上	コ／＊	＊／キヨ上
狭	a・b	治匣入	ケフ／＊	＊／＊
頬	a	帖見入	＊／＊	＊／＊
兄	c	康曉平	＊／＊	＊／クヱイ平軽
戸	a・b	姥匣上	去／＊	＊／コ上・コ去
火	b	果曉上	クワ／クワ去	＊／クワ
歡	a	桓曉平	火ン去／クワン去	クハン平・クワン平／＊
活	a	末匣入	＊／クワチ入	＊／クワツ
皇	a	唐匣平	＊／＊	＊／＊
荒	b	唐曉平	＊／＊	＊／＊
黒	b	徳曉入	コク入／コク入	＊／ホク入軽

漢字	前田本	中古漢音声調	日本呉音	日本漢音
伽	a・c	戈羣平	＊／カ・ガ去	＊／キヤ平
干	b・c	寒見平	カン去／カン去	＊／＊
甲	d	狎見入	カフ入／＊	＊／＊
蓋	a・d	泰見去／匣盍入	＊／カイ去	カイ去／＊
稽	a	齊見平齊渓上～平	＊／＊	ケイ平／＊
高	c	豪見平	＊／カウ去	カウ平／＊
昆	a	魂見平	＊／＊	コン上／＊
官	b	垣見平	＊／クワン去	＊／＊
久	a	有見上	＊／ク平	＊／＊
君	a	文見平	＊／グン・クン去	クン平／＊
軍	b	文見平	クン去／グン去	クン平軽／＊
鬼	a	尾見上	＊／クヰ平・去	上／クヰ上
斤	a	欣見平	コン去／＊	＊／＊
奇	a	支群平	＊／キ去	＊／＊
岐	a・b	支羣平	＊／＊	キ平／＊／＊
己	a・b	止見上	コ平／コ平	古／＊
既	c	未見去	＊／＊	＊／キ去
期	a	之群平	コ平／＊	キ平／＊
奈	c	箇泥去	＊／ナイ平	＊／＊
女	b	語娘入／語日上	平／ニヨ平	チヨ上／ヂヨ上
寧	a	青泥平	ニヤウ去／＊	ネイ平／＊
奴	a	模泥平	ヌ／＊	＊／＊
怒	a	暮泥去	＊／＊	ト上／＊
能	a	登泥平	＊／＊	＊／ノウ平
尼	a	脂娘平／斎泥上／質泥入	＊／ニ平	＊／ヂ平

段	a	換定去	＊／＊	＊／＊
帯	a	泰端去	タイ平／＊／＊	タイ去／＊
刀	b	豪端平	タウ去／タウ去	タウ平／＊
東	a	東端平	＊／トウ去	トウ平／トウ
得	d	徳端入	＊／トク入	＊／トク・ドク入
騰	a	登定平	＊／＊	トウ平／＊
列	a	薛來入	レツ入／レチ入	＊／＊
禮	a	薺來上	ライ／ライ平	レイ上／レイ上
鹵	a・b	姥來上	＊／＊	＊／＊
婁	a	侯來平／麌來上	＊／＊	平／＊
流	a	尤來平	ル去／ル去	＊／／リウ平
里	a	止來上	＊／リ平	リ上／＊
磨	a	戈明平／過明去	マ平・去／＊	＊／＊
麻	a	麻明平	＊／＊	＊／＊
莫	d	鐸明入／暮明去	マク入／＊	＊／＊
末	a・d	末明入	マチ／マチ入	＊／＊
慕	a	暮明去	ボ平／ボ去	＊／＊
母	a	厚明上	モ／モ平	ボ上／ボ・ホ上
牟	a	尤明平	ム／＊	＊／＊
木	d	屋明入	モク／＊	ホク・ボク入／＊
茂	a	候明上	＊／＊	＊／＊
文	a・c	文微平	＊／モン去	フン平／＊
汶	a・c	問微去	＊／＊	＊／＊
彌	a	支明平	＊／ミ去	＊／ミ平・ビ平
伴	a	緩並上	ハム／＊	＊／＊
発	d	月非入	＊／＊	＊／ハキ入軽・ハツ入
背	a・c	隊竝／隊幫去	＊／ハイ平	＊／＊
百	d	陌幫入	ヒヤク／ヒヤク入	＊／ハキ入

伐	a	月奉入	*／*	*／*
不	a	物非入	*／フ去	フ上／フ上
夫	a	虞非平	*／ブ去	*／フ上
冨	a・b	宥非去	*／フ去	フ去／*
賁	a	文奉平	*／*	*／*
備	a	至並去	ヒイ／*	ヒ去／*
比	a	旨幫上	*／ビ平	ヒ上／*
費	a	未敷去	*／*	*／*
師	a	脂生平	シ去／シ平	シ平／シ平
沙	a	麻生平	シヤ平／シヤ去	*／*
上	a	漾禅去	シヤウ去／ジヤウ平	*／*
城	a	清禅平	*／ジヤウ去	セ平／*
消	c	宵心平	*／セウ去	*／*
率	d	術生入	ソチ入／ソチ入	スヰツ入／*
須	a	虞心平	*／シユ去	スウ平／*
淳	a	諄禅平	*／ジユン去	スン平／*
新	c	眞心平	*／シン去	*／*
臣	c	眞禅平	自ン／ジン去	*／*
辛	a	眞心平	*／シン去	シン平／*
失	d	質書入	*／シチ入	シチ入／シツ入
安	a・c	寒影平	去／アン平・去	アン平／アン平
楊	a	陽以平	*／*	ヤウ平／*
余	a	魚以平	去／*	*／*
于	a	虞雲平	ウ／*	ウ平／*
熊	a	東雲平	*／*	*／*
雄	a	東雲平	*／*	*／*
委	a・b	紙影上	ヰ平／ウィ平	ヰ上／*
尹	a	準以上	*／*	ヰン上／*

恩	c	痕影平	ヲン／＊	＊／＊
伊	a	脂影平	イ去／＊	イ平／＊
已	a	止以上	＊／＊	＊／イ平・上
刃	a	震日去	ジン・ニン平／＊	＊／＊
灼	d	薬章入	＊／＊	＊／＊
將	c	陽精平（又漾精去）	者ウ／シヤウ去	シヤウ平／シヤウ平
姐	a	馬精上	＊／＊	＊／＊
適	a・d	錫端入	＊／＊	テキ入／＊
殿	a	霰定(又霰端)去	テン平／デン平	＊／テン去
政	a	勁章去	シヤウ平／＊	セイ去／＊
濟	b	薺精（又去霽精）上	サイ平／サイ平・去	セイ上／セイ去
足	d	燭精入／遇精去	趣／ソク入	＊／＊
佐	a	箇精去	サ平／サ平	＊／＊
主	a	麌章上	＊／シユ平	シウ上／＊
州	a	尤章平	シウ平軽／＊	＊／＊
洲	b	尤章平	＊／＊	＊／シウ平・上
竹	d	屋知入	チク入／＊	チク入／＊／＊
即	a	職精入	ソク入／＊	＊／＊
支	a	支章平	＊／シ去	シ上／＊
智	a	寘知去	チイ平／チ平	去／＊
池	a	支澄平	＊／＊	＊／＊
遅	a	脂澄平	＊／＊	＊／＊
叱	a	質昌入	＊／＊	入／＊
戢	d	緝荘入	＊／＊	＊／＊
且	a	魚精上／馬清平	＊／＊	＊／＊
次	a・c	至清去	シ平／シ平	シ去／＊

撰	a	潜崇上／上	＊／セン平	＊／＊
滞	a	祭澄去	タイ／＊	＊／＊
肖	a・c	笑心去	＊／＊	＊／＊
参	a	覃清平	＊／＊	サウ・サム平／＊
哆	a	紙昌上	＊／＊	＊／＊
陀	a	歌定平	ダ去／ダ去	＊／ダ平
呑	a	覃透平	＊／＊	トン平／＊／＊
耽	c	覃端平	タム平／＊	＊／＊
太	a	泰透去	＊／＊	タイ去／＊
巴	a	麻封平	＊／＊	ハ平／＊
波	a	戈幫平	ハ／ハ去	ハ平／＊
跛	a・c	寘幫去	＊／ハ平	＊／＊
便	a	仙並去／線幫平	ベン去／ベン平	＊／ヘイ去
平	a	庚並平	＊／ビヤウ平・去	ヘイ平／＊
評	a	庚並平	＊／＊	＊／＊
奚	a	齊匣平	＊／＊	＊／＊
喙	a・d	屋來入	＊／＊	＊／＊
劦	d	齊來平／脂來平	＊／＊	＊／＊

『日本書紀』の分注
――〈倭義注〉とその偏在から考える――

是澤範三

一　はじめに

拙稿（二〇一〇）で、『日本書紀』（以下、書紀と略記）の分注（九二五項目）を項目別に分類してデータ化した。書紀には本文の記事・所伝・用字・用語等に対し、多数の注記が存する。[1] この注記が一体どの段階で付け加えられたのかは古来論議のあるところではあるが、前稿におけるデータベース作成の目的のもとではその検証を保留し、本注・後注といった立場はとらなかった。分注の内容は、逐一の考証を必要とするものとして、まずはその基礎となる分注を形式とその内容により分類したのである。前稿では提示しなかった「『日本書紀』分注分類巻別分布表」をここに掲載するために、分類方法について再説する。

分注の形式による分類としては白藤禮幸（一九六八）の三形式による分類（一、他書よりの引用。二、一書など、書紀資料一本よりの文。三、本文に付した注釈）を左記のように言い換えて分類した。

Ⅰ　引　用　引用する書名等を明示して引用部をあげる形式
Ⅱ　異　伝　書名等を明示せず、引用部をあげる形式（亦云は除く）
Ⅲ　編者注　引用・異伝以外の編者の用字による形式

とりわけてⅢは編者自身の用字による注記として白藤氏が注目したところであり、前稿に続き、本稿でもⅢの編者注をとりあげる。Ⅲの編者注はその機能により、左記のようにさらに分類できる。

①辞書的記述
②記事に関する情報の増補的記述
③記事に対する編纂者の主体的記述

形式による分類とは別に機能による右の①〜③の大枠を設定し、内容により下位の分類項目を設定したのが次の項目（一二項目）である。

①辞書的記述

訓注	315例	日本此云耶麻騰。	（巻一）
音注	10例	音、力丁反。	（巻一）
漢義注	16例	雙、重也。	（巻十五）
倭義注	9例	赤女即赤鯛也。	（巻二）
名義注	22例	高向者、越前国邑名。	（巻十七）

②記事に関する情報の増補的記述

内容解説注	82例	王謂日本武尊也。	（巻七）
詳注	76例	是年、晋武帝泰初二年。	（巻九）
年齢注	12例	時年一百歳。	（巻九）
異名注	78例	亦名神戸劔。	（巻二）
説話注	8例	（用例略）伊勢神宮起源譚	（巻六）

歌謡注	9例	一本、以陀々伺、易伊麻伺也。	（巻十八）
記事注	10例	百済本記云、久羅麻致支弥、従日本来。	（巻十七）
氏祖注	8例	是隼人等始祖也。	（巻二）
系譜注	38例	王子恵者、威徳王之弟也。	（巻十九）
由来注	4例	属是時、有新羅使。故云爾也。	（巻二十）
本位注	3例	本位大山中。	（巻三十）
闕漏注	43例	闕名。	（巻十四）
人名注	18例	適稽女郎也。	（巻十四）
異文併載注	78例	一云、流伊予国。	（巻十三）

③記事に対する編纂者の主体的記述

編纂注	28例	下皆效此。	（巻一）
参照注	19例	語在穴穂天皇紀也。	（巻十四）
疑問注	15例	蓋古之俗乎。	（巻十四）
未詳注	24例	語訛未詳。	（巻十九）

例えば、巻一初出の分注を上記の分類基準に照らせば、倭義注／訓注／編纂注の三項目（／で区切る）となる。

至貴曰尊、自余曰命。／並訓美挙等也。／下皆效此。（巻一　第一段本書）

このように項目で数えた場合、書紀の分注は九二五項目（七〇八箇所）におよぶ。ここに書紀の分注（九二五項目）を形式による三分類ⅠⅡⅢとともに、機能による三分類①②③で分類した分注分類巻別分布表（表一）を掲載する。

表には編纂者の相違によると考えられている巻による区分の項目を設定し、A～Dの四つに区分している。

②記事に関する情報の増補的記述												③編纂者の主体的記述			
異文	詳	欠漏	系譜	人名	年齢	記事	歌謡	説話	氏祖	由来	本位	編纂	参照	疑問	未詳
	1						1		2			2		2	
2	1								2				1		
1															
10			1		1										
4	1						1								
3	1		2					4	1						
3			1		1					1					
1					1										
	1			3	1	4		3	3					1	
1	2		1		2			1		1		1		1	1
1															
4					2										
2													2		
10	4	2	6	4		1	4					2	3	2	3
2	3	1	10	1								1	4		1
	1						3								2
5		1	1	1	1	1						1	1		3
1												1		1	1
3	7	2	5	5	1					1		6	3		12
1	1	2	1		1					1		2		1	1
1	3	2	5									1	2		1
		6			1										
		1													
1	3	2												1	
8	15	12	5	4								2	1	1	
7	14	9				4						7	1	3	
5	18	2									1	3	1	2	1
1															
		1									2				
78	76	43	38	18	12	10	9	8	8	4	3	28	19	15	24

【表1】『日本書紀』分注分類巻別分布表

巻	天皇紀	区分	箇所	項目	Ⅰ	Ⅱ	Ⅲ	①辞書的記述						
					引用	異伝	編者注	訓	音	漢義	倭義	名義	内容解説	異名
1	神代上	A	107	122		10	112	90	6	5	1		1	11
2	神代下		56	57		3	54	42	1	1	2	1		4
3	神武天皇	B	50	52		1	51	47				1		3
4	綏靖〜開化		23	23		17	6	2						8
5	崇神天皇		13	13		6	7	7						
6	垂仁天皇		17	17		9	8	6						
7	景行・成務		16	19		8	11	11					1	1
8	仲哀天皇		7	7		1	6	5						
9	神功皇后		23	25	6	4	15	6					2	1
10	応神天皇		18	18	2	4	12	6					1	
11	仁徳天皇		5	5		1	4	3					1	
12	履中・反正		9	9		4	5	3						
13	允恭・安康		10	11		3	8	5					1	1
14	雄略天皇	C	55	65	4	22	39	9		1	3		1	8
15	清寧〜仁賢		44	55	1	8	46	16	1	3	1	3	4	4
16	武烈天皇		8	8	1	3	4	2						
17	継体天皇		32	36	3	10	23	4		1		3	6	6
18	安閑・宣化		14	14		1	13	3	2			2	1	2
19	欽明天皇		71	81	16	7	58	4		1		6	19	6
20	敏達天皇		22	27		3	24	1		1			7	7
21	用明・崇峻		27	30		5	25	3				3	7	2
22	推古天皇	B	10	10		1	9	2					1	
23	舒明天皇		6	6			6	1					2	1
24	皇極天皇	C	23	24		7	17	5		1			8	3
25	孝徳天皇		73	73	1	16	56	8		2	2	1	7	5
26	斉明天皇		57	65	10	15	40	12				1	7	
27	天智天皇		36	36	3	9	24						3	
28	天武天皇上	B	2	2			2	2						
29	天武天皇下		11	11		1	10	8					1	1
30	持統天皇	D	7	7			7	2					1	1
総数			852	928	47	179	702	315	10	16	9	22	82	78

Ａ　巻一、二
Ｂ　巻三〜十三、二二・二三、二八・二九
Ｃ　巻十四〜二一、二四〜二七
Ｄ　巻三十

基本的には森博達（二〇一一）の区分をふまえているが、巻一、二の神代巻だけは、神話というその内容の特異性および、表一より看取できる辞書的記述の分注の偏在により、本稿では特に区分している。これにより、例えば①の辞書的記述は、訓注と巻三の名義注一例を除くとＢとＤの区分には見られず、③の編纂者の主体的記述の「未詳注」は巻十の一例を除くとＣの区分に集中していたり、基本的に③の編纂者の主体的記述自体がＣの区分に多いという傾向がある、などといったことがうかがえる。

表一から、その用例に偏在がみられるのは①の辞書的記述の訓注を除く音注、漢義注、倭義注、そして1例の例外を含む名義注である。音注、および漢義注については、小島憲之（一九七三）により、原本系『玉篇』との記述の類似が指摘されている。区分ＡとＣに偏在する理由は明らかにされていないが、森氏のいう中国人が述作に関わったとされるα群（区分Ｃにあたる）と神代巻（区分Ａ）が共通する要素を示すことについては各巻の編纂者の施注意識の問題として留意すべきである。（同一の編纂者を意味するわけではない。）

二　倭義注の定位1

本稿で取り上げるのは、①辞書的記述の中の倭義注九例であり、巻順にその項目のみをあげる。アルファベットは巻の区分を示し、下の数字は日本古典文学大系の所在（頁と行）を示す。

1　至貴曰尊、自余曰命。　（巻一　第一段本書）Ａ　77 6

2　赤女即赤鯛也。（巻一　第一〇一書第四）　A　183 8
3　口女即鯔魚也。（巻一　第一〇一書第四）　A　183 8
4　称妻為妹。（巻一四）　C　457 6
5　饌者、御膳之物也。（巻一四）　C　489 1
6　一云、禹豆母利麻佐、皆盈積之貌也。（巻一四）　C　495 2
7　子者、男子之通称也。（巻一五）　C　513 7
8　惟神者、謂随神道。亦謂自有神道也。（巻二五）　C　301 10
9　初位。又名立身。（巻二五）　C　305 8

これらの注については4を代表としてその特異性がこれまで指摘されているものの、倭義注の呼称は分注の分類にあたって便宜上つけたものであり、十分な検証を経ていないので、本稿で取り上げて定位する次第である。なお、これらの倭義注は、『日本書紀集解』や『釈日本紀』などで、後人の竄入などとして解釈されているものもある。

①辞書的記述は基本的には訓詁に基づくものであり、訓注、音注、漢義注、倭義注、名義注がある。数は多くないが、区分AとCに偏在しているとみてよい。訓注、漢義注、倭義注、名義注はいずれも意味を指示するものである。音注の機能も意味に関わるが、書紀の場合、不明である。漢義注と倭義注は漢字の意味を漢字で指示するいわゆる漢漢字書的なものであるが、簡単に言えば、前者が中国語に対する中国語による注であるのに対し、後者は日本語に対する中国語による注といえよう。但し、後者の日本語に必ずしも和訓を想定する必要はなく、訓注が併記されているのは1と6のみで、その他は和製漢語や和化的用法というべきレベルのものである。

漢義注・倭義注はいずれも巻による区分でいえばA・Cに偏在し、B・Dにはない。漢義注は原本系『玉篇』との類似が指摘されるが、倭義注は不明である。倭義注は本調査における漢義注に対しての謂いである。漢義注は漢籍や仏典など中国語資料にあらわれるそれに同じく、漢字で中国語の意味を注したものである。一方、倭義注は、漢字で日本語の意味を注したものであり、その漢語は中国語としてその語が存するか否かにかかわらず、中国語とは異なる和化的な意味・用法で用いられているものである。訓注はそれを和訓で注したものであるが、書紀に和訓が施注される漢語の特徴については青木周平（二〇〇二A、B）や毛利正守（二〇〇五、二〇〇六）により、新たな解釈が提示された。

　訓注語と被訓注語との関係は、倭語としての訓注語が先ず存在し、それを翻訳して本文の被訓注語がうまれたというべく、その倭語は純漢文（中国語文）で記す中にあってとくに明示しておくべき特記すべき語であったと言ってよかろう。（毛利正守（二〇〇六）二三八頁）

これにならって倭義注について言えば、以下のようになる。

　倭義注語と被倭義注語との関係は、倭語としての被倭義注語が先ず存在し、その意味が不明であるか、中国語の意味とは異なるため、純漢文（中国語文）で記す中にあってとくに明示しておくべき特記すべき語であった。

このことを端的に示す例は、訓注と倭義注が併記される1と6であろう。

1至貴曰尊、自余曰命。／並訓美挙等也。／下皆效此。（巻一　第一段本書　分注）

1は倭義注／訓注／編纂注の三項目からなる複合注である。ミコトは「尊」と「命」の訓注語であるが、被訓注語の「尊」と「命」を尊称として用い、「至貴」であるか否かで両字を区別するのは中国にはない和化的用法である。6は被倭義注語となる姓「（太）秦」が記されていないが、「ウツマサ」の語源俗解を並記したものである。ウツマサが字音仮名で記されていることから必要とされた義注であり、倭語による俗解という点で倭義注といえるものである。

詔聚秦民、賜於秦酒公。々仍領率百八十種勝、奉献庸調絹縑、充積朝庭。因賜姓曰禹豆麻佐。〔6一云、禹豆

母利麻佐、皆盈積之貌也。」（巻一四）※［　］は分注。以下同じ。

これについては三品彰英（二〇〇二）の説を引かせていただく。

秦氏が伴造であったこと及びウヅマサという姓（かばね）を称したことは古い事実であったと認めてもよかろう。ウヅマサの語義について、古来ウヅタカシ・ウヅモリマサの意に解釈して来た。多量・沢山を意味するウヅタカシならばタカシに主意があるべきでウヅには関係ないし、ウヅモリもモリ（盛・森）に主意を置かねばならぬ。ウヅマサ伝説は先きにウヅマサという姓があり、その語源俗解としてウヅモリマサと語釈して庸調充積の話となったのである。（二三二頁）※古典文学大系では「豆」を清音「ツ」でよむ。（上巻）補注14—一九

次に倭義注4（傍線部）を見てみよう。

（穴穂天皇）顧謂皇后［分注省略（系譜注／参照注）］曰、「吾妹**［4称妻為妹／蓋古之俗乎。］**汝雖親昵、朕畏眉輪王。」（巻一四）

これは倭義注と疑問注の二項目からなる複合注である。そして森博達氏がα群（区分C）中国人述作説の主要な根拠のひとつとされる注でもある。妻のことを「妹」で表記するのは『古事記』だけでなく書紀の他の巻にもあるものの、施注はない点で巻十四特有の分注である。そのために本居宣長は波線部のように考えたのである。

さて又夫婦の間にて、妻を妹と云ることは、世人もよく知れることなり、然るを書紀に、雄略天皇の、皇后を指て我妹と詔へるを註して、稱レ妻爲レ妹、蓋古之俗乎、とあるはいかにぞや、此は今京になりてまでも、常に云ることにて、奈良のころはさらなるを、如此よそ〳〵しげに、蓋古之俗乎などとは、強て漢籍めかさんとての文なり、（『古事記伝』三之巻神代一之巻　ふりがな省略　波線部は稿者による）

古代の親族呼称については犬養隆（二〇〇五）の詳細な研究があるが、このような注記がなされる背景として、古代の日本では妻も妹も和語でイモと呼んでいたことによる。この事情は書紀編纂時においても同様で、疑問とはな

り得なかったようであるが、そこを「蓋古之俗乎」とするところに種々の解釈が生じる。源順『和名類聚抄』は『爾雅』を引いて「妹　爾雅云女子後生為レ妹〔昧反和名／伊毛宇止〕」（二十巻本巻二　人倫部）と記すが、これを引くまでもなく、中国では「妹」に妻の意味はない。にもかかわらず、ここに「妻」ではなく「妹」を使用するのは和化的用法であり、原資料を尊重したか、「妹」の字訓を生かし、「ワガイモ（ワギモ）」と訓みうる口語性を重視したかなどであるが、巻一四が四六文を主とする漢籍の表現を志向する文章であり、(2) そのような文章においてはむしろ不適である。関連して古代の親族語彙を論じるときによく引かれる例が巻十五（仁賢天皇紀）にある。ここには親族に関する呼称の記述が多い。参考としてそれらの例をあげてみよう。

a〔言弱草、謂古者以弱草喩夫婦。故以弱草為夫。〕

b哭声甚哀、令人断腸。菱城邑人鹿父〔鹿父、人名也。俗呼父為柯曾。〕

c古者不言兄弟長幼、女以男称兄。男以女称妹。

以上の例から［以A為B］、［呼A為B］二つの注記形式が抽出できるが、倭義注6の形式はbの「俗呼父為柯曾」に近い。つまりこの倭義注は訓注にすることも可能な内容であり、そうであれば「古俗呼妻為イモ」となったところであろうが、そうならなかったのは、注の意図がヨミの問題ではなく、「妻を妹と書く」論理の問題であったからであろう。結果として「我妹」に対する意味の注であれば「称妹為妻」となるべきところ、(3) 本文の「妹」を被義注語とするのではなく、指示されるべき意味である「妻」が被義注語の位置にある点が特異である。

ここで訓注とこの倭義注の形式を対照してみよう。

【用例】訓　注　日本此云耶麻騰　漢語「日本」　和訓「耶麻騰」
倭義注4　称妻為妹　漢語「妻」　倭義「妹」（イモ）

【形式】訓　注　A［A此云B］　被訓注語A（中国語）は、日本では訓注語Bという。

倭義注　A［称B為A］　義注語B（中国語）をいうのに（日本では）被義注語A（訓字）という。

ちなみにこの「日本」の例について、山田英雄（一九九九）は次のように述べる。

> 訓は音に対するものであるから、本来はその字の意味を指すものである。その場合に漢字により表現する事も出来る。しかしこの場合は、漢字の意味を表現するのに漢字の意味を以てする事は、後者の漢字が既知の漢字でなければならない。しかしこの「訓」は日本語による意味を表現する事を指している。「日本、此云耶麻騰、下皆効此」の場合は日本という漢語を日本語で表現すると、「やまと」に相当するというのである。（中略）現在のように音と訓（読み）と意味とに分裂している時期ではないので、この訓は意味であり、読みでもある。しかし日本語の「みこと」を漢字で表現すると、尊と命となる。尊と命とによって表現される内容を、日本語によっては区別する事はできないことになる。この現象は口頭語と文章語が分裂している事を示していて、この日本書紀は耳で聞いて理解するものではなく、目で漢字を見て理解する事を前提とする。（二七三頁）

これは読み手が日本語を解する者であることを想定した記述であるが、口頭語としての訓（ミコト、イモなど）は、日本語を解し得ないものにとっては無意味であり、「尊と命」、「妻と妹」は漢字としては別語である。「尊と命」は訓注を併記する点が4と異なる。「称妻為妹」は別語であるものの、それを誤りとはせず、「蓋古俗乎」としたところに施注者の意図を読み取るべきであろう。すなわち、施注者が日本語を理解するものであればその注は「漢めかし」ということであり、理解しないものであれば、疑問注としてよむことになろう。[4]

なお、書紀中の疑問注を見てみよう。

【表二】は拙稿（二〇〇〇）であげた「蓋」による疑惑表現の例に、その他の疑問注（①⑧㉛）を追加したものである。その際に指摘したのは、編者の「蓋」による疑惑表現が、文末助辞の表れ方および本文と割書《わかちがき》という書式における表れ方に、特徴的なところが見られることであった。

【表2】『日本書紀』編者の疑問注　是澤（二〇〇〇）をもとに一部編集

ID	巻	群	本文	文末	備考
①	1	A	或所謂泉津平坂者不復別有處所。但臨死氣絶之際。是之謂歟。	歟	5—6
②	1	A	蓋大蛇所居之上常有雲氣。	φ	8—0・割書（分注）
③	1	A	是談也蓋有幽深之致焉。	焉	8—6
④	4	B	蓋天足彦國押人命之女乎。	乎	
⑤	6	B	蓋先皇之世来朝未還歟。	歟	
⑥	6	B	蓋兵器祭神祇始興於是時也。	也	
⑦	9	B	百済記云職麻那々加比跪者／蓋是歟也。	歟也	割書（分注）・『百済記』
⑧	9	B	由船軽疾名枯野是義違焉。若謂軽野、後人訛歟。	歟	
⑨	10	B	凡水手曰鹿子／蓋始起于是時也。	也	割書（分注）
⑩	10	B	歌詑即擊口仰咲者／蓋上古之遺則也。	也	
⑪	12	B	其倭直等貢采女／蓋始于此時歟。	歟	
⑫	14	C	称妻為妹／蓋古之俗乎。	乎	割書（分注）
⑬	14	C	擬字未詳／蓋是槻乎。	乎	割書（分注）
⑭	14	C	一本云猪名部御田、／蓋誤也。	也	割書（分注）
⑮	14	C	日本旧記云以久麻那利賜末多王／蓋是誤也。	也	割書（分注）・『日本旧記』
⑯	17	C	言己能末多者／蓋阿利斯等也。	也	割書（分注）
⑰	18	C	蓋三島竹村屯倉者以河内県部曲為田部之元於是乎起。	（乎）	
⑱	18	C	孺子者、蓋未成人而薨歟。	歟	割書（分注）

⑲	19	C	紀臣奈率者、蓋是紀臣娶韓婦所生因留百済為奈率者也。	也	割書（分注）
⑳	19	C	百済本記云遣召烏胡跛臣／蓋是的臣也。	也	割書（分注）・『百済本記』
㉑	19	C	蓋是津守連也。	也	割書（分注）
㉒	19	C	此但曰直不書名字／蓋是伝写誤失矣。	矣	割書（分注）
㉓	19	C	投火為刑蓋古之制也。	也	割書（分注）
㉔	20	C	言宰於韓蓋古之典乎。	乎	割書（分注）
㉕	20	C	弥売島蓋姫島也。	也	割書（分注）
㉖	22	B	蓋造碾磑始于是時歟。	歟	
㉗	22	B	凡新羅上表蓋始起于此時歟。	歟	
㉘	23	B	蓋因幸有間以闕新嘗歟。	歟	
㉙	24	C	蓋吉士前奉使於百済乎。	乎	割書（分注）
㉚	25	C	蓋此以肩擔輿而送之乎。	乎	割書（分注）
㉛	26	C	若拠未成之時作此謗乎。	乎	割書（分注）
㉜	26	C	政所蓋蝦夷郡乎。	乎	割書（分注）
㉝	26	C	蓋是無故持兵之徴乎。	乎	割書（分注）
㉞	27	C	蓋送唐使人乎。	乎	割書（分注）
㉟	27	C	御史蓋今之大納言乎。	乎	割書（分注）
㊱	29	B	蓋驎角歟。	歟	
㊲	29	B	蓋擬幸束間温湯歟。	歟	
㊳	30	D	蓋昔者到宮門而着朝服乎。	乎	

まず、文末に注目すると、巻二十二以降、区分Bに属する巻の文末助辞と、Cに属する巻の文末助辞が異なっていることが確認できる。巻二十二以降、「蓋」が決まった文末助辞をとるということは、「蓋」による疑惑表現が、編者による固定した注記形式として使用されていると推測される。

次に書式に注目すると、備考欄の「割書（分注）」が、全体を通して区分Bは本文の一部として、Cは割書という分注として、書式を異にしている点が注意される。巻一四以降のCの分注は、他の区分の分注とその内容的性質を異にすることがいわれているが、その上に、編者の注記が、書式に相違の見られる点は注意すべきである。これは、巻による編纂者の注記的記述の扱いの認識の相違と認められ、巻二十二以降は文末助字も一貫しており、注記的記述の型として認められることを指摘した。

この「蓋」による表現は、ケダシと訓まれて「おそらく」などの推量表現で理解されるが、荻生徂徠は、断定を避ける断定保留の表現とする。そこで文末に「也」が来ることも理解されるが、「蓋」による「也」と「乎」の文末助辞の違いにどれほどの有意性を認めるかは現段階では判断できず、【表2】には文末助辞のない②の例を含めた。その点でも次の二例は注意してよい。

廷尉収縛其子守石與名瀬氷［守石・名瀬氷、皆名也。］将投火中［㉓投火為刑、蓋古之制也。］（巻十九）121 13

遣大別王與小黒吉士、宰於百済国［王人奉命、為使三韓、自称為宰。㉔言宰於韓、蓋古之典乎。如今言使也。余皆倣此。］（巻二十）141 6

分類すれば、㉓が内容解説注で㉔が疑問注と別分類になるが、内容的にはいずれも昔の制度に関する注記である。古典文学大系の頭注二五は「焚刑は原始社会から広く行われ、中国では秦・漢のころまで盛んに行われた」と記し、日本では雄略天皇二年に最初の例があるとするが、そこにこのような注記はない。いずれも律令施行前の記事である。㉔の内容は、三韓への使者のことを「宰」というのは昔の制度かというものであり、「宰」は韓《から》の國での役職を指し、疑問注の後に、「今は使という。以降は皆これに倣え。」とある。同じ「古之」を有する「称妻為妹、蓋古之俗乎。」の注と対照すれば、この三例は形式として同じ注であり、古い制度や習俗に対する編者の認識を反映させたものといえよう。

三　倭義注の定位2

残りの倭義注をみてみよう。

2赤女即赤鯛也。3口女即鯔魚也。（巻二　第十段一書第四）

この注記については、巻二、第十段海宮遊行章の一書第四にあり、古事記の例とともに書紀の本書および四種の一書との対照が可能である。それぞれを対照すると以下のとおりである。

古事記　「頃者赤海鯽魚於喉鯁、物不得食愁言故必是取。」

日本書紀　第十段本書　「不識。唯赤女〔赤女、鯛魚名也〕比有口疾而不來」

一書第一　「赤女久有口疾〔或云、赤鯛〕疑是之呑乎」

一書第二　「不知。但赤女有口疾不來〔亦云、口女有口疾〕」

一書第三　海神乃召鯛女。探其口者、即得鈎焉。

一書第四　海神召赤女・口女問之。時口女、自口出鈎以奉焉〔赤女即赤鯛也。口女即鯔魚也。〕

思想大系『古事記』訓読補注は「赤海鯽魚」「赤女」「鯛女」「口女」と表記が一定しない理由について述べる。「海鯽」は和名抄に「海鯽、弁色立成云海鯽魚、知沼」とあり、チヌ（黒鯛）を指すが、「赤」を冠した「赤海鯽」は黒鯛の形で赤い魚、タヒとなる。赤海鯽魚の「魚」は手弱女人の人と同じく表意の字。記ではタヒはこの表記であり、平城宮・藤原宮木簡には「多比鮓（平城宮木簡三九九）、「多比大贄」（藤原宮木簡三七）など音仮名でも表記され、又「鯛」とも表記されている。タヒは賦役令には載っていない品名であり、そのことが表記が一定しないことと関係があろう。小林芳規「平城宮木簡の漢字用法と古事記の用字法」『石井庄司博士喜寿記念論集上代文学考究』。（五一八頁）

「赤女」は一書第一では「赤鯛」、一書第二では「口女」を異伝として記載しており、本書および一書第四の注は、魚の擬人化という点で注を要したものであろう。巻十五に「言鰤魚女此云浮儺謎」の訓注があり、これは女子の名の訓を注したものである。その理由以外にこれらの語に施注する意味はなかろう。

5饌者、御膳之物也。（巻一四　雄略天皇一二年）

於是、御田登楼、疾走四面、有若飛行。時有伊勢采女、仰観楼上、怪彼疾行、顛仆於庭、覆所擎饌［饌者御膳之物也。］。天皇便疑御田奸其采女、自念将刑、而付物部。時秦酒公侍坐。

古典文学大系（上巻四八八頁頭注一）は次のように記す。

集解・通釈とも私記攙入と決めているが、雄略紀撰者が「饌」には本来、天子に供する酒食という意がないとして注したものか。

前にあげた書紀巻二第十段（海宮遊行章）一書第二は、口女（鯔魚）を天孫の御膳にのせない禁制の由来説話である。そこには左記のように「天孫之饌」とある。「御膳之物」はまさにその意で注されたものであろう。

於是、海神制曰。「爾口女、従今以往、不得呑餌。又不得預天孫之饌」即以口女魚、所以不進御者、此其縁也。

7子者、男子之通称也。（巻一五　顕宗天皇即位前紀）これは、「室寿」の詞に対する注である。

天皇次起、自整衣帯、為室寿曰、（中略）取葺草葉者、此家長御富之余也。出雲者新墾、々々之十握稲、於浅甕醸酒、美飲喫哉。［美飲喫哉、此云于魔羅儞烏野羅甫屢柯倭。］吾子等［子者男子之通称也。］脚日木此傍山、牡鹿之角挙而吾儛者、旨酒餌香市不以直買、手掌憀亮拍上賜、吾常世等。

この「室寿」には訓注三例、音注一例、そしてこの倭義注一例があり、辞書的記述が混在している点で注目すべきである。室寿中の注が同一人物による施注とみなしうるかが問題となるが、よくわからない。「我子等（アガコドモ）」は古典文学全集頭注一六「宴席の若者への呼びかけ」とあるように、「自分の子供たち」の意味ではないという点で、訓では伝わらない意味を、義注で示したみられる。古典文学全集「我常世等」の頭注二一は「『吾が子等』に対応する語とみると、『常世（不老長寿）の国にいる年長者の人々』の意として、宴席の上座にいる年長者への呼びかけ。」と注する。対応する点では、「常世」にも義注があってよいところである。

8惟神者、謂随神道。亦謂自有神道也。（巻二五　孝徳天皇大化三年）

分注は孝徳三年四月の記事に「惟神」に対して施注されたものである。「惟神」も「神道」も中国の文献に用例があるものの、「随神道」「自有神道」の意味とは異なる。「惟神」は鎌倉初期の書写とされる北野本にカミナカラモの訓があり、成立時までさかのぼる説もあるが、確定的なことはいえない。倭義注と呼ぶに適当な例であるが、一方、「惟神」を熟語とせず、「惟」を発語や動詞に解する説もある。その場合は分注に「惟」は不要で、「惟神」の分注は成立後に施注された文が混入するという後注説の可能性も考えなければならないであろう。ちなみに書紀における「神道」の用例は本例を含め三箇所（四例）あり、うち二箇所は天皇の信仰に関する記述として仏法と並べて使用されているのが特徴である。

橘豊日天皇、天国排開広庭天皇第四子也。母曰堅塩媛。天皇信仏法尊神道。（巻二十一　用明天皇）

天萬豊日天皇、天豊財重日足姫天皇同母弟也。尊仏法、軽神道。（巻二十五　孝徳天皇）

9（建武）初位。又名立身。（巻二五　孝徳天皇大化三年）

是歳、制七色一十三階之冠。（中略）建武［初位。又名立身。］以黒絹爲之。

古典文学大系頭注一二・一三が「建武とひとしく最下位の冠位を、大化五年制では立身といい、大宝・養老令制では初位といった。これらにもとづいて記した注か。」（三〇四頁）とあるように、日本の位階の名称を注したものであろう。

四　おわりに

日本書紀の分注のうち九例を倭義注として定位することを試みたが、これらは辞書的記述として分類した結果、訓注、音注、漢義注、名義注に入らない、いわば例外となった九例を倭義注としてまとめたものであり、編纂者がそれとして施注したわけではなく、あくまでも義注としてのものであったと考える。実際、施注者の意図も、倭義注として明確な認識のもとになされたのは、①の「至貴曰尊、自余曰命。／並訓美挙等也。／下皆效此。」のみであって、併記された訓注と編纂注がその証左となる。あとの例は義注の範疇として、漢義注と差別化しうるというレベルのものである。[5]訓注以外の辞書的記述がAとCに偏在することが、その証左である。2、3、4、5、7、8、9が訓注を併記せず、6も和訓に対して義注が付されている点は、施注者が中国語のテキストとして読むことを志向したものととらえられよう。

それにしても訓注を除く①辞書的記述と③編纂者の主体的記述の巻による区分AとCに見られる偏在は偶然のものとは考えられない。巻一、二（神代巻）を森博達氏のβ群（巻一〜十三、二十二〜二十三）から切り離す理由である。[6]

〔注〕

（1）ここで分注を注記と呼称したのは二つの理由がある。一つは巻一、二（神代巻）の注記が本書（正文）では割書で書かれ分注となるが、「一書」では一書の本文自体がもとは割書であるため、分注とするには不適なためである。もう一つは全巻にわたっていえることであるが、分注に記載される内容が、引用など本文として記載されているものであり、書式による形式的な判断では不十分であることによる。

（2）中村宗彦（一九七五）、拙稿（二〇〇一）を参照されたい。

（3）この指摘は左記の blog による。

古事記・日本書紀・万葉集を読む　上代語ニュース　日本書紀中国人述作者説反駁　中蒂姫（なかしひめ）考其の一　二〇一三年十二月二十五日論文　http://blog.goo.ne.jp/katodesuryoheidesu　二〇一六年十二月確認

（4）巻十四の分注の特徴について、古典文学大系頭注一〇は次のように記す。

編纂の際の原資料または旧稿本に対する批判的な分注は本紀の特徴。批判的な分注の例としては、四五六頁八行・四六二頁三行（是澤補：吾妹〔称妻為妹。蓋古之俗乎。〕・古人有云娜毘騰耶皤麻珥。〔此古語未詳也。〕）などがある。なお、この分注で姓を氏と同義に用いているのは中国的な用法。（四八四頁）

この注は左記の本文に対するものであり、傍線部の指摘は〔連、未詳何姓人。〕と〔称妻為妹。蓋古之俗乎。〕の施注者が軌を一にするものと思わせる。

時独留角国。使倭子連〔連、未詳何姓人。〕奉八咫鏡於大伴大連、而祈請曰、「僕不堪共紀卿奉事天朝。故請、留住角国。」是以、大連為奏於天皇、使留居于角国。是角臣等、初居角国。而名角臣、自此始也。（巻十四）

（5）その点で、『類聚名義抄』などに「和音」と標示する和音注とは異なる。

（6）巻一、二（神代巻）の漢文については犬飼隆（二〇〇五）の説明を引用させていただく。

日本書紀は、畢竟、「日本」の「書紀」である。漢字を使って漢文体で書かれていても、その内容は日本語で発想されている。しかし、神代巻の編纂者は、家族関係という日本固有の事柄をつづりながら、内容を損なうことなく漢字の用法を本来の〈義〉に近付ける表現に成功した。視覚上は正格の漢文の字面に見え、しかも、内容は日本語なのである。上代文献のなかでは例外的に高度な、文字言語としての表現を達成したと評価することができるであろう。（二四一頁）

〔参考論文〕

青木周平（二〇〇二A）『日本書紀』の訓注と〈訓読〉──巻第一の場合──（『菅野雅雄博士古稀記念古事記・日本書紀論究』おうふう）

青木周平（二〇〇二B）日本書紀の訓注と〈訓読〉──巻第二の場合──（『高岡市萬葉歴史館紀要』一二）

犬飼　隆（二〇〇五）『上代文字言語の研究』笠間書院　同名書（一九九二）の増補版

小島憲之（一九七三）日本書紀の「よみ」──原本系「玉篇」を通して──（『文学』四一）

是澤範三（二〇〇一）『日本書紀』における複音節辞使用の様相（『待兼山論叢』文学篇（大阪大学文学会）三四）

（二〇一〇）『日本書紀』分注の分類とデータベース化の問題（『語文』大阪大学国語国文学会92・93）

白藤禮幸（一九六八）日本書紀の文末助辞について（『上代文学論叢』桜楓社）

東野治之（二〇一三）日本国号の研究動向と課題（『東方学』一二五）

中村宗彦（一九七五）「文選訓」と「日本書記訓」──巻十四・雄略紀の疑問訓を中心に──（『大谷女子大学紀要』大谷女子大学志学会十）

三品彰英（二〇〇二）『日本書紀朝鮮関係記事考証』上巻、天山社

毛利正守（二〇〇五）日本書紀の漢語と訓注のあり方をめぐって（『萬葉語文研究』一、和泉書院）

（二〇〇六）日本書紀訓注の在りようとその意義（『人文研究』大阪市立大学大学院文学研究科紀要）57

森　博達（一九九九）『日本書紀の謎を解く──述作者は誰か──』中央公論社

（二〇一一）『日本書紀成立の真実──書き換えの主導者は誰か──』中央公論新社

山田英雄（一九八七）日本書紀神代巻の一書について（『日本書紀研究』十六）
（一九九九）『万葉集覚書』岩波書店　初出は一九八七
本居宣長『古事記伝』『本居宣長全集』第九～十二巻　筑摩書房
『日本書紀』の本文の引用は、日本古典文学大系による。

『日本書紀』古訓「ウカラ」「ヤカラ」考

金　紋　敬

一　はじめに

『日本書紀』古訓には、「ウカラ」と「ヤカラ」という訓がある。この二つの語は親族関係等を表しており、互いに意味の重なりを持っている。まずそれぞれの語の意味を『時代別国語大辞典　上代編』で確認すると次のようになっている。

うがら【親族・親属】〔名〕同族。親族。身寄り。

やから【族・眷属】〔名〕一族。同族の者。ヤカラヒトとも。

この記述によれば、「ウカラ」と「ヤカラ」はともに同族の意があり、意味の違いがあいまいである。「ウカラ」と「ヤカラ」の違いについて『日本国語大辞典　第二版』では次のように述べている。

やーから【族】〔名〕〔「や」は「家」、「から」は「うから」「はらから」などの「から」と同じく、血縁関係にあることを表わす〕①一家の親族。一族。同族。うから。〔用例略〕②〔「輩」とも書く〕ともがら。仲間。てあい。連中。〔用例略〕補注 類義語「うがら」は血族を指すが、「やから」は語構成からみてそれより広い範囲の同族を指したらしい。その分、「ともがら」に近く、そこから②の見くだした語感が生じたと考えられる。

この説明によると「ウカラ」より「ヤカラ」のほうが広い範囲の同族を表し、「ヤカラ」が「トモカラ」のように仲間の意味も表すようになったようである。本来この三つの語は違う意味であるが、意味が類似する部分もあり、また「ハラカラ」と「ヤカラ」、「ウカラ」と「ヤカラ」と「トモカラ」とはそれぞれ意味が重なっている部分もある。(1)さらに、「ハラカラ」の場合は同母関係を表す「イロ」との関連性も考えられる。(2)紙幅の都合上、本稿では「ウカラ」と「ヤカラ」のみを取り上げ、「ハラカラ」と「トモカラ」は別稿で述べることにする。

以下、実際の用例を見ながら、これらの語がどのような意味に使われていたのかを確認する。また、これら二つの語は主に日本書紀古訓に多く見られるため、どの漢字に訓が付されているかを考察し、写本による違いがあるのかについても検討する。調査対象は次の七つの古写本である。写本は時代順に示すが、写本によって複数の時代のものが混じっているものがある場合は時代別に示す。また、北野本細部の時代区分は石塚晴通（一九九五）による。(3)

岩崎本　―　巻二十二　二十四（A点（平安中期末点）・B点（院政期点）・C点（室町時代宝徳三年及び文明六年点））

前田本　―　巻十一　十四　十七　二十（院政期点）

図書寮本　―　巻十二〜十七　二十一〜二十四（永治二年頃点）

北野本　―　第一種　巻二十二　二十三　二十四／二十五　二十六　二十七

第二種　巻二十八　二十九　三十

（鎌倉初期点と南北朝期点との二層）

第三種　巻一（無点）四　五　七　八　九　十　十二　十三　十五／十七　十八　十九　二十

二十一（南北朝期点のみ）

第四種　巻三　六　十一（兼永点のみ）

第五種　巻十六（無点）
道祥本　―　巻十七（応永三十四年点）
春瑜本　―　巻三（応永三十四年点）
兼右本　―　巻三〜三十（天文九年点）

二　古訓「ウカラ」の用例とその意味

二・一　「ウカラ」の音仮名表記例とその意味

「ウカラ」には、上代文献の中で「宇我邏」と音仮名表記されている例がある。

〔1〕故伊奘冉尊恥恨之曰、…時伊奘諾尊亦慙焉。…而盟之曰、族離。又曰、不レ負二於**族**一。不負於族此云二**宇我邏**磨概茸一。（巻一・神代紀上・第五段一書第十）

用例〔1〕の「宇我邏」は妻である伊奘冉尊を指しており、音仮名表記したものの中で最も古い例である。この例から「宇我邏」は上代で「ウガラ」（「我」は『日本書紀』では濁音仮名と認められる）と訓まれたことが分かる。『万葉集』『古事記』の例は訓字表記であるため、音数律からの判断ができない『古事記』の例は省略し、参考までに『万葉集』の例のみを次に示す。

たくづのの新羅の國ゆ　人言を良しと聞かして　問ひ放《さ》くる親族兄弟《うからはらから》《**親族**兄弟》なき國に渡り來まして…

（万葉集巻三・四六〇）

この例の「ウカラ」は親族を意味しているが、実際誰を指しているかは不明である。この他に「ウカラ」が音仮名表記されている例は、次の『琴歌譜』の一例のみである。

川上の　川榛の木の　疎けども　春米持は　親族《**宇我良**》とぞ思ふ（琴歌譜・長埴安振）

この歌での「ウカラ」は舂米持のことを表す。舂米持とは小作人を指しており、歌の詠み手とは親族関係ではないが、親族のように思われるという意味である。

ところで、「ヤ（家）」「トモ（伴・友）」はその意味が想定されるが、「ウ」の場合は諸説があり(4)、その意味を把握することはやや難しい。『古事記伝』では次のように述べている。

族は、書紀神代巻《ノ》に、宇我邏《ウガラ》と訓注あり、又 親属《ウガラヤガラ》、顕宗巻《ノ》に、親族《ウガラヤガラ》、安閑巻《ノ》に、同族《ウガラ》などあり、【宇賀良《ウガラ》と、夜賀良《ヤガラ》との差別《ケヂメ》、宇賀良は生族《ウマレカラ》、夜賀良は家族《ヤカラ》の意か、なほよく考ふべし…】

また、西郷信綱氏は『古事記注釈』で「ウカラ」と「ヤカラ」について次のように述べている。

…社会学の述語でいえばウガラは親族（kinship）にあたり、ヤカラは同族（lineage）にあたる。…約言すれば、ウガラは婚姻関係を軸に結ばれた族であるにたいし、ヤカラは同一先祖に出自し、本家を軸に縦に系譜的に結ばれた族である。…少なくともウガラの「ウ」が「生」にかかわり、ヤカラの「ヤ」が「家」にかかわるのはほぼ確かで、…（二巻・十四頁）

『古事記注釈』によると、「ウカラ」は婚姻関係によるもので、「ヤカラ」は祖先が同じで縦に結ばれた関係を表しているようである。用例〔1〕の例は妻であるため、婚姻関係ではあるが、生族《ウマレカラ》とみることはできない。ただし、伊奘諾尊・伊奘冉尊については『日本書紀』の一書に、

〔2〕一書曰、此二柱神青橿城根尊之子也。（巻一・神代上・第二段一書第一）

のような記述があるため、兄弟とみることはでき、妻ではなく兄弟と考えると宣長の言う生族《ウマレカラ》の意味にもなる。だが、『万葉集』や『琴歌譜』の「ウカラ」を生族《ウマレカラ》と考えるのは難しい。『琴歌譜』の「ウカラ」は実際の親族関係ではなく比喩にはなるが、一応「ウカラ」自体は親族を意味していると言ってもいいだろう。

以上、「ウカラ」が上代文献でどのような意味として使われているのか音仮名表記を中心に用例を見てみると、

「ウカラ」は妻または兄弟を含む親族関係を意味していることが分かる。ただ、親族が表している範囲は曖昧で、「ヤカラ」との違いは明確ではない。次は『日本書紀』において「ウカラ」や「ヤカラ」が付される漢字を順に確認し、その違いや写本による偏りなどについて考察していく。

二・二　『日本書紀』古訓における付訓例とその意味

まず『日本書紀』古訓で「ウカラ」がどのような意味を表しているのかを把握するために「ウカラ」が付される漢字を調べる。それらをまとめたのが次の〈表1〉である。「計」の項目の数字は延べ語数（異なり語数）を表す。以下、同様である。〈表1〉から、写本全体を通して主に「子弟」「同姓」に「ウカラ」の訓が付されていることが分かる。『日本書紀』訓注では「ウカラ」を「族」の字に当てていることと状況が異なっており、「族」に「ウカラ」という古訓が付される例は、図書寮本一例と兼右本の三例のみで、同一箇所の例ではない。そして、後に述べるが「族」は古訓では主にヤカラの訓が付される漢字である。

「子弟」の例は延べ十一例あるが、異なり語数としては次の二例のみである。

〔3〕子弟《**ミウカラ**（岩A右・図・北一鎌・右）》《**ミヤカラ**（岩B左）》《**ウ**（岩C）》

山背大兄仍取二馬骨一投二置内寝一、遂率二其妃并**子弟**等一、得レ間逃出、隠二胆駒山一。（巻二十四・皇極紀二年十一月）

〔4〕子弟《**ウカラ**（岩A右・岩B左・右）》《**ウカ**（図・北一鎌）》《**ラ**（北一南）[5]》

於レ是山背大兄王使二三輪文屋君一謂二軍将等一曰、…、終与二**子弟**・妃妾一一時自経倶死也。（巻二十四・皇極紀二年十一月）

この二例とも「子弟」は山背大兄が蘇我入鹿に不意打ちされ、逃げる際に連れて行く親族を指している。文脈か

〈表1〉「ウカラ」が付訓される漢字

古訓	写本	漢字 子弟	同姓	親族	～族	親	華冑	計
「ウカラ」	岩A	2	1					3
	岩B	1						1
	前							
	図	2	2	1	1			6
	北一鎌	2	2					4
	北二鎌					1		1
	北一南	1	1					2
	北二南							
	北三			1				1
	道							
	春						1	1
	岩C	1						1
	北四							
	右	2	3	4	3	1		13
計		11（2）	9（3）	6（3）	4（4）	2（1）	1（1）	33（14）

ら子供か兄弟などのような比較的近い親族らを表すことが想定される。

「子弟」の次に多い「同姓」は姓が同じであるという意味なので、生族《ウマレカラ》とは限らない。「同姓」に「ウカラ」の訓が付されている例は九例であるが、異なり語数は三例である。

〔5〕同姓**《ウカラ**（岩A・図・北一鎌右・右）**》《ラ**（北一南右）**》**[6]

…検二高麗国所レ貢金銀等幷其献物一。…去年六月、弟王子薨。秋九月、大臣伊利柯須弥殺二大王一、…仍以二弟王子児一為レ王。以二己**同姓**都須流金流一為二大臣一。（巻二十四・皇極紀元年）

〔6〕同姓**《ウカラ**（図・右〈右〉）**》《ヤカラ**（右〈左〉）**》**

逆之**同姓**白堤与二横山一、言二逆君在処一。穴穂部皇子即遣二守屋大連一…曰、汝応三往討二逆君幷其二子一。（巻二一

十一・用明紀元年五月）

〔7〕 同姓《ウカラ（北一鎌・右）》

高麗画師子麻呂、設二同姓賓於私家一日、借二官羆皮七十枚一、而為二賓席一。（巻二十六・斉明紀五年正月）

用例〔5〕は高句麗の大臣伊利柯須弥が王を殺して同姓である都須流金流を大臣にした記事であり、両者の関係がどの程度近い血縁関係であるか判断することは難しい。しかし、高句麗での同姓は氏が同じであるため、子供か兄弟のような親族を指していると思われる。[7] また、用例〔6〕は逆君とその同姓である白堤と横山との関係であるが、この例もこの文章からはどのような関係であるか分からない。用例〔7〕は高句麗の画師と高句麗からの使者との関係を「同姓」と表している例である。

その次に多いのは、次のような「親族」に「ウカラヤカラ」が付された例である。

〔8〕 親族《ウカラヤカラ（図・右）》

宜哉。兄弟怡怡、天下帰レ徳。篤二於親族一、則民興レ仁。（巻十五・顕宗紀即位前紀）

〔9〕 親族《ウカラヤカラヲ（北三・右〈左〉）》《ウカ、ラヲ（右〈右〉）[8]》

時熊襲有二魁師者一。名取石鹿文、亦曰二川上梟師一。悉集二親族一而欲レ宴。（巻七・景行紀二十七年十二月）

〔10〕 親族《ウカラヤカラ（右）》

…是以自レ今以後、各就二親族及篤信者一、而立二一二舎屋于間処一、老者養レ身、病者服レ薬。（巻二十九・天武紀八年十月）

これらの「ウカラ」の例を「親」に付されたと見ることも可能であるが、「親族」の場合一例を除くと「ウカラヤカラ」という熟語の形態として付されているため、「親」の例とは別に扱う。〔8〕は論語から引用している譲位の記事で文脈上親族（兄弟）を意味しており、〔9〕は熊襲の魁師である取石鹿文の一族を表し、〔10〕は僧尼の親族を表している。ここで問題となるのは、「親族」の訓として全体で「ウカラヤカラ」と訓むのか、「親」を「ウカラ」、「族」を「ヤカラ」と訓むのかという点である。「親」を「ウカラ」と読んだ例が北野本第二種（鎌）と兼右本の同一箇所に一例ずつ存在することと、後に述べる「族」に「ヤカラ」が多く付されることから、「親族」をそれぞれ一字ずつ読むこともあり得る。この点について、築島裕（一九六三）(9)は、

（ハ）次に連体修飾語とそれを受ける体言、例へば、「赤駿」「別本」などに於て、一般の訓読では、「赤キ駿」「別《コト》ナル本」又は「別ノ本」の如く、修飾語を訓ずるのに用言の連体形又は体言に助詞ノを加へた形で訓じ、全体で二語（二文節）として読むのが普通である。所が、日本書紀の場合は、「アカウマ」「アダシフミ」のやうに、体言や形容詞語幹などを直接体言に冠して、全体で一語となるやうに訓じてしまふことが非常に多い。これは、日本書紀の訓法が、一般の訓読が即字的なのに対し、語句全体を包括して一語として訓ずる方針なのであつて、意訳的傾向が強いのであり、又、同時に純国語的な要素が増すことにもなるのである。

のように述べており、「親族」を一つの語として考え「ウカラヤカラ」という訓をつけた可能性がより高いと思われる。これらの「親族」の用例はある特定の人ではなく親族全般を意味しており、「ウカラ」と「ヤカラ」の両方とも取れる。おそらく「ウカラヤカラ」を「親族」全体を表す一つの熟語のように認識していたのではないだろうか。このことからもやはり「ウカラ」と「ヤカラ」は同じく親族を表すが意味の違いはあったと考えられる。ただし、このような例は図書寮本・北野本第三種・兼右本だけに付されているため、これだけで断言することは難しい。

この他に「ウカラ」が付されるのは、次の「〜族」四例・「親」一例・「華冑」一例である。

〔11〕　同族《**オヤシヤカラ**（図右）》《―**ウカラ**（図左）》

元年春二月戊辰朔、天皇為二大泊瀬皇子一、欲レ聘二大草香皇子妹幡梭皇女一。則遣二坂本臣祖根使主一、請二於大草香皇子一曰、…、大草香皇子者不レ奉レ命、乃謂レ臣曰、其雖二**同族**一、豈以二吾妹一得レ為レ妻耶。（巻十三・安康

紀元年二月）

〔12〕同族《**ウカラ**（右）》

武蔵国造笠原直使主与二**同族**一小杵、相二争国造一、〈使主・小杵、皆名也。〉経レ年難レ決也。（巻十八・安閑紀元年閏十二月）

〔13〕族姓《**ウカラカハネ**（右）》：二例

癸未、詔二礼儀・言語之状一。且詔曰、凡諸応考選者、能検二其族姓及景迹一、方後考之。若雖二景迹・行能灼然一、其族姓不レ定者、不レ在二考選之色一。（巻二十九・天武紀十一年八月）

〔14〕親《**ウカラ**（北二鎌右・右）》《**カソ**（北二南）》

戊子、詔曰、凡当二正月之節一、諸王・諸臣及百寮者除二兄姉以上**親**及己氏長一、以外莫レ拝焉。其諸王者雖レ母、非二王姓一者莫レ拝。…（巻二十九・天武紀八年正月）

〔15〕華冑《**トネウカラ**（春右）》《**ヨキヤカラヲ**（春左・北四・右）》

天皇当レ立二正妃一、改広求二**華冑**一。（巻三・神武即位前紀庚申年八月）

用例〔11〕は皇子同士の親族関係を表しており、「ヤカラ」が右訓である。大草香皇子が大泊瀬皇子を指して「族」と言っており、大草香皇子は仁徳天皇と日向髪長媛の子であり、大泊瀬皇子は仁徳天皇と磐之媛命の子である允恭天皇の第五子である。つまり、二人は仁徳天皇の子と孫の関係に当たる。両者の関係は前掲した西郷氏の言う婚姻関係や宣長のいう生族《ウマレカラ》ではなく、仁徳天皇という同じ祖を持つ西郷氏の述べる「ヤカラ」の説明に当てはまるようである。それ故に、「族」の図書寮本右訓にヤカラの訓があるのかもしれない。

前掲した用例〔1〕で「族」を「ウガラ」と訓んでいるにもかかわらず、古訓「ウカラ」が「族」に付されているのはこの例を除けば三例とも兼右本訓のみである。兼右本の例はすべて一族を表す語に付されているが、その親族関係は明確ではない。用例〔14〕は注釈書によると[10]「兄姉以上親」は父母・祖父母及び二等親の伯叔父・伯叔母を指していると言われている。この例は親若しくは親に相当するもの、または親より上の関係を表していると思われるが、左訓にカソという訓が見られその直後に「母」が挙げられている。「親」の字は、両親や親族の意味以外に「ハラカラ」と付され兄弟を表す例もあるが、[11]「親」は兄弟か親及び親に相当するものなど、かなり近い親族を指していることは確かである。用例〔15〕は天皇の妃候補となる貴族の子女の例で、「ヤカラ」の方がより相応しい例であるため、他の写本では「ヤカラ」が付されている。

以上、日本書紀古訓の中で「ウカラ」が付されている漢字を中心にその意味について検討してきた。その結果、「ウカラ」は「子弟・同姓・親族・（同）族・親・華冑」に付されており、ほとんどの例は親族関係の範囲が特定できない一族全体を指していた。そして、一族全体を表す場合、次に述べる「ヤカラ」との区別を付けにくいため、「ヤカラ」と同一箇所に付されるか、写本によって異なる例が多い。ただし、「子弟」の場合は、子や兄弟など比較的近い親族を意味している。「同姓」は姓が同じであるという意味で「子弟」のように近い親族を表すものではないが、高麗関連の例では姓ではなく同じ氏である血縁関係の親族を表していると思われる。「親族」の場合は特定人物ではなく親族全般を表し、「ウカラヤカラ」という形で使われる。つまり、「親族」とは「ウカラ」と「ヤカラ」の両方を含むものであり、両者は違いがあるということである。「（同）族」は比較的に近い親族から両者の関係が定かでない一族を指すものまでその範囲が広い。「親」の場合は兄弟以上の親か親相当の親族の可能性が高い。「華冑」は親族ではなく貴族の血筋である人を指しており、他の例とはその意味が異なる例である。

このように古訓「ウカラ」は子や兄弟及び親等を表す例や、『日本書紀』の訓注では妻を表していることを合わせて考えると、「ウカラ」は宣長のいう生族《ウマレカラ》よりは西郷氏の婚姻関係を軸に結ばれた関係と見る方がより妥当であろう。ただし、〈表1〉からも分かるように、同じく細かく訓を施す北野本第三種には「ウカラ」が付された例があまりないのに対し、兼右本では「族」のように「ウカラ」より「ヤカラ」にふさわしいと思われる漢字への「ウカラ」の付訓例が増えることから、時代とともに「ウカラ」と「ヤカラ」の違いが曖昧になってきたものと思われる。また前田本や北野本第四種には「ウカラ」の例はなく「ヤカラ」のみ見られるなど、写本による偏りも見られる。次に古訓「ヤカラ」が付された例について確認してみる。

三　古訓「ヤカラ」の用例とその意味

三・一　「ヤカラ」の音仮名表記例とその意味

「ヤカラ」は一般的に「ヤ」＋「カラ」の語構成であると考えられ、一家の親族または一族とされている。[12]「親族」に「ウカラヤカラ」と付す例から「ヤカラ」が親族を表していることは分かるが、親族の範囲は明らかではない。「ヤカラ」には音仮名表記例はなく『万葉集』に次のような例があるが、訓字表記であるので「ヤカラ」と訓んだ確例ではない。

葦屋の菟原処女の　八年児の片生の時ゆ　小放髪に髪たくまでに　並び居る家にも見えず　虚木綿の隠りてをれば　見てしかと悒憤む時の　垣ほなす人の誂ふ時…うち嘆き妹が去ぬれば　血沼壮士その夜夢に見　取り續き追ひ行きければ　後れたる菟原壮士い　天仰ぎ叫びおらび　足ずりし牙喫み建びて…尋め行きければ　親族《やから》どち《**親族**共》い行き集ひ永き代に　標にせむと遠き代に　語り繼がむと（万一八〇九）

この例は『日本古典文学大系』によるもの[13]であるが、「ウカラ」とする説もあり、[14]「ヤカラ」の確例ではない。前掲した万葉集の「ウカラ」の例と同様に特定人物ではなく親族を表しているので親族という意味以外は読み取れないが、参考までに挙げておく。

以上、上代には「ヤカラ」の音仮名表記例はなく、『万葉集』の例も訓を確定することは困難であり、「ヤカラ」

は語構成から親族・一族と考えるしかない。

三・二　『日本書紀』における付訓例とその意味

『日本書紀』古訓では「ヤカラ」は「ウカラ」より数多く見られる。どのような意味で使われているのかを把握するため、「ウカラ」と同様に、「ヤカラ」と付訓された漢字を中心に検討する。まず、漢字の種類と用例数を示すと、次の〈表2〉の通りである。

〈表2〉「ヤカラ」が付された漢字

古訓	写本＼漢字	～族	～属	子弟	親族	種	～類	華冑	～姓	子孫	宗
ヤカラ	岩A	1	1								
	岩B	1	1	1							
	前	3	2	1		2					
	図	8	4		1						
	北一鎌	3									1
	北二鎌	2									
	北一南	1									
	北二南						1				
	北三	8	1		1					2	
	道										
	春							1			
	岩C										
	北四	2					1	1			
	右	16	6	3	3	2	2	1	2		1
計		45（22）	15（6）	5（4）	5（3）	4（2）	4（2）	3（1）	2（2）	2（2）	2（1）

儻者	徒衆	母	計
			2
			3
			8
1			14
			4
			2
			1
		1	2
			12
			1
			4
1	1		38
2（1）	1（1）	1（1）	91（48）

〈表2〉を〈表1〉と比べてみると、「ウカラ」より「ヤカラ」の方が、付される漢字の種類も用例数も多いことが分かる。これは「ヤカラ」と訓むのに相応しい漢字の用例自体が多いこともあるが、「ヤカラ」の表す意味が「ウカラ」より広いことを物語っているとも言える。次に、「ヤカラ」がどのような漢字に付されているのか具体的な例を挙げながら確認する。

まず、「ヤカラ」の付訓例が最も多いのは「〜族」の例である。調査対象の中で「ヤカラ」が付された「〜族」は四十五（二十二）例ある。「〜族」の例には「族」「二族」「七族」「同族」「諸族」「骨族」「眷族」「党族」を含む。ただし、「親族」は前述した通り「ウカラヤカラ」という一つの語として付されていることも考えられるので、別に数える。「親族」に「ウカラヤカラ」と付される例は図書寮本と北野本第三種の一例ずつと兼右本三例がみられるが、前節で用例を挙げているのでここでは省略する。「〜族」の例の一部を次に示す。

〔16〕族《**ヤカラ**（岩A右・岩B左・図・北一南・右）》

請納㆓蘇我倉山田麻呂長女㆒為㆑妃、而成㆓婚姻之昵㆒。…中大兄聞而大悦、曲従㆑所㆑議。…而長女所期之夜被㆑偸㆓於**族**㆒。〈族謂㆓身狭臣㆒也。〉（巻二十四・皇極紀三年正月）

〔17〕同族《**ヤカラ**（北一鎌・右）》

二月庚午朔戊寅、穴戸国司草壁連醜経、献㆓白雉㆒曰、国造首之**同族**贄、正月九日、於㆓麻山㆒獲焉。（巻二十

五・孝徳紀白雉元年二月）

〔18〕　骨族《**ヤカラニ**（図）》《**ヤカラ**（右）》

夏四月、百済王遣二斯我君一進調。別表曰、前進調使麻那者、非二百済国主之**骨族**一也。…（巻十六・武烈紀七年四月）

用例〔16〕は中大兄皇子が蘇我倉山田麻呂の長女を妃にしようとしていたところ、蘇我倉山田麻呂の異母弟である身狭臣にその娘を盗まれるという記事で、「族」とは割注から身狭臣であり、この「ヤカラ」は親族即ち、叔父を言う。用例〔17〕は国造首の同族である贄が白雉を取って献上したという内容で、二人の関係は不明である。用例〔18〕は前に使者として来た麻那が実は百済王の骨族[15]ではなかったという内容で、「骨族」は親族関係であるという意味ではあるが、「聖骨」「真骨」の二種類があるので、どのような親族関係であるかは不明である。「聖骨」は両親が「王族」で王とかなり近い関係になるが、「真骨」は両親の中で片方だけが王族であるので、王位継承順序は少し離れる。尤もこの場合は親族関係ではないという意味であるので、王との関係は不明である。この他にも「〜族」の例は互いの関係は不明で一族の意味を表す例が多く、「ヤカラ」の意味は明らかではない。上記の例は「〜族」が一人の親族を指す例（全十四（六）例）で、次のような複数の親族を表す例の方が三十（十六）例でより多い。

〔19〕　族《**ヤカラ**（前・図）》

天皇聞二是語一、遣二物部兵士三十人一、誅二殺前津屋并**族**七十人一。（巻十四・雄略紀七年八月）

〔20〕　二族《―**ヤカラ**（図）》《**フタヤカラノ**（北三）》

二月癸丑朔、喚二鯽魚磯別王之女太姫郎姫・高鶴郎姫一、納二於后宮一並為レ嬪。…対曰、妾兄鷲住王為人強力軽捷。…是讃岐国造・阿波国脚咋別、凡二**族**之始祖也。（巻十二・履中紀六年二月）

用例〔19〕は前津屋の親族らを、用例〔20〕も讃岐国造と阿波国脚咋別の一族の全体を表している。以下、同じ先祖を持っている一族の全体を便宜上「一族」と呼ぶ。また、「〜族」の用例は兼右本の用例数が十六例で最も多く、また写本全体の「ヤカラ」の用例九十一（四十八）例のうち「〜族」は四十五（二十二）例でほぼ半数を占めている。「ヤカラ」は「〜族」が表すような親族関係に付される訓であった可能性が高い。

その次に数の多い「〜属」について確認する。「〜属」には「属」と「眷属」があるが[16]、その例を示すと次のようである。

〔21〕属《**ヤカラ**（図・右）》

小楯大驚離レ席、悵然再拝、承事供給、率レ**属**欽伏。（巻十五・顕宗紀即位前紀）

〔22〕眷属《**ヤカラ**（図・右）》

是役、大連児息与二**眷属**一、或有下逃二匿葦原一、改レ姓換レ名者上。或有二逃亡不レ知レ所レ向者一。（巻二十一・崇峻紀即位前紀）

用例〔21〕〔22〕は両方とも「一族」を表しており、「〜族」には親族一人を指している場合と「一族」全体を表している場合の両方があるのに対して、「〜属」は十五（六）例全部「一族」を表している。「族」と「属」は親族の意味としてほぼ同じ意味を表している[17]。ところで、「族」や「属」の場合「一族」の意味の範囲が親族だけでなくその「一族」に従う者まで含めている例に「ヤカラ」が付されていることから、「一族」の意味を表す「ヤカラ」は血縁関係のものとそれに従うものまで表すことになり、氏姓の性格とも近い。そのためか、「ヤカラ」には「〜姓」の例も兼右本に二（二）例見られるが[18]、このうち一例は前掲（用例〔6〕）したので、次に残りの例を挙げる。

〔23〕二姓《―**ヤカラノ**（右右）》《**族**（右左）》

己酉、詔曰、立二前正妃億計天皇女橘仲皇女一為二皇后一。是生二一男三女一。…次曰二上殖葉皇子一。亦名椀子。是

丹比公・偉那公、凡二姓之先也。（巻十七・継体紀元年二月）

この例は用例〔20〕の「族」とほぼ同じような意味を持つ例で、左訓に「族」と付されているのもそのためであろう。その次に多い例は「子弟」（五（四）例）で、前掲した用例〔3〕以外に次のような例がある。

〔24〕子弟《**ヤカラ**（前右）》《**ハリカラ**（前左）》《**ヤカラ**（右右）》《**ケカラ**（右左）》

辛亥、蘇我大臣疾患。問二於卜者一。卜者対言、祟下於二父時一所レ祭仏神之心上也。大臣即遣二**子弟**一、奏二其占状一。（巻二十・敏達紀十四年二月）

〔25〕子弟《**ヤカラ**（右）》

秋七月、蘇我馬子宿禰大臣勧三諸皇子与二群臣一、謀レ滅二物部守屋大連一。…大連親率三**子弟**与二奴軍一、築二稲城一而戦。（巻二十一・崇峻即位前紀）

「子弟」とは『大漢和辞典』によると、「子と弟」を意味しており、この本文の中では子か弟かは分からないが、親子か兄弟関係を表す言葉である。「子弟」は「ウカラ」や「ヤカラ」が両方とも付される例であるが、前節の用例〔3〕のように岩崎A点で見られる「ウカラ」の書写年代の方が早いと言える。また、「子弟」が子と弟を表すなど、近親の可能性が高く、「ヤカラ」よりは「ウカラ」の訓のほうがより相応しいと思われる。(19) 用例〔24〕では「ヤカラ」の他に「ハリカラ」という前田本（左訓）が見られるが日本書紀古訓では「ハラカラ」は主に兄弟関係を表す訓として用いられるので、この例も用例〔3〕と同様に兄弟関係のような近親の用例と捉えられた訓だと思われる。用例〔25〕も軍と区別して親族のことを表していることが分かる。

次に「ヤカラ」が付された漢字には「種」の四（二）例がある。

〔26〕三種《―**ヤカラ**（前）》《**ミヤカラ**（右）》

庚子、大伴大連奏請曰、…是故白髪天皇無レ嗣、遣二臣祖父大連室屋一、毎レ州安二置三**種**白髪部一、〈言二三種一

者、一白髪部舎人、二白髪部供膳、三白髪部靫負。〉以留二後世之名一。…（巻十七・継体紀元年二月）

〔27〕種《**ツキ**（前右・右〈右〉）》《**ヤカラ**（前左・右〈左〉）》

於レ是綾糟等懼然恐懼、…臣等蝦夷自レ今以後、…臣等若違レ盟者、天地諸神及天皇霊、絶二滅臣**種**一矣。（巻二十・敏達紀十年潤二月）

用例〔26〕は種を部ととらえ、それぞれ「一族」の意味として「ヤカラ」を付しているものと思われる。血縁関係はないので、「ウカラ」ではなく「ヤカラ」を用いたのであろう。〔27〕は蝦夷が誓いを破れば自分の子孫が途絶えるだろうと誓いを立てている記事で、「種」は子孫を意味している。

その他に「ヤカラ」が付される漢字は「～類」の四（二）例がある。「～類」には「党類」と「類」を含む。

〔28〕類《**トモカラ**（北二鎌右・右右）》《**ヤカラ**（北二南左・右左）》

是日、発途入二東国一。…是時元従者草壁皇子・忍壁皇子及舎人朴井連雄君・県犬養連大伴・佐伯連大目・大伴連友国・稚桜部臣五百瀬・書首根摩呂・書直智徳・山背直小林・山背部小田・安斗連智徳・調首淡海之**類**、二十有餘人、女孺十有餘人也。（巻二十八・天武紀元年六月）

〔29〕堂類《**トモカラ**（北四右・右右）》《**ヤカラ**（北四左・右左）》

時水虬化レ鹿以引二入瓠一。瓠不レ沈。即挙レ剣入レ水斬レ虬。更求二虬之**党類**一、乃諸虬族満二淵底之岫穴一。（巻十一・仁徳紀六十七年是歳）

用例〔28〕は天武天皇が東国に行くときに従った人たちを「類」として表しているが、皇子から舎人らまでの人を全部含めている。この場合の「ヤカラ」は前述した「～族」「～属」の場合のように、親族やその下で働くものを指すというよりは仲間のことを言う例である。用例〔29〕も「同類」が虬の仲間のことを表すもので、そのためなのか二例とも「トモカラ」と「ヤカラ」の両訓が見える例である。「～類」は古訓では主に「トモカラ」が付され、これらの例も「トモカラ」が右訓であることから「トモカラ」が相応しいと思われる。[20]

その他には「華冑」が三（一）例、「姓」が二（二）例、「子孫」が二（二）例、「宗」が二（一）例、「儻者」が二（一）例、「徒衆」が一（一）例、「母」が一（一）例ずつある。「華冑」と「姓」は前掲したのでここでは省略する。[21]

〔30〕子孫《**ヤカラ・コマコ**（北三）》

庚寅、亦移二居於葉田一〈葉田、此云二簸娜一。〉葦守宮一。時御友別参赴之。則以二其兄弟**子孫**一為二膳夫一而奉レ饗焉。（巻十・応身紀二十二年九月）

〔31〕宗《**ヤカラ**（北一鎌・右）》

復以二其民品部一、交雑使レ居二国県一。遂使二父子易一レ姓、兄弟異レ**宗**、夫婦更互殊レ名、一家五分六割。（巻二十五・孝徳紀大化二年八月）

〔32〕儻者《**ヤカラヒト**（図右）》《**タムラヒト**（図左）》《**タムロヒト**（右右）》《**ヤカラー**（右左）》

壬午、蘇我馬子宿禰聞二天皇所一レ詔、恐レ嫌二於己一、招二聚**儻者**一、謀レ弑二天皇一。（巻二十一・崇峻紀五年十月）

〔33〕徒衆《**ヤカラ**（右）》

其**徒衆**甚多、一国之魁帥也。（巻七・景行紀十二年九月）

〔34〕母《**ヤカラ**（北二南右）》《**イロハ**（北二南左）》

其諸王者雖レ**母**、非二王姓一者莫レ拝。凡諸臣亦莫レ拝二卑母一。雖レ非二正月節一、復准レ此。（巻二十九・天武紀八年正月）

用例〔30〕の「子孫」は子孫を、用例〔31〕の「宗」は先祖を表す例で、文字そのままの意味を表している。用例〔32〕は蘇我馬子の「一族」を指す例で、用例〔33〕は熊襲征伐に関する記事で反抗勢力の一族に「ヤカラ」が付された例で、親族及びその下のものまで含んでいる。このような「〜衆」の古訓としては「トモカラ」が多く、「ヤカラ」が付されている例はこの一例のみであり、「トモカラ」の訓が付されるべき漢字だと思われる。[22]〔34〕の例は、この例の直前に用例〔14〕の「親」の例があるので、それを受けて「ヤカラ」と付された例であろう。ただし、この例は「イロハ」が付された他の例と合わせて考えると「イロハ」の用例として扱うのがより相応しい。[23]

以上のことから、「ヤカラ」が付される漢字の種類は「ウカラ」に比べて多く、その用例数も多いことが分かる。その漢字が表す関係は子弟・兄弟・子孫・祖先など様々であるが、古訓「ヤカラ」が最も多く付されるのは「〜族」と「属」で「族」の一部の例（全十四（六）例）以外はすべて集団を表していることから、古訓「ヤカラ」は「一族」または「その一族に従うもの」までを含む関係を主に表していたと考えられる。「ヤカラ」はその意味の広さ故に、本来であれば「ウカラ」がより相応しいと思われる「子弟」のような例や、「トモカラ」が主に付されている「類」や「衆」にまで「ヤカラ」の訓が付されることになったのだろう。

四　おわりに

以上古訓「ウカラ」と「ヤカラ」が付された漢字や写本について確認してみた。その結果、「ウカラ」は主に子や兄弟・親・妻など比較的身近な関係に使用されているのに対して、「ヤカラ」は同一先祖から結ばれた縦の関係（ここでいう「一族」）の場合に用いることが多いことが明らかになった。そのため、前に挙げた西郷氏の説明のように「ヤカラは同一先祖に出自し、本家を軸に縦に系譜的に結ばれた族」を指すのだと考えられる。そこから、「ヤカラ」は「一族」とそれに従う者までを含める語にも付訓されるようになり、「ウカラ」が表す狭い親族関係をも包括し、古訓では「ウカラ」より「ヤカラ」の方がより多く用いられるようになったと考えられる。また、「ヤカラ」が仲間を表す例では「トモカラ」とも付訓される例があるが、その漢字の他の用例や、「ヤカラ」と付された写本が書写年代の新しい兼右本であることを考えると、「ヤカラ」よりは「トモカラ」が相応しい例であると推測できる。恐らく「トモカラ」との意味の曖昧さの故に両訓が見られるのであろう。また、北野本第三種では「ウカラ」の付訓例より「ヤカラ」の付訓例が多いもののほとんどの用例が「〜族」に集中しており、兼右本よりは付訓された漢字の種類も用例数も少ない。両写本は細かく付訓される写本であるため、このような写本による偏りが強く表れることもあり、兼右本では「ヤカラ」の付される漢字の種類がより増える結果になったのだろう。[24]

〔注〕

（1）古訓「ハラカラ」と「ヤカラ」が同一箇所で付されている例は前田本一例、「ウカラ」と「ヤカラ」が同一箇所で付されている例は（「ウカラヤカラ」の例は除く。）岩崎本AB点一例・図書寮本一例・春瑜本一例・兼右本一例であり、「ヤカラ」と「トモカラ」が同一箇所で付されている例は北野本第二種鎌倉初期点と南北朝期点一例・北野本第四種一例・兼右本二例が見られる。

（2）金（二〇〇八）「日本書紀古訓「イロ」に関して」『待兼山論叢』四十二　文学篇、大阪大学文学会。

（3）石塚晴通（一九九五）「北野本日本書紀の訓點」『築島裕博士古稀記念国語学論集』汲古書院、四五一〜四六三頁。

（4）〈語源説〉（1）ウミカラ（生族）の略。カラはコラ（子等）の転〔大言海〕。（2）ウムカラ（生属）の義〔和訓栞〕。（3）ウは生、カラは自・間の意〔東雅〕。（4）ウマレカラ（生族）の意か〔古事記伝〕。（5）ウカラ（生幹）の義〔国語の語根とその分類＝大島正健〕。（6）ウジガラ（氏族）の義〔言元梯・名言通・俗語考〕。（7）内族の義〔日本語源＝賀茂百樹〕。（8）ウは大、カラは幹で、幹の意から団体の義に転用〔日本古語大辞典＝松岡静雄〕。（9）カラは、腹ガラ、家カラ、トモガラのカラと同じ。族内婚禁止の血縁の集団をいう語といわれる〔時代別国語大辞典―上代編〕。（10）「嫗系」U-Kaにラ行音を添えたもの。ウカラの原義は同じ母系の子〔日本語原考＝与謝野寛〕。（『日本国語大辞典　第二版』）

（5）北野本第一種の鎌倉初期点「ウカ」のすぐ後に南北朝期点「ラ」が来るので、「ウカラ」（南北朝期点）の例として捉える。

（6）注（5）と同様。

（7）日本古典文学全集『日本書紀』三、五九頁頭注八
「淵」氏。古訓ウガラのウは「氏」、カラは新羅骨品制の「骨」など血族・同族をさした語か。

（8）兼右本の右訓である「ウカ、ラヲ」は「ラ」の仮名が「ヨ」の仮名に近い字体であるので、それによる誤りと考え「ウカラ」の用例として扱う。

（9）築島裕（一九六三）『平安時代の漢文訓読語につきての研究』東京大出版会

（10）『新編日本古典文学全集』『日本古典文学大系』による。

（11）**親**《**ハラカラ**（北四・右〈左右〉）》
天皇聞二是言一、更亦起レ恨。時隼別皇子之舎人等歌曰、…、朕以二私恨一不レ欲レ失レ**親**、忍之也。（巻十一・仁徳紀四十年二月）

（12）『日本国語大辞典　第二版』『時代別国語大辞典上代編』『国語大辞典』『岩波古語辞典』による。

（13）『岩波古語辞典』でも「ヤカラ」と読む。

（14）『新編日本古典文学全集』では「親族」は「ウガラ」と読んでいる。『時代別国語大辞典上代編』も同様。

（15）「骨」は朝鮮音 kolkjo-re の仮字で、親・戚・族・宗族・族党などみな同じ。新羅の王位は王族の骨族（聖骨・真骨）間で継承され、骨品制という身分制がある。骨はカバネで、日本の姓かばね制とも関係がある。（新編日本古典文学全集『日本書紀』二、二八〇頁）。

（16）「眷属」が十（四）例、「属」が五（二）例である。

（17）「族」：みうち。みより。うから。属に通ず。…やから。ゆかりの者。親戚。縁者。…あつまる。…ともがら。
「属」：あつまる。あつまり。…みうち。うから。やから。…ともがら。けらい。（『大漢和辞典』）

（18）日本古典文学大系『日本書紀』上、補注2―二一。
「日本古代の氏（うぢ）は、いわゆるクラン・ゲンス的氏族共同体のような社会組織とは違って、その内部に階級関係をもつ政治組織である。氏は多くの家から成っており、その中の最有力な家の家長が氏上（うぢのかみ）となり、氏の共有財産の管理権と氏神の祭祀権とを掌握し、その血縁及び非血縁の家の人人、すなわち氏人（うぢびと）を統率していた。そして氏上は氏全体の代表者として大和朝廷と何らかの政治的関係をもち、朝廷における政治的地位の標識として姓（かばね）を与えられ、ある範囲の氏人もこれに準じて姓を称していた。（後略）」

（19）ただし、注釈書では「ヤカラ」の訓として扱っており、その中の一つである日本古典文学大系『日本書紀』下、補注16―一八を挙げる。
「子弟の訓：書紀の古写本では、これの訓を欠くものもあり、また、底本などにはコイロドという訓がある。コイロドという訓は、子弟をそれぞれ一字一字として訓んだにすぎないもので、ここでいう子弟の意は、むしろ、ヤカラにあたると認められる。それで、これらの例では、コイロドの訓をすててヤカラと訓むことにした。」

（20）「～類」に「トモカラ」が付された古訓は前田本一例、北野本第二種（鎌）一例、北野本第三種五例、春瑜本一例、北野本第四種二例、兼右本九例で合わせて十九（九）例見られる。

（21）用例〔15〕、〔6〕と〔23〕。

（22）「～衆」に「トモカラ」が付された古訓は前田本五例、図書寮本六例、北野本第一種（鎌）一例、北野本第三種二例、道祥本一例、春瑜本一例、兼右本十一例で合わせて二十七（十三）例見られる。

（23）金紋敬（二〇〇九）「日本書紀古訓における母親を表す語彙に関して」『古事記年報』51、古事記学会。

（24）以前調べた血縁関係を表す「イロ、イロハ、カソ」は北野本第三種の用例数が兼右本と同様に多く付されており、付訓態度の差が考えられる。注(2)や(21)の論文及び、金（二〇一一）「日本書紀古訓における父親を表す語彙に関して」『日本学研究』三十三、檀国大学校日本研究所。

御巫本『日本書紀私記』の和訓の系統
――一峯本『日本書紀』との関係を中心に――

山口　真輝

一　はじめに

御巫本『日本書紀私記』（以下、御巫本と略す）の和訓は、西宮一民氏が指摘されるように「或る日本書紀古写本の行間ないし頭書として附された片仮名訓（万葉仮名訓を含む）を資料として（中略）集成成書化されたものである」(1)と考えられるが、「或る日本書紀古写本」がどのような本であるのかは不明であった。これまで、現存する神代紀を卜部家の系統に属する諸本（卜部家系）とそれ以外の諸本（非卜部家系）に分け、御巫本と同様に乙本系の私記と認められる万葉仮名傍訓がある圓威本『日本書紀』(2)が非卜部家系であることや、御巫本に複数和訓が示される場合、最初に挙げられる和訓と一致する傾向にあるのが非卜部家系本であることから(3)、御巫本には非卜部家系の和訓に近いものが多く含まれていると考えてきた。しかし、大野晋氏が「卜部家の神代紀に周密に付せられているヲコト点、片仮名の傍訓も、基本的性格において御巫本『日本書紀私記』の訓と近似している」、「兼夏本神代紀の万葉仮名傍訓は、平安前期から中期にかけての私記の訓を確実に伝える。御巫本『日本書紀私記』等の訓は基本的にそれに近く、卜部兼方本神代紀の片仮名訓も基本的にそれに大体一致する」(4)と言われたように、卜部家系書紀諸本の傍訓と重なる部分も少なからずある。

本稿では、あらためて御巫本の和訓を書紀古訓と比較し、「或る日本書紀古写本」について検討してみたい。

二　書紀古訓との比較

御巫本と書紀古訓を比較するにあたり、まず、系統に関係なく多くの書紀諸本で共通している和訓が御巫本と一致している例は取り除くことにした。比較対象として採り上げたのは、卜部家系本を代表して神代紀最古本の兼方本と万葉仮名傍訓を持つ兼夏本、非卜部家系本を代表して比較的書写年代が古い鴨脚本、一峯本、丹鶴本の計五本である[5]。

御巫本に挙げられている項目のうち、歌謡、万葉仮名注記がない項目、および、御巫本において複数の和訓が示される項目を除外した、上巻・五七四、下巻・四七四項目を対象として比較したところ、五本全てで和訓が一致する、つまり系統による和訓の偏りがない項目は上巻・二九二（50.9％）、下巻・二七八（58.6％）項目に及ぶことがわかった。半数以上で共通した和訓が見られるという結果から、依拠した書紀の系統が見いだしにくかったり、卜部家系本と大体一致するという印象が得られるのも頷ける。

その一方で、上巻・二八二（49.1％）、下巻・一九六（41.4％）の項目では、いずれかの本において御巫本と異なる和訓が見いだされる。この非一致項目を詳細に調査し、どの系統本が御巫本と一致し、どの系統本が一致しないのかを見れば、御巫本の和訓の系統もより明らかになるはずである。

そこで、この非一致項目がどのような分布を示しているのか、より細かく調べることとした。ここでは項目ごとではなく、次のようにA（御巫本）とB（卜部家系本）、C（非卜部家系本）で異なる和訓が見られる箇所を個別に問題箇所として取り上げ、比較対象諸本も増やした[6]。

A　如不与姉相見吾何能敢去　毛之[a]安祢乃美己止、阿比[b]美須之弖波阿礼[c]伊[d]加尓曽与久阿部弖万加良牟（御巫

本 八ウ1〕

B　如不與《モシ》 姉《ナ子ノミコト》 相《ヒ》見《マミエ》 吾《ヤツカレ》 何《イカソ》能敢 去《マカラム》 〔兼方本〕

　　如不與《モシスムハ》（姉《ナ子ノミコト》）相見《アヒマミエ》 吾《ヤツカレ》何《イカムソ》 能敢去〔兼夏本〕 ※「姉」は挿入

C　如不与《モシ》 姉《ナ子ノミコトニ》 相見《アヒ　ミ》 吾《ヤツカレ》 何《ナニソ　イカソ》能敢《ヨクアヘテ》 去《マカラム》 〔丹鶴本〕

　　如 不 與《モシスシテハ》 姉《ト　ナ子ノミコト》 相見吾《ヤレ》何《ソ》能《ク》敢 去《テマカラン》 〔一峯本〕

Aの御巫本に見られる和訓のうち「毛之」「美己止」「阿比」などは五本全てで一致している。それに対してa「安祢／ナネ」のように、傍線部a〜dではBCのいずれか、あるいは両方に御巫本とは異なる和訓が見いだされる。

このような箇所を抽出し、書紀諸本と対照した結果が【表二】である。

【表二】

	問題箇所	A	AB	AC	ABC
上巻	291	121（41.6%）	26（8.9%）	79（27.1%）	65（22.3%）
下巻	273	102（37.4%）	10（3.7%）	79（28.9%）	82（30.0%）

書紀古訓に見えない御巫本独自の和訓と言えるものがA、卜部家系本にのみ御巫本と同じ和訓が見いだされる場合がAB、非卜部家系本にのみ御巫本と同じ和訓が見いだされる場合がACである。最初の調査のように、五本全てに同じ和訓が見いだされるとまではいかないが、卜部家系・非卜部家系本ともに、それぞれ一本でも御巫本と同じ和訓が見いだされる場合は、両系統にまたがって御巫本と一致する和訓が見られるものとしてABCとした。

Aが四割ほどを占めることが目立つが、一方の系統とのみ御巫本が一致する場合に注目すると、ACは三割近いのに対しABは一割に満たないことが分かり、非卜部家系本の和訓がより多く採り入れられていると見ることができる。また、系統ごとの御巫本との一致数で見ると【表二】のようになり、御巫本独自の和訓と言えるAを除くとその大部分で、非卜部家系の和訓と一致していることがわかる。

【表二】

	問題箇所	Aを除外した数	卜部家系本（AB＋ABC）	非卜部家系本（AC＋ABC）
上巻	291	170	91	144
下巻	273	171	92	161

これらの結果により、御巫本の和訓は、非卜部家系本の和訓により近いということが確認できた。

さて、【表二】の調査結果にはもう一つ興味深い点がある。それはACの内訳である。ABでは複数の卜部家系諸本に同時に同じ和訓が見られ、特定の一本にのみ御巫本と同じ和訓が見いだされることはほぼ無い。しかし、ACの場合は、御巫本の和訓がいずれかの本とのみ一致するという例が少なからずある。特に下巻においてその偏りが顕著である。御巫本とある一本のみが同じ和訓をもつ箇所は、

上巻　丹鶴本（15）一峯本（15）為縄本（14）

下巻　一峯本（54）向神社本（2）

となり、特に下巻において一峯本のみが単独で御巫本の和訓と一致する例が五四例と、非常に多くなっているのである。そこで次節では、御巫本と一峯本の和訓のつながりを中心に検証していきたい。

三　御巫本と一峯本和訓の近似性

まずは、偏りが顕著な下巻から見ていく。

一峯本の書写は南北朝期、(7)あるいは室町末期と言われる(8)。応永三五（一四二八）年書写の御巫本と、書写年代はさほど離れていないと見られる。いわゆる古本系（本稿では非卜部家系と呼ぶ）の一本であり、本文の系統は三嶋本や玉屋本、あるいは春瑜本に類するという(9)。圓威本とも共通するところが多い(10)。ただし、片仮名による傍訓は次に示した冒頭の一文でもわかるように必ずしも一致しない。

天照大神《アマテラスヲホムカミノ》之子《コ》正哉《マサヤ》吾勝《アカカツ》《アカツ》々速日《ハヤヒ》天忍穂《アマオシホ》耳尊《ミミノ》娶《トリタマテ》《マキタマフ》高皇産霊尊之女《ミムスメ》栲播《タクハタ》千々姫生《アレマセリ》（別筆）天津彦々火瓊々杵尊〔圓威本〕

天照大神《アマテルヲホンカミノ》之子《ミコ》正哉吾勝《マサヤアカツ》々速日《カツハヤヒ》天忍穂耳尊《ノヲシホミノト》娶《メトリ玉ヒ》《マキ玉ヒ》高皇産霊尊《タカミムスヒノ》之《ノ》女《ミコ》《ミムスメ》栲幡千々姫《タクハタチヽヒメヲ》生《アレマセリ》《ナシマセリ》天津彦々火瓊々杵尊〔一峯本〕

下巻において一峯本が御巫本と一致するのは全部で一一八例と最多である(11)。ＡＢＣにあたる例においても「垂救活　伊介玉部」〔御巫本　三一ウ6・圓威本〕に対して他の諸本が全て片仮名表記で「イケタマヘ」とあるところが「イケ玉へ」になっていたり(12)、後述のように活用形や付属語まで御巫本に一致する例があったりと、他本以上の近さが感じられる。

中でも特筆すべきは、前章で見たように、一峯本のみが御巫本と一致する五四例である。いくつか例を挙げる。

(1)　誅　己呂須〔御巫本　二二オ6・圓威本〕
　ツミナフ〔鴨脚本・丹鶴本〕　ツミナフテ〔兼方本・兼夏本〕　ツミナフ（右）コロス（左）〔一峯本〕

(2)　當無恙　津、加奈介牟〔御巫本　二三ウ1・圓威本〕
　サキクアラム〔鴨脚本・卜部家系本〕　サキクアラム（右）サケクアラム（左）〔丹鶴本〕
　ツ、カナケント〔一峯本〕

(1)の御巫本は、第九段本書「於是二神誅諸不順鬼神等、果以復命(13)。」の傍線部分に対する注記であると考えられる。書紀古訓では「ツミナフ」が用いられるが、一峯本のみ御巫本と同じ「コロス」を併記する。(2)では、「サキクアラム」という古訓が広く見られる中、御巫本と一峯本は「ツツガナケム（ン）」で一致している。一峯本で「ケン」となっている点は新しさを感じるが、古訓の中で唯一同じ和訓を採用している。

他にも、一峯本のみが御巫本・圓威本と一致する例は多い。しかも、本稿での比較は自立語に限っており、次の(3)(4)のような、活用形や付属語の違いのみが一致する例は数に入れていない。

(3)　伏事　之太加比奴〔御巫本　三二オ3・圓威本〕
　シタカフ〔鴨脚本・卜部家系本〕シタカヒテ〔丹鶴本〕シタカヒヌ〔一峯本〕

(4)　破砕　…久太介奴留乎毛〔御巫本　三一オ7・圓威本〕
　クタケヌレトモ〔鴨脚本〕クタケヌルニ（右）ヌレトモ（左）〔卜部家系本〕
　クタケヌルヲモ〔一峯本〕

いずれも一峯本のみが活用形や付属語までの一致を見る例で、同様の例は下巻に三五例見いだせ、これらを加えれば、単独一致例はさらに多くなる。

このように、一峯本のみが突出して御巫本・圓威本と一致している事実は、直接の引用関係をも疑わせる。そこで、御巫本と圓威本万葉仮名傍訓が共有する一群の不審訓[14]が一峯本ではどのように記されているのか確認した。次に一致が見られた例を全て挙げる。

(5)　俄遷轉　志波良久宇津之比天〔御巫本　二七オ4・圓威本〕
　シハラクウツロヒ〔卜部家系本・丹鶴本〕ウツシイテ〔一峯本〕

(6)　代吠狗　保由流伊奴之呂〔御巫本　三二オ4・圓威本〕
　ヨ、ホユルイヌシテ〔卜部家系本〕ヲホユルイヌニ〔丹鶴本〕ホユルイヌシロトシテ〔一峯本〕

(7)　其利　曽乃左岐弖〔御巫本 二八ウ7・圓威本〕
サチ〔鴨脚本・兼方本〕　サチ（右）左知（左）〔兼夏本〕　サキヲ（右1）サチ（右2）〔一峯本〕

(8)　無目籠　末奈之加太美〔御巫本 二九オ3・圓威本〕
マナシカタマ〔鴨脚本・兼方本・丹鶴本〕　マナシカタマ（右）万奈之加太万（左）〔兼夏本〕
カタミ〔一峯本〕

(9)　堅間　加太未乎〔御巫本 三〇ウ1・圓威本〕
カタマ〔鴨脚本・卜部家系本・丹鶴本〕　カタミ〔一峯本〕

(5)は、御巫本において、元は卜部家系本などと同様に「ウツロヒ」と記されていたものが万葉仮名の字形の類似から誤認が起こり「呂」を「之」に誤って写してしまった可能性が考えられる。これが、「ウツシイテ」という形にはなっているものの、ほぼそのままの形で一峯本にある。あるいは、「ウツシ」と、活用語尾のみを示した「ヒテ」の二訓が合一されて一つの和訓のようになってしまったものか、いずれにしても不審な訓である。(6)も、元は「之弖（シテ）」とあったところを万葉仮名の字形の類似から「呂」に誤ってしまった可能性を指摘できる。あるいは、一峯本の傍訓のように「イヌシロ」という訓を示している可能性もあるが、いずれにせよ、他本に見られない和訓が共通している事実は変わらない。(7)では、兼夏本万葉仮名傍訓をはじめ、諸本に「サチ」の和訓が見られるが、御巫本で「左岐」、一峯本でも「サキヲ」になっている。片仮名「チ」を「キ」と誤認し、御巫本では、さらにそれを「岐」と万葉仮名化したと考えられる例である。(8)(9)は、御巫本でともに「カタミ」という和訓が示されているが、兼夏本万葉仮名傍訓など諸本の古訓には一貫して「カタマ」とある。「マ」が「ア」のように書かれたため「ミ」と誤認したか、万葉仮名で「末」と「未」を誤認したか判断し難い[15]が、不審な例である。または、和名抄に「カタミ」という語形が見られるので[16]、誤例と言えない可能性もあるが、一峯本のみが御巫本と一致する例であることには違いない。

　このように、一峯本も片仮名や万葉仮名の誤認が原因と見られる不審訓を御巫本や圓威本と共有しているということで、同じ私記を継承している可能性が高くなる。

　片仮名訓ではないが、次のような書き入れもある。粕谷興紀氏が御巫本の中で「最も注目される」記事として挙げられた[17]天稚彦の殯に関する記述部分である[18]。御巫本に七例あり、そのうち圓威本には⑽⑾と「為舂女」の三例が見られ、一峯本には次の二例の書き入れがある。これらは他の書紀には見られない書き入れで、やはり三本の近似性が窺われる。

⑽　為持傾頭者人也　記左里毛知止須　死人之食物〔御巫本 一二〇ウ3〕
　記左里毛知止須　死人食物〔圓威本〕
　キサリモチト（右）死人食物（左）〔一峯本〕

⑾　持帚者　波々支毛知　死人持立波後其臥處掃清也〔御巫本〕
　波々支毛知止須　死人持立彼後其臥処掃清也〔圓威本〕
　ハ、キモチ（右）死人持後其臥処掃清也〔一峯本〕

以上のことから、一峯本下巻には、御巫本や圓威本と系統を同じくする日本書紀私記の和訓が継承されていると認めてよいと思われる。この三本の関係について御巫本の存疑例[19]から検討してみると、

⑿　美人　加保与之於牟奈〔御巫本 一二一ウ4〕
　加保与岐於牟奈〔圓威本〕
　タヲヤメ江（右1）ヲミナ（右2）ヲムナ江（左）〔兼方本・兼夏本〕
　オムナ〔鴨脚本〕カホヨキヒト〔丹鶴本〕カホヨキヲンナ（右）タヲヤメ（左）〔一峯本〕

⒀　制　加知太波〔御巫本 二五オ6・圓威本〕
ノリ〔卜部家系本・鴨脚本・丹鶴本〕ノリ（右1）乃利私（右2）カタキハ（左）〔兼夏本〕
カタチハ〔一峯本〕

⑿からは、一峯本は圓威本により近いように見える。しかし御巫本の他の存疑例では、一峯本に該当する付訓がないか、一峯本の付訓は圓威本と一致しているものの、卜部家系本を含めた他の諸本ほとんどとも一致している和訓であり、特に圓威本と一峯本のみの共通和訓とは言えないものであった。また⑸で「―比弖」が「―イテ」となっていたり、⑿で「於牟奈」が「ヲンナ」になっている点は一峯本に新しさを感じるが、仮名遣いの異例は御巫本の方が目立つ。⑿では、御巫本も圓威本も「ヲ」であるべき仮名遣いが「於」と異例になっているのに対し、一峯本では「ヲ」と正しい。「オ・ヲ」の仮名遣いに関しては、御巫本に下巻だけで一六例の異例があり、圓威本でもほぼ同じ状況であるが、一峯本では⑿を含めそのうち七例で正しい仮名遣いになっている。つまり、仮名遣いに関しては、一峯本にも異例が見られるものの、御巫本や圓威本よりは異例が少ないと言える。

⒀では、一見、一峯本のみが「カタチハ」と異なる訓を示しているように見える。これは「カタキハ」の片仮名誤認例と見られる。一方、御巫本と圓威本は「加知太波」で一致している。ただ、御巫本は割注形式で「制加知太波」と記されており、改行の関係で「加知／太波」とあったものがそのまま詰められて現在のような形になっていると考えると、もとは一峯本の和訓と一致していたと見ることができる。つまり、一峯本のような書紀書き入れを万葉仮名化し割注形式にした一本を御巫本は受け継いでいると考えられる。圓威本は、御巫本が参照したのと同様の、改行を考慮しないまま行を詰めてしまった割注形式の和訓を参照し、その際、文字の順を誤ってしまったのであろう。

このように、不審例の共有はあるものの、御巫本と圓威本の一致数に比べると一峯本は半分程度であり、どちらかにより近い様子も見られないこと、仮名遣いの異例も、御巫本と圓威本はほぼ同じであるのに対し、一峯本には正しく書かれているものが散見すること、一峯本と同様の片仮名の誤例を含む和訓を万葉仮名化し、さらに文字の順を誤った例が御巫本と圓威本に見られることなどから、三本の関係は、御巫本と圓威本を遡ったところに共有する一本があり、さらに早い時点に三本の共通祖本があると考えるべきであろう。

次に、一峯本上巻にも同様に私記の継承が見られるのか、確認していきたい。圓威本は下巻のみの一本なので御巫本のみとの比較になる。上巻における御巫本と一峯本の単独一致例は一五例と下巻に比べて少なく、他の非卜部家系本と差が無い。また、万葉仮名や片仮名の誤認による不審訓は上巻にも見られるものの、それを一峯本が共有する例はない。つまり、下巻ほどの近さは見いだせなかった。とはいえ、他の非卜部家系本と同様に卜部家系本よりは御巫本に近い和訓を持っている。単独例としては次のような例がある。

⒁　陰陽未分　女乃古遠乃古…〔御巫本　一オ2〕
　　陰陽不分　メヲ〔卜部家系本・丹鶴本〕
　　陰陽不合　メヲ（右）メノコヲノコ（左）〔一峯本〕

⒂　善少男　与岐遠止古〔御巫本　三ウ3〕
　　エヲトコ〔卜部家系本〕　ウマシヲトコ〔丹鶴本〕　ヨキオトコ〔一峯本〕

⒃　不平　耶須加良須〔御巫本　一三オ1〕
　　ヤクサミタマフ〔兼方本・丹鶴本〕　ヤクサミタマフ（右）也久左美太万不（左）〔兼夏本〕
　　ヤスカラ〔一峯本〕

⒁では、確認した全ての書紀古写本で「メヲ」と訓を付ける中、一峯本のみが御巫本と同じ「メノコヲノコ」という和訓を持っている。⒂は「エヲトコ」と訓む本が主流で、丹鶴本は「ウマシヲトコ」、唯一、一峯本が御巫本と同じく「ヨキオトコ」となっており、「ヲトコ」の仮名遣いは異なっているものの、「善」に付けられた和訓が御

巫本と共通している。⒃の諸本に見える「ヤクサミタマフ」は兼夏本万葉仮名訓にもあるように古訓のなかでも古いものと考えられ、書紀諸本においてほぼ異同のない和訓である。これが、御巫本や一峯本では取り上げられず、共に「ヤスカラ（ス）」の訓を載せる。「ヤスシ」は「心の状態についていうことが多い」（『時代別国語大辞典上代編』三省堂　一九六七・一二）とあり、「由是日神挙体不平」（第七段一書第二）という日神の体の状態を表す表現としては一般的とは考えられないのであるが、御巫本と一峯本では一致している。

上巻には、次のような例もある。

⒄　負束草　久左豆止乎於比弖〔御巫本　一四ウ7〕
　　ヲフ　クサツカ〔兼夏本〕　ヲヒテ　クサツカヲ〔丹鶴本〕
　　テ　クサツトヲ〔一峯本〕　久左豆止乎於比弖（左）〔池内本〕[20]

右に挙げた兼夏本や丹鶴本だけでなく確認したその他の諸本においても「束草」は「クサツカ」と訓まれているが、一峯本においては御巫本と同じく「クサツト」という訓が付されている。さらにこの部分には、池内本の左注に万葉仮名訓があり、これは万葉仮名字母も全て御巫本と一致している。池内本の万葉仮名による付訓はもう一例ある。

⒅　急握釼柄　多加美乎止利之波利〔御巫本　八オ5〕
　　トリシハリ　タカヒ〔兼方本・兼夏本〕　トリ　タカミヲ（右）　シハリ（左）〔丹鶴本〕
　　トリシハリ　ノ　ツカヲ〔一峯本〕　多加美乎止利之波利（左）〔池内本〕

こちらは、丹鶴本の和訓が御巫本と一致している例であるが、ここでも池内本の万葉仮名の書き入れが、字母まで御巫本と一致している。池内本に関しては次のような付訓もある。

⒆　天鏡　安女万志波利（左）　アメマシハリ（右）〔御巫本　二オ3〕
　　アメカ、ミノ〔兼方本・兼夏本〕　メ　ノ〔一峯本〕　アメマシハリ私記（左）〔池内本〕

御巫本と共通する和訓が諸本に見いだせない中、池内本にのみ御巫本と全く同じ和訓が見られ、なおかつ左下に「私記」の注記がある。「マシハリ」という和訓は「鏡」の和訓ではなく、「マジフ・ハル」という和訓をもつ「錯」との誤認によって生じた不審な和訓ではないかと思われる。少なくはあるが、これらの例から池内本が乙本系統の私記を参照している可能性はかなり高いと思われる。そのように考えると、一峯本や丹鶴本以外に池内本にも御巫本と同じ和訓が見られる場合、次の例を含めて、それぞれが単独で御巫本と一致する例に準じて扱ってよいと思われる。

(20)　散去矣　安加礼伊奴〔御巫本　七オ3〕
　アラケヌ〔兼方本・兼夏本・丹鶴本〕　アカレイヌ〔一峯本・池内本・東山本[21]〕

以上のように、上巻では、下巻のように一峯本が突出しているわけではないが同じ和訓が御巫本に多く見いだされ、丹鶴本[22]などと共に非卜部家系本の訓が御巫本に多く採用されていると言えよう。

四　複数訓から見た御巫本と一峯本との関係

ここで、御巫本に複数の和訓が示される項目（複数訓と呼ぶ）との比較からも、一峯本との関係を見ておきたい。【表二】に準じて、それぞれの一致数を【表三】に示した。御巫本において、和訓が現われる順に第一訓から、それぞれとの一致数を挙げた。括弧内の数字は一峯本の単独一致例である。

【表三】

	複数訓	用例数	A	AB	AC	ABC
	第一訓	33	6	3	10（2）	14

上巻	第二訓	33	8	4	3（1）	18
	第三訓	8	7	0	0	1
下巻	第一訓	19	1	1	10（5）	6
	第二訓	19	3	0	3（1）	13
	第三訓	1	1			

複数訓は上巻三三例、下巻一九例と少ないため、大きな差は出にくいが、それでも表からは卜部家系本と一致しているＡＢよりも非卜部家系本と一致しているＡＣの方が一致数の多いことがわかる。加えて、その中身に差がある。

まず、第一訓と卜部家系本の一致例を見てみる。

(21) 鰭廣　波太比呂支毛乃　比礼〔御巫本　七オ4〕
ハタノヒロモノ（右）ヒロキモノ（左）〔兼方本〕ハタノヒロモノ〔兼夏本・一峯本〕
ハタノヒロキ〔丹鶴本〕

(22) 窺之　宇加々比美多万布又美曽奈波須〔御巫本　一二オ4〕
ミソナハス（右）ウカ、ヒタマフ・ミタマフ江（左）〔兼方本〕
ミソナハス（右）ウカ、ヒタマフ（左）〔兼夏本〕
ミソサハストキ（右）ウカ、ヒタマフトキ（左）〔丹鶴本〕ミソナハスヲ〔一峯本〕

ともに、兼方本の左傍訓と一致している。そして、それは卜部家系本全体に見られる和訓ではなく、一部の本にのみ見られる和訓であることがわかる。このように、ＡＢだけでなくＡＢＣの場合も含めて、第一訓と卜部家系本の和訓が一致する場合は、左傍訓であったり、一部の卜部家系本にしか見られない和訓であったりと、卜部家系本の主流の和訓ではないと思われる付訓と一致する傾向がある。また(22)のように、「江」と江点（大江家点）注記のある例も目に付く[23]。つまり、御巫本の第一訓と卜部家系本の和訓が一致する場合、卜部家系本の主流と見られる和訓ではなかったり、江点注記があるものであったりと特定の条件が認められることが多いのである。

次に、非卜部家系のとくに一峯本と一致する例を具体的に見てみる。まずは上巻の例である。

(23)　無頼　安地岐奈之又云太乃三介奈之又云左以波岐奈之〔御巫本　一四ウ1〕
＼タノモシケナシ江同之（右1）コノモシケナシ（右2）ヨカラス江同之（左）〔兼方本〕
タノモシケナシ（右1）太乃毛之介奈之（右2）ヨカラス或説（左1）与加良須（左2）〔兼夏本〕
タノシミケナシ（右）ヨカラス（左）〔丹鶴本〕
アチキナシ〔一峯本〕

(23)では書紀諸本にも複数の和訓がある。ところが、比較的古い訓を伝えていると思われる兼夏本万葉仮名傍訓や兼方本で合点が付された「タノモシケナシ」という訓は、御巫本には見られない[24]。同じく兼夏本万葉仮名傍訓があり、両系統本にわたって見られる「ヨカラス」という訓もない。御巫本の第一訓が一峯本と一致しているのみである。御巫本の第一訓が一峯本と一致する傾向は下巻においてより顕著である。次の二例は、複数訓の傾向をよく示している。

(24)　目勝　万乃安太利也万加知天〔御巫本　二四ウ4〕　万乃安太利万加知天〔圓威本〕
マカチ〔鴨脚本・兼方本〕　カチ〔兼夏本・丹鶴本〕　マノアタリ〔一峯本〕

(25)　善術　与支和左去婆氣〔御巫本　三三ウ5〕　与支和左〔圓威本〕
ハケ〔鴨脚本・卜部家系本〕　ヨキワサ〔一峯本〕

㉔は、御巫本の「万乃安太利也」という最初の訓が一峯本の訓と一致している。そして第二訓の「マカチ（テ）」は卜部家系本や鴨脚本、丹鶴本と一致しているが、一峯本にはこの和訓は見られない。次の㉕でも、一峯本のみが御巫本の第一訓と一致していて、卜部家系諸本と鴨脚本は第二訓と一致している。このように、一九例のほぼ半数にあたる一〇例で御巫本第一訓と非卜部家系本の和訓が一致し、卜部家系本に広く見られる和訓や両系統にまたがる和訓は第二訓と一致している。そして、非卜部家系本と一致する一〇例のうち五例は、一峯本の単独例である。

さらに、㉓～㉕において、一峯本で一つの和訓のみしか示していない点にも注意しておきたい。同様の傾向は圓威本にも見られる。御巫本に複数訓がある場合でも、圓威本の約半数は、㉕のように第一訓のみが示される。両者とも書紀への書き入れという形ではあり、成書化された御巫本とは条件が異なるが、⑴⑺⒁のように一峯本でも二通り以上の和訓を示すことはままあるので、付訓形式だけの問題とは考えにくい。もともと三本の共通祖本にあたる一本には第二訓がなく、御巫本のみが後に他の私記類か書紀付訓本から和訓を補ったため複数和訓が示されるようになったのではないかと推測される。御巫本はもともと非卜部家系書紀に拠っていて、その系統和訓が第一訓に採り入れられており、後から補われた和訓が第二訓として示されたと考えられるのである。

このように、複数訓との一致具合を検証してみても、やはり非卜部家系本との、その中でも特に下巻では、一峯本との近さが窺えるのである。

最後に、和訓ではないが乙本系の祖本が非卜部家系本に拠ったと考える根拠をもう一つ挙げておく。それは、御巫本の項目における見出しの用字である。

㉖　合吾恥辱〔御巫本　五オ7・一峯本・両足院本〕

令吾恥辱〔卜部家系本・丹鶴本〕

(27)　磐立命〔御巫本 七オ・一峯本〕
　　　磐土命〔卜部家系本・丹鶴本〕
(28)　大豆田〔御巫本 二八オ・一峯・圓威本〕
　　　豆田〔卜部家系本〕

(26)は、伊弉諾尊が覗き見したことに対して伊弉冉尊が「何不用要言、令吾恥辱」と恨み言を言った部分なので、御巫本にも「令《イ私》」とあるようにこちらの字が正しいと思われる。しかし、一峯本と、一峯本に近い本文を持つと言われる(25)両足院本で御巫本と同じように「合」の字が用いられている。(27)も同様に御巫本等の誤写であると思われる。伊奘諾尊が橘之小門で水に入って海底の土から「磐土命」「底土命」「赤土命」を吹き生すので「立」でなく「土」であるべきところだと思われる。(28)は、御巫本と一峯本、圓威本にのみ「大」の字が挿入されている例である。このように、文字の添加や脱落が見られる箇所で一峯本が御巫本と六箇所一致しているのが見いだせ、また、誤字と見なせる例においても、四箇所で一致する。見出しとして抜き出した書紀本文の一部に、文字の誤脱や添加が含まれる偶然性の低さを考えると、一〇箇所で一致するというのは注目すべき数と言っていいだろう。以上のような点から、御巫本の祖本が依拠した書紀本文も一峯本の本文に近い系統に属するのではないかと考えられる。そう考えると、共通祖本は成書化された私記ではなく、圓威本や一峯本に近い系統の書紀への書き入れという形であったと考えるのが自然であろう。

　以上のように、非卜部家系本の和訓の方が、御巫本の和訓と一致する場合が多いこと、御巫本に複数訓が示される場合、まず挙げられる第一訓と非卜部家系本の和訓が一致することが多いこと、さらに御巫本の見出し語に見られる文字においても、卜部家系本ではなく、非卜部家系本の、特に一峯本と一致するものが見られたことから、御巫本の元になった「或る日本書紀古写本」は非卜部家系統のものと見てよい。そして下巻に関しては非卜部家系の中でも、とくに一峯本との近さが見られたことから、その系列の一本と見てよいであろう。そこに付された和訓は、(5)(6)と疑問の残る例はあるものの、御巫本と圓威本の間に見られるような万葉仮名の誤認以外が原因とは考えにくい誤例[26]を一峯本が共有していないこと、万葉仮名化された和訓を再度片仮名化したと見られる証拠を一峯本に見いだせていないことから、片仮名で記されていたと考えてよいであろう。

五　まとめ

以上、一峯本を中心とした書紀古訓との比較から、御巫本が拠ったと考えられる「或る古写本」は非卜部家系本であり、特に神代下は一峯本に近い系統本である可能性が高いことが確認できた。そこには片仮名による付訓があり、それを万葉仮名化した一本を御巫本と圓威本が共通祖本として持つと考える。一峯本はもとの古写本を継承したものと見られる。

今回の調査では、御巫本の上巻と下巻では事情が異なることがより鮮明になったと思う。これまでにも注記形式の不統一などを手がかりに、御巫本をいくつかの部分に分ける試みがされてきたが[27]、上下巻揃った一峯本においても、下巻しかない圓威本と同じように下巻に特に多く御巫本と同じ系統の私記に基づく和訓を見いだせることは、御巫本の成立事情と無関係ではあるまい。今後は書紀古訓のみでなく、注釈書も視野に入れ比較検討していく必要があるだろう。

〔注〕

（1）「日本書紀私記、乙本・丙本について」（『日本上代の文章と表記』風間書房　一九七〇・二）

（2）拙稿「『御巫本日本書紀私記』の和訓について——台湾大学蔵『圓威本日本書紀』万葉仮名傍訓との比較から

――」（『訓点語と訓点資料』記念特輯　一九九八・三）

（3）拙稿「御巫本日本書紀私記の複数訓の性格」（『国語語彙史の研究』22　和泉書院　二〇〇三・三）

（4）『日本古典文学大系67　日本書紀』上　解説「三　訓読」（岩波書店　一九六七・三）

（5）使用したテキストは次の通り。御巫本における見出し語とそれに伴う和訓を合わせて一項目と数える。比較にあたっては、自立語に同じ単語が選択されているかどうかで判断し、付属語や活用形は問わない。また語頭・語中尾の省略は記載部分が異ならなければ「一致する」とみなす。仮名遣いの異例や音便なども許容する。書紀に複数の傍訓がある場合は、そのいずれかが御巫本と一致していればよいこととした。

御巫本・『神宮古典籍影印叢刊2　古事記　日本書紀』（下）（八木書店　一九八二・四）／鴨脚本・『日本書紀』（古典保存会　一九四一・七）／兼方本・『国宝卜部兼方自筆日本書紀神代巻』（法蔵館　一九七一・一二）／兼夏本・『天理図書館善本叢書1　古代史籍集』（八木書店　一九七二・七）／丹鶴本・『丹鶴叢書　日本書紀・春記』（国書刊行会　一九一二・五）／一峯本・毛利正守氏のご厚意により写真をお借りした／圓威本・『國立臺灣大學圖書館典藏　日本書紀　影印・校勘本　一　圓威本』（國立臺灣大學圖書館　二〇一二・一）

（6）國學院大學日本文化研究所編『校本日本書紀』一～四（角川書店　一九七三・一一～一九九四・四）に拠る。

（7）『新編日本古典文学全集2　日本書紀』①解説「六　古写本と版本」（小学館　一九九四・四）

（8）中村啓信氏「古事記 日本書紀諸本・注釈書解説」（『別冊國文学49　古事記日本書紀必携』學燈社　一九九五・一一）

（9）注（7）で三嶋本との関係が、注（8）解説では三嶋本・玉屋本・春瑜本との関係が指摘されている。

（10）圓威本本文における漢字の誤脱や転倒状況について調査すると、八割程度が一峯本と一致する。他本との比較では多くても二割程度が一致するのみなので、かなり近いと見てよい。是澤範三氏は「國立臺灣大學圖書館藏圓威本『日本書紀』調査に関する覚書」（『語文』99　二〇一二・一二）において、内題や書き入れの一致、本文の脱落などの検討から「一峯本系の写本を圓威本が書写したと考えるのが穏当であろう」とされる。

（11）御巫本と一致しないのは三三例。次に多い丹鶴本は七〇例が一致している。

(12) 御巫本下巻に「タマフ」は一九例あり、そのうち「玉比」など「玉」を用いた例が他に三例ある。そこでも次のように一峯本の片仮名訓の中で「玉」が用いられている。

・美女久良之玉シ加波〔御巫本 二八オ6・圓威本〕ミメクラシ玉シカハ〔一峯本〕
ミマセハ〔卜部家系本・丹鶴本〕

・加倍利玉比奈止〔御巫本 二九ウ6〕カヘリ玉ヒ〔一峯本〕カヘリマサム〔卜部家系本・丹鶴本〕

・末太奈加倍之玉比曽〔御巫本 三四オ2〕マタナカヘシ玉ヒソ〔一峯本〕マタナカヘシソ〔卜部家系本〕

この三例は一峯本の単独一致例でもある。

(13)『新編日本古典文学全集2 日本書紀』①（小学館 一九九四・四）、以下、書紀の引用は同書による。

(14) 注(2)拙稿で、御巫本の和訓と圓威本の万葉仮名訓が近似関係にある根拠の一つに挙げた。一二例ある。御巫本の不審例の指摘は、注(1)論文、上野和昭氏「『御巫本日本書紀私記』の成立に関する一考察」（『国語学 研究と資料』8 一九八四・一二）に拠る。

(15) 注(1)西宮氏論文では「マ」が「ア」の字体に近かったため「ミ」と誤読されたと見る。注(14)上野氏論文では「末」から「未」の万葉仮名の誤認と見る。

(16)「笭箐 四声字苑云─零青二音漢語抄云加太美 小籠也」。

(17)『神宮古典籍影印叢刊2 古事記 日本書紀』（下）（八木書店 一九八二・四）

(18) この部分に関しては、中尾瑞樹氏が一峯本と『日本書紀私抄』の関係として述べられている。私抄には⑽「死人食物人也」、⑾「死人持後其臥處掃清人也」とあるという。⑽では圓威本と一峯本が一致しているが、⑾の一峯本はいずれとも少しずつ異なっており判断の難しいところである。今後検討すべき課題であると考えている。中尾氏「了誉聖冏『日本書紀私抄』と一峯本『日本書紀』──一峯本書き入れ注記と『日本書紀私抄』注釈文の照合の問題を中心に──」（『論究日本文學』87 立命館大学日本文学会 二〇〇七・一二）。

(19) 御巫本には、仮名の誤認に起因するであろう不審訓だけでなく、さらに誤脱字、衍字などを想定しなければ意味をなさない和訓が複数見られる。圓威本とも異なる場合がある。

(20)「江戸時代末の写本であるが永和五年度會章尚本の転写本。本文、訓ともに兼方本と血縁を有するが、独自の異文をもち、一グループを形成する。」（注(6)凡例）という。卜部家系本と同じ「江同」等の書き入れを多く持つ。兼夏本の万葉仮名訓は取り入れていない。「私記」の注も、(19)の一例が確認できたのみである。

(21)「池内本祖本からの派生本」（注(6)凡例）

(22)特に上巻においては、一峯本と同程度の一致数がある。次章の複数訓でも、上下巻合わせて九例が御巫本の第一訓と単独で一致する。注(3)拙稿にて述べた。

(23)江点注記の付いた和訓が御巫本と一致する場合は複数訓に限らず多く、上巻では兼方本の一五一例の江点注記がある和訓のうち八五例が御巫本の和訓と一致し、下巻においては六八例中五三例が一致する。

(24)御巫本の第二訓「太乃三介奈之」は不審訓であるが、「シ」の脱落があると考えると丹鶴本の「タノシミケナシ」に一致する。あるいは、それに加えて「モ→ミ」の誤認があれば、卜部家系本の「タノモシケナシ」とも一致する可能性はある。

(25)注(6)凡例による。

(26)注(2)拙稿。

(27)注(14)上野氏論文。

「五国史」宣命の「之」字

池田幸恵

一　はじめに

原則として、自立語を漢字で大書し、付属語や用言の活用語尾を万葉仮名で小書する宣命においても、助詞や助動詞の表記に万葉仮名ではなく漢文助字が使用されることがある。筆者はこれまでも、宣命における漢文助字使用のあり方に注目し、助詞や助動詞の表記にどの程度漢文助字が使用されるのか、万葉仮名と漢文助字がどのように使い分けられているのかについて「五国史」宣命を対象に考察してきた(1)。

宣命における漢文助字の使用は、大きな傾向としては時代が下るに従って使用頻度が下がっていくものの、助動詞に相当する助字の中には、「べし」に相当する「可」字や、「しむ」に相当する「令」字、「ず」に相当する「不」字のように、『日本三代実録』（以下、『三代実録』と略称）の宣命においても使用され続けるものも存する。また、これらの助字は、公卿日記に収録された平安時代後期の宣命においても倒置表記を伴い使用され続け、さらに『今昔物語集』に見られる片仮名宣命体表記に繋がっていく(2)。

一方、助詞に相当する助字については、続日本紀宣命では比較的多くの用例が見られた、「て」に相当する「而」字や「は」に相当する「者」字が、『日本後紀』以降の「四国史」宣命ではその用例数を極端に減らすのに対し、

「の」に相当する「之」字のみが『三代実録』に到っても多くの用例が見られる点で、その性格を異にしていた。また、この「之」字については、助詞「の」に相当する用例だけでなく、連体格を表すのみで「の」とは読まない例も存する。

本稿においては、古事記や日本書紀などの他の上代文献における「之」字使用のあり方を参考にしつつ、「五国史」宣命における「之」字使用の実態を明らかにしていく。

二　宣命体文献における「之」字

本稿の目的は、「五国史」宣命における助字「之」字使用の詳細を明らかにすることであるが、「五国史」宣命の中には、大書される助字の「之」字だけでなく、小書される万葉仮名の「之」字の例も存する。助字「之」の考察に入る前に、ここでは、助字「之」字と万葉仮名「之」字の用例分布についてふれておく。

「五国史」宣命全体では、「シ」の音節の万葉仮名には「之・志・自・斯・悉」、「ジ」の音節には「自・之・士・時・字」が使用されているものの、用例数の上では「之」が圧倒的多数を占めている。(3)「之」字は万葉仮名では「シ」、助字では「ノ」と異なる音節を表しているため、そのまま比較するのは適切ではないかもしれないが、用例数では万葉仮名例五〇二例に対し漢文助字二八九例と、万葉仮名「シ」の用例が多数を占めている。

同じ宣命文中に万葉仮名の「之」字と漢文助字の「之」字が用いられる場合、両者は文脈や字の大きさで区別することができるものの、やはり同じ文字を大きさは異なるとはいえ複数の用途で用いるのは、読みの効率性から考えてあまり得策ではないと思われる。

万葉仮名の「之」字と漢文助字「之」字の分布は【表一】の通りであり、同じ宣命文中に両方の例が見られるのは、『日本文徳天皇実録』（以下、『文徳実録』と略称）以前は、もっとも割合の高い『続日本紀』においても六二詔中一五詔と約二五パーセントほどであるのに対し、『三代実録』においては約半数の宣命で両方が使用されている。

【表二】万葉仮名と漢文助字の「之」の分布

	詔の数(4)	仮名のみ	両方あり	助字のみ	両方なし
続日本紀	62	28	15	7	12
日本後紀	13	6	2	2	3
続日本後紀	36	12	8	3	13
文徳実録	31	12	3	4	12
三代実録	83	19	42	6	16
合計	225	77	70	22	56

また、助字「之」の多くは格助詞「の」を表すが、「ノ」の音節の万葉仮名には「乃・能」字が用いられるのが一般的である。これらの万葉仮名は、「五国史」宣命全体では一、〇〇〇例ほど用いられており、どの国史の宣命においても助字の「之」字より当然のことながら用例数が多い。

このように見てくると、「五国史」宣命の中でも特に三代実録宣命に漢文助字の例が多く、また一つの宣命文中に、文字の大きさが異なるとはいえ、「之」字が万葉仮名としても漢文助字としても用いられ続けていることは、注目すべきことである。

本稿では、日本語文を指向する文献である宣命において、通常は使用が避けられるであろう漢文助字の「之」字がいかに用いられているのかを、用例数の多寡により、続日本紀宣命、日本後紀宣命から文徳実録宣命、三代実録宣命の三つに分けて見ていくこととする(5)。

三　上代文献における「之」字の用法

上代文献における「之」字使用については、古事記や日本書紀、風土記などを対象とした多くの調査・研究があり、[6]たとえば古事記の場合、林（一九九二）では次の七種類[7]に分類されている。

第一類　**神人地物名**　これらの名前の中の「の」。形式は第二類と同じ。

第二類　**NのN**　体言と体言とを結ぶもの。大部分「の」だが、時に「が」であることもある。

第三類　**連体サイレント**　用言表現のあとに付き、それが連体句であることを示す。用言を連体形にするのが役目で、自分の音価はない。

第四類　**主格表示**　連体修飾語中の主語を示す「の」。

第五類　**所V之N**　「所」を頭にもつ動詞句を体言へ結ぶ。動詞を連体形にして自分に音価のないこと、連体サイレントと同じ。

第六類　**ノリタマハク**　「詔之」「白之」などの形をとり、後続発話文のための小休止を告げる。上の動詞の訓み方は「ノリタマハク」「マヲサク」などがぴったりするが、自分の音価はない。

第七類　**文末強調**　主に文末に位置し、述語を強調して終る。コレと読めば読めるが、古事記文章中ではサイレントらしい。

林（一九九二）によると、古事記の「之」字の用例全一、三七二例のうち、第一類が二〇・一％、第二類が五〇・五％、第三類が一七・七％と、三種類の用法で全体の九割近くを占めている。また日本書紀では、福田（一九六四）の調査によると、林（一九九二）の第一類と第二類に相当する、体言と体言とを接続する用法（第一の用法）の例が一、四九八例ともっとも多数を占めるものの、全用例三、九四二例の約三八％であり、古事記ほどの用法の偏りは見られない。また、第三類に相当する、用言を体言に続ける用法（第二の用法）は全体の一二・九％となっており、全体に占める割合はそれほど高くない。

後に詳しく述べるように、「五国史」宣命における「之」字は、その用例の大部分が体言と体言とを結ぶ「NのN」の例であり、用例数の全体的な傾向としては古事記により近い(8)。そのため、本稿においては、林（一九九一）の分類に従う形で、宣命における「之」字の用法について検討を加えることとする。

四　続日本紀宣命の「之」字

前節で確認した用法ごとに続日本紀宣命の用例を分類すると次のようになる。

【第Ⅰ類】体言と体言とを結ぶもの（古事記の第二類）
・此天津日嗣高御座之業止（第一詔）
・此食国天下之政事者（第三詔）
・天地之心母労久（第五詔）
・太政大臣之位尓上賜比（第五二詔）

続日本紀宣命の用例のほとんどを占めるのが、この体言と体言とを結ぶ「の」の例である。「高御座の業」や「天下の政」は宣命において頻用される語である。古事記においては「が」と訓まれる例もあるが、続日本紀宣命では「皇之御世」（第四二詔）の一例を除き、すべて「の」と訓じられている。

助字「之」の用例の中では、この用法の例が圧倒的多数を占めるものの、やはり宣命全体では、万葉仮名の「乃」字や「能」字の用例数の方が多い。

・又天日嗣高御座乃業止坐事波（第一三詔）
・四方食国天下乃政乎弥高弥広尓（第五詔）
・天地乃心遠労弥重弥辱美恐美坐尓（第一三詔）
・是能太政大臣乃官乎授末都流仁方（第三六詔）

また、古事記の第一類に相当する人名や地名中の例も、助字にはないものの万葉仮名には存する。

・葛城曽豆比古女子伊波乃比売命皇后止御相坐而（第七詔）

この体言と体言とを結ぶ「の」の中には上に代名詞が来る例もあり、古事記や日本書紀にも用例のある「此之」「是之」は、いずれの文献でも「この」と読まれている。(9)

・此之仰賜比授賜夫食国天下之政者（第二四詔）
・此之負賜授賜食国天下之政者（第四八詔）

なお、これらはいずれも即位宣命中の例であり、「此之」は定型文の中で使われ続けていると考えられる。次に述べる【第Ⅱ類】の連体表示の例もすべて即位宣命での例であり、「之」字の使用は、即位宣命や立太子宣命などの定型文の中で引き継がれていくという傾向が指摘できる。

これらは「之」字がなくても「コノ」と読むことができ、現に「之」のない例が多数を占める。

・此逆在悪奴等者顕出而（第一九詔）
・此食国天下之業乎（第三詔）

万葉仮名例を見てみると、「此」や「是」に「の」を送る例も存する。

・許能天官御座坐而天地八方治賜調賜事者（第六詔）
・此乃尊久宇礼志岐事乎（第四一詔）

・是能太政大臣禅師乃御位（第三六詔）

【第Ⅱ類】用言などを体言へつなぐための連体表示（古事記の第三類）

・是以無諂欺之心以忠赤之誠（第二四詔）

・是以無諂欺之心以忠明之誠（第六一詔）

続日本紀宣命においては、右に挙げた例のみであり用例数はかなり少ない。このような連体表示の例は、「之」字を使用しない場合には活用語尾を小書きすることが一般的である。

・姧偽利諂曲流心無之天奉侍倍岐物仁在（第四四詔）

・国法乎過犯事無久明支浄支直支誠之心以而（第一詔）

また、次の例のように万葉仮名が助動詞「き」の連体形「し」を表す仮名として用いられる例について、この連体表示用法との記載法の一致が指摘されている[10]。

・高天原由天降坐之天皇御世乎始天（第一三詔）

【第Ⅲ類】従属句の中の主格を表し、「の」と読まれるもの（古事記の第四類）

・天皇御子之阿礼坐牟弥継継尓大八嶋国将知次止（第一詔）

・自明日者大臣之仕奉儀者不看行夜成牟（第五一詔）

この用法の例も多くはなく、やはり万葉仮名例の方が多い。

・藤原朝臣乃仕奉状者今乃未尓不在（第二詔）

・此事方人乃奏天在仁毛不在（第四四詔）

【第Ⅳ類】文末などに位置し、読まれないで終わるもの（古事記の第七類）

・自慶雲四年七月十七日昧爽以前大辟罪以下、罪無軽重、已発覚未発覚、咸赦除之（第三詔）

・天下兵士減今年調半京畿悉免之（第五詔）

宣命においては用例数も少なく、即位宣命末尾の大赦等の漢文部分にのみ用例が存する。宣命の訓読においては、宣長以降「定まれる漢籍のまゝ」として読みが省かれてきた[11]。時代が下ると、即位宣命末尾の大赦記事も日本語の語順に従って記されるようになるが、「之」に相当する文字を記した例はない。

・又天下今年田租免賜久止宣（第六一詔）

続日本紀宣命においては、助字「之」字の用例のほとんどを体言と体言とを結ぶ「NのN」の例が占め、古事記と比べても用法の種類が少ない。宣命は原則として日本語の語順で記されるものであり、口頭で宣布することを考えると、読みやすさが重視され文飾に凝る必要のないものである。その結果として、日本語の助詞「の」として違和感のない文脈において漢文助字「之」を使用するという傾向が、他の文献に比しても強くなっているといえる。また、「この」や用言を体言につなぐ用法の例は、即位宣命中の特定の表現でのみ使用されていることを考慮に入れると、続日本紀宣命における「之」字にはあまり生産性はなかったものと思われる。

なお、古事記の第五類や第六類に相当する用例は続日本紀宣命には存在しない。第六類の「詔之」等については、宣命体である以上「詔久・勅久・宣久」や「奏久・申久」と表記する方が読みやすく、あえて「詔之」と「之」字を使用する必要はない。

また、第五類の「所V之N」については「所V」の例[12]はあるものの、次に掲げるように「之」字のない例、もしくは活用語尾を万葉仮名で表記した例があるのみである。

・皇朕政乃所致物尓在米耶（第六詔）
・悪友尓所引率流物在（第三五詔）
・近江大津宮大八嶋国所知之天皇大命（第一三詔）

五　日本後紀宣命から文徳実録宣命の「之」字

『日本後紀』『続日本後紀』『文徳実録』の三つの国史に収められた宣命には「之」字の用例数が少なく、用法も限定されているため、併せて見ていくこととする。

【第Ⅰ類】
・悪行之首藤原薬子加姻媾之中奈禮波（日本後紀・弘仁元年九月十三日条）
・路間無風波之難久慈賜比矜賜比天（続日本後紀・承和三年五月九日条）
・此乃仰賜比授賜倍留食國乃天下之政波（文徳実録・嘉祥三年四月十七日条）

これらの三つの国史に見られる「之」字の多くはこの体言と体言とを結ぶ例である。この「NのN」の例にしても、万葉仮名「乃」「能」を用いる例の方が圧倒的に多い。

【第Ⅱ類】
・而更依人言弖破却之事如本記成（日本後紀・弘仁元年九月十日条）
・是以々正直之心天天皇朝庭乎衆助仕奉止宣（続日本後紀・天長十年三月六日条）
・是以以正直之心天天皇朝庭乎衆助仕奉止宣（文徳実録・嘉祥三年四月十七日条）

この用言を体言につなぐ例も数えるほどしかなく、特に続日本後紀宣命と文徳実録宣命においては、即位宣命中の「正直之心」という定型表現の例しかなく、この時期において新たに作成された宣命文での用例はない。

また、「これよりほか」の例もここに入ると考えられる。

・自此之外尓毛物恠亦多（続日本後紀・承和八年五月三日条）

同様の例は三代実録宣命にも数例あるが、中には「之」字のないものもあり「之」字は必須ではない。

・自此外尓假令止之天夷俘乃來礼留逆謀叛乱之事（三代実録・貞観十一年十二月二十九日条）

【その他】

いずれにも分類できないものとして、次の例がある。

・山陵乃御在所乃近地尓汚穢事觸行己止不止之所致止卜申世利（文徳実録・天安二年三月十二日条）

この例は、「（怪異がしばしば起こるので占ってみたところ）山陵の近くの穢れが止まなくて（怪異を）起こしたと出た」という文脈の例である。

同様の例を古事記で見てみると、

・故、還下坐之、到玉倉部之清泉以息坐之時、御心、稍寤。（景行天皇）

という例があり、新編日本古典文学全集では「還り下り坐して、玉倉部の清泉に到りて息ひ坐しし時に」と読まれている。当該例は、林（一九九一）においては第八類の難読例に分類されており、連用表示の用例であると考えられている。宣命では、同様の文脈において接続助詞の「て」が表記されることからも、当該例は連用表示であると見て良いだろう。

・是有何祟咎天所致乃灾奈良牟止左右尓憂歎岐賜布間尓（三代実録・貞観八年六月二十九日条）

・因卜求之牟礼波大神乃布志己利賜天所致賜奈利止申利（三代実録・貞観十年閏十二月十日条）

これらの三つの国史の宣命に関しては、「之」字の用例数もかなり少なく、用法も第Ⅰ類の体言と体言とを結ぶ例がその大半を占めている。また、「之」字の見られる宣命が、同じ表現を繰り返し使用する即位宣命や、薬子の変などの何らかの事件についての宣命に偏る点からすると、「者」や「而」などの他の助詞相当の助字と同様に、「之」字もその使用範囲をかなり狭くしているといえる。

六　三代実録宣命の「之」字

『三代実録』になると、一転して「之」字の用例数が増える。ここでも用法ごとに見ていく。

【第Ⅰ類】

・食國之内無事久平介久之天（貞観六年正月七日条）

・降雨忽霽天風旱之灾比不起（貞観九年五月三日条）

・國家之鎮止之天天下之政乎齊導岐侍万須太政大臣（貞観十四年八月二十五日条）

三代実録宣命においても、この体言と体言とを結ぶ例が多数を占める。

【第Ⅱ類】

・藤原朝臣可多子乎定天令奉仕之狀乎聞食天（貞観十一年二月八日条）

・而今入來境内天奪取調物利天無懼沮之氣（貞観十一年十二月十四日条）

・加冠之事禮有其時（元慶五年十二月二十七日条）

三代実録宣命になると、この用言を体言につなぐための連体表示の例が増加する。これらの例の場合、「加冠」なら「かがふりくはふ」ではなく「カクヮン」と音読し「カクヮンのこと」と読む可能性も考えられる。しかしながら、次のような語順の例が存することを考えると、やはり「かがふりくはふること」と読み、「之」字自体は不読であると思われる。

・御冠加賜比人止成賜奴（元慶六年正月七日条）

また、ここに加えるべき例として「如此之」がある。

・如此之灾比古來未聞止故老等毛申止言上多利（貞観十一年十二月十四日条）

・如此之事乎波掛畏支皇大神乃廣恵尓依天之（仁和元年九月二十二日条）

「如此之」の訓みについては、続日本紀宣命に次のような例があることから、古事記の用例においても、「かく」と読まれてきた。

・加久能狀聞食悟止宣御命衆聞食宣（第二七詔）

・衆諸如此乃狀悟弖清直心乎毛知此王乎輔導天（第五九詔）

しかし、宣命には万葉仮名「き」を表記した例が複数例あることを考えると、「如此」は「かくのごとき」と読み、「之」は用言を体言につなぐ機能を示していると考えられる。

・如此支希世留嘉瑞波是薄德乃可感致支物尓波非須（文徳実録・斉衡元年十二月三日条）

・先々尓毛如此岐不祥乎波皇大神乃矜賜尓依天灾咎消除太利（三代実録・貞観十五年十月六日条）

【第Ⅲ類】

・神明之助護利賜波何乃兵寇加可近來岐（貞観十一年十二月十四日条）

この従属句の中の主格を表す用法は、同文脈の例が数例あるのみである。

【第Ⅳ類】

・及犯八虐常赦所不免者咸赦除之（貞観六年正月七日条）

この例も、続日本紀宣命の用例と同じく、宣命末尾の漢文で書かれた大赦部分の例である。そのため厳密な意味では宣命の例とはいえないであろう。

この用法の「之」字はあえて読めば「これ」であり、代名詞としての用法だと考えると、次の例もここに含まれる。

・然則良佐乃翼戴波皇太子乃大成己止何遠之有牟止奈毛念行須（貞観十八年十一月二十九日条）

この宣命は清和天皇が譲位し藤原基経を摂政にするという内容の宣命であり、当該箇所は、『訓読　三代実録』（一九八六年、臨川書店）では「皇太子の大成《ひととな》ること何の遠きこと有らむ」と読まれている。この「何遠之有」という表現は『論語』にも用例があり、「何の遠きことか之れ有らん」と「之」字は「これ」と訓読されている[13]。

福田（一九六四）では、この用法の例は、日本書紀には多いものの古事記には少なく、また続日本紀宣命には用例がないことが述べられており、その要因については、宣命が「国語で綴られた国文脈の文」であることに求めている。この宣命は、先にも述べたように基経を摂政にするという内容の宣命であり、即位宣命のように定型文のあるものではない。その文章にも、「于今經數年」「以幼穉天得鍾此位利」「如保佐朕身久」のように返読箇所が多く、「脱屣」「蕭疎」「夙夜」など他の宣命には見られない語彙が使用されるなど、全体的に漢文的色調の強いものであり、おそらく漢文の下敷きがあったものと思われる。先に挙げた大赦記事の例の同様、漢文的要素の強い宣命文ならではの用例であるといえる。

【第Ⅴ類】「所」を頭にもつ動詞句を体言へ結ぶもの（古事記の第五類）

・仍所鑄作之早穂廿文乎……令捧持天奉出賜布（貞観十二年十一月十七日条）

この「所V之N」の例は、他の国史の宣命には用例がなく、三代実録宣命においても同文脈の例がもう一例あるのみである。(14)

なお、「所V」の後ろに、助字「之」字ではなく万葉仮名「乃」が来る例は多く存する。

・又續日本紀所載乃崇道天皇與贈太政大臣藤原朝臣不好之事（日本後紀・弘仁元年九月十日条）

・是有何祟咎天所致乃災奈良牟止左右尓憂歎岐賜布間尓（三代実録・貞観八年六月二十九日条）

【その他】

分類が難しい例に「不慮之外」「未然之外」がある。

・不慮之外尓天下尓有旱災天農稼枯損奴（貞観八年七月十四日条）
・應天門并左右樓等不慮之外尓忽然焼盡多利（貞観八年九月二十二日条）
・如此等乃災波未然之外尓消滅賜天（貞観八年七月六日条）
・未然之外尓其災乎拂却賜倍（貞観十八年五月八日条）

まず、「不慮之外」から考えてみる。宣命には「不慮之外」と同様の表現に次のようなものもある。

・然乎慮外尓天日嗣乎授賜布（続日本紀・天長十年二月三十日条）
・不慮外尓太上天皇崩賜比奴（続日本後紀・承和九年七月二十六日条）
・而不意之外尓此災在天一旦尓焼盡太利（三代実録・貞観十八年五月八日条）
・不意外尓万機之政乎朕身尓授任天（三代実録・元慶八年六月五日条）

これらはいずれの例も「思いがけず」の意であり、読みとしては「リョガイ」「フリョのほか」「フイのほか」「おもはざるほか」「おもひのほか」などが考えられる。『色葉字類抄』には、「慮外」の読みとして「リョクヮイ」

（前田本・上リ・75オ6）、「不慮」の読みとして「フリョ」（黒川本・中フ・107オ3）、「不意」の読みとして「フイ」（黒川本・中フ・107オ3）が収載されている。

この「不慮（之）外」という表現は『今昔物語集』にも多数見られ、「ノ」が表記された例も「（ザ）ル」が表記された例もあり、「フリョのほか」とも「おもはざるほか」とも読まれていたことが分かる。

・而間、不慮ノ外ニ一人ノ比丘ニ値テ（巻第四・第二十二話）

・不慮ノ外ニ道ニ迷テ、此ノ洞ニ至ヌ（巻第十三・第四話）

・我レ、不慮ザル外ニ、忽ニ継母ノ讒言ニ依テ、家ヲ離テ流浪ス（巻第九・第二十話）

・此ノ事、不慮ル外ニ有ル事也（巻第十三・第九話）

この「おもはざるほか」という表現について、新編日本古典文学全集には「「思ハザルニ」と「思ヒノ外ニ」との混合した言い方」（巻第十二・第十四話の頭注）とある。

『日本国語大辞典　第二版』の記述によると、「フリョ」や「フリョのほか」「おもはざるほか」は、それぞれ『今昔物語集』や『江談抄』『大鏡』など十二世紀以降の作品からしか用例がなく、『伊勢物語』や『土左日記』から用例の見られる「おもひのほか」が「思いがけないこと」を表す語として古い。

他文献でのこれらの用例から考えると、本来は「慮外」で「おもひのほか」を表していたものが「思いがけないこと」であることを強調するために否定辞「不」が付き「不慮外」になり、さらに「おもひのほか」ということで「不慮之外」という表現になったと考えらる。この「不慮之外」を一語ずつ読むと「フリョのほか」もしくは「おもはざるほか」であり、この両語がともに『今昔物語集』などで用いられるようになったと考えられる。[15]

また、「不意（之）外」という表現は、「五国史」宣命全体でもこの二例のみであり、『今昔物語集』にも用例がなく、また辞書等にも記載がない。おそらくこの語も「不慮（之）外」と同様、「おもひのほか」の強調表現として用いられていると考えられる。

　これらの「不慮之外」や「不意之外」は「おもひのほか」と読むべきだと考えているが、「フリョのほか」や「フイのほか」、「おもはざるほか」と読んだとしても、「之」字は体言と体言とを結ぶ第Ⅰ類、用言を体言につなぐ第Ⅱ類のどちらかに分類できる。(16)

　次に「未然之外」について考えてみる。三代実録宣命においては、この「未然」という語は「未然之外」以外に、「未然」「未然之前」としても用いられている。

・諸不祥事乎波未然尓防除賜比天（仁和元年九月二十二日条）

・皇大神此状乎聞食天未然之前尓災咎乎消滅賜天（貞観十五年十月六日条）

これらの用例を見てみると、いずれも災いや不祥のことが起こる前にそれらを消滅させたり防いだりしてほしいという祈願の部分の例であり、現代語訳すると「未然に・事前に」となり、「之前」や「之外」があってもなくても同様の意味となっている。

　これらについては、たとえば『訓読　日本三代実録』ではいずれの例も「まだきに」と読まれている。また、『色葉字類抄』には「未然　雑部　ミネン」（黒川本・下ミ・65ウ7）と、呉音読みの「ミネン」が収載されている。これらの例について「まだき」と読むべきか「ミネン」と読むべきかすぐに決めることはできないが、「之外」や「之前」については、いわば「未然」の強調表現であることを考えると、「のほか」や「のまえ」と読む必要はないように思われる。(17)

　三代実録宣命に「之」字の用例数が多い理由としては、【表二】から明らかなように、収められている宣命数が多いことや、貞観十一年から十二年にかけての新羅の入寇に関する一連の宣命のように宣命文自体が長く漢文的な要素が強いものがあること挙げられる。

また、他の国史の宣命とは異なり、第Ⅱ類に分類した用言を体言につなぐ「連体サイレント」の用例が多いことも特徴的である。先に挙げた「加冠之事」の例は、他の例から考えると「かがふりくはふること」であり、「カクヮンのこと」と音読して「之」を「の」と読む例ではないと述べた。しかし、次に挙げる「不祥之事」や「存問之日」については、『訓読　日本三代実録』では「さがなきこと」「ねぎらひとひしひ」と訓読されており「之」は不読となっているが、「フシャウ」「ゾンモン」と音読し、「之」字を「の」と読む可能性も考えられる。

・頃間天皇我御爲尓不祥之事可有之止就事天所示奈毛有留（仁和元年九月二十二日条）
・請使等乃事波存問之日尓屈伏既訖太利（元慶元年六月二十五日条）
・不祥　フシャウ（黒川本色葉字類抄・中106オ5）
・はやち。ふさう雲。ほこ星。肘笠雨。荒野ら。（枕草子・147・名おそろしきもの）
・存問　ソンモン（黒川本色葉字類抄・中19オ5）

これらの宣命語彙の音読可能性については、稿を改めて考察したいと考えている。

ここまで述べてきた宣命における助字「之」字の用例数を表にまとめると次のようになる。

【表二】「五国史」宣命における漢文助字「之」字

	第Ⅰ類	第Ⅱ類	第Ⅲ類	第Ⅳ類	第Ⅴ類	その他	計
続日本紀	62	4	6	4			76
日本後紀	6	4					10
続日本後紀	19	3					22
文徳実録	10	1				1	12

三代実録	97	49	4	2	2	15	169
合計	194	61	10	6	2	16	289

七　おわりに

「五国史」宣命における助字「之」字の使用実態についてここまで見てきた。はじめにでも述べたように、助詞に相当する漢文助字は、続日本紀宣命ではかなりの用例が見られた「而」字や「者」字を含め、三代実録宣命においてはほぼ使用されなくなる。その中で、「之」字のみが「五国史」を通してある程度の用例数があり、また三代実録宣命に至って用例数を増やすという特異な様相を呈していた。

今回の考察の結果、明らかになったことは以下の通りである。

・宣命における「之」字の用例の多くは第Ⅰ類とした体言と体言とを結ぶ例であり、「五国史」宣命全体を通してもっとも用例数の多い形式である。

・第Ⅱ類とした用言を体言につなぐ用法は、文徳実録宣命以前は即位宣命中の「正直之心」などの特定の表現でのみ使用されていたが、三代実録宣命では用例数を増やしている。これは、漢文の下敷きが存在するであろう新羅の入寇などの事件を記した宣命文等で、この用法の「之」字が多用されているためである。これらについては、音読して「之」字を「の」と読む（第Ⅰ類となる）可能性を含め、今後さらに検討する必要がある。

・第Ⅰ類と第Ⅱ類以外の用例は、古事記などの他の文献と比較しても極端に用例が少なく、特に第Ⅳ類は一例を除き宣命文中に残された漢文部分にあり、これらは厳密には宣命の用例に数えるべきではないかもしれない。このような漢文的要素の強い表現は、日本語文を指向し、口頭で宣布される宣命にはあまり必要とされない表現であるといえる。

・「五国史」宣命を通して助字の「之」字が使用され続けることの要因としては、表記の踏襲ということも考えられる。特に即位宣命や立太子宣命などで顕著であるが、一度「正直之心」「天之日嗣」「天下之政」という表記が使用されると、同内容の宣命では万葉仮名表記に変えられることはないのである。

〔注〕

（1）拙稿「宣命の助詞表示」（『語文』第六八輯、大阪大学国語国文学会、一九九七年五月）、同「宣命の漢文助字――助詞相当の助字について――」（『三重大学日本語学文学』第八号、一九九七年六月）、同「宣命の漢文助字――助動詞相当の助字について――」（『三重大学日本語学文学』第一〇号、一九九九年六月）など。

（2）拙稿「宣命体表記の変遷――漢文助字「可」に注目して――」（『古典語研究の焦点』、二〇一〇年、武蔵野書院）、同「漢文助字から見た宣命体表記――「令」字に注目して――」（『語文』第九二・九三輯、大阪大学国語国文学会、二〇一〇年二月）。

（3）「志」字については「五国史」宣命を通してある程度の用例数があるものの、残りの仮名の使用例は少なく、特に「時・字」字については続日本紀宣命において助動詞「ましじ」の表記に「末之時」「麻之字」と変字法的に使用されているのみである。

（4）『日本後紀』以降の「四国史」の宣命数は、それぞれの国史に収められた宣命のうち、本文に「云々」などの省略のない宣命の総数である。

（5）同じく宣命体表記の資料である『今昔物語集』においては、先述したように助動詞相当の「不・可・令」字は多用され続けるものの、「之」字は全部で二十八例を数えるのみである。またそこから、人名など「ノ」とは読まない例、題目、経の引用例などを除くと「之」字の使用はわずか三例に過ぎず、原則として助詞「の」の表記に

「之」字は使用されていない。

(6) 古事記については、安藤正次「古事記行文の一研究」（『國語・國文』第三巻第二号、一九三四年二月。のち安藤正次著作集　第四巻『記・紀・萬葉集論考』一九七四年、雄山閣）、吉井巖「古事記、古語拾遺の「之」」（『萬葉』第一三四号、一九八九年十二月）、林四郎「古事記、「之」字の用法」（『國語と國文学』第六八巻第一号、一九九一年一月）、瀬間正之『記紀の文字表現と漢訳仏典』（一九九四年、おうふう）、榎本福寿「『古事記』の「之」の実相を追う」（西宮一民編『上代語と表記』二〇〇〇年、おうふう）、日本書紀については、福田良輔「書紀に見えてゐる「之」字について」（『古代語文ノート』一九六四年、南雲堂桜楓社）、西宮一民『日本上代の文章と表記』（一九七〇年、風間書房）、森博達「日本語と中国語の交流」（『日本の古代一四　ことばと文字』一九八八年、中央公論社）、榎本福寿「『日本書紀』の「之」に関する調査研究報告」（『京都語文』九号、仏教大学国語国文学会、二〇〇二年十二月）、風土記については、藤井茂利『古代日本語の表記法研究――東アジアに於ける漢字の使用法比較――』一九九六年、近代文芸社）、瀬間正之『風土記の文字世界』二〇一一年、笠間書院）、万葉集については、廣岡義隆「助辞「之」の様相――『萬葉集』中の散文例を対象に――」（『美夫君志』七三号、美夫君志会、二〇〇六年十一月）などがある。

(7) 林（一九九一）では八種類に分類されているが、第八類は難読例であるため実際には七種類である。

(8) 福田（一九六四）では続日本紀宣命の「之」字についても検討されており、体言と体言とを接続する第一の用法と用言を体言に続ける第二の用法、主語となる体言の下に来てそれに続く述語が連体形に訓まれる第三の用法の三種の用法があることを指摘している。

(9) 「此之」「是之」は古事記では多用されているものの、日本書紀には用例が極めて少ない。このことに関して、安藤（一九三四）では、「古事記のこの種の用法は、漢文の特殊の句法から來たと見るよりは、之を助詞のをあらはすものとして用ゐる他の慣例から、これをコノ・ソノのノにも推及ぼしたものと考へる方が適當であらう」と述べている。また、福田（一九六四）は、「此之」の用法は「和漢混淆の用字意識のもとに生じた」と見ており、宣命における「此之」の使用について、「宣命の作者には漢文に於ける「此之」の用字法は殆ど没却されて、国語の助詞「ノ」をあらはす之字として用ゐたといふのが、作者の用字意識であったと思はれる」と述べている。

（10）福田（一九六四）・林（一九九一）など。

（11）本居宣長『続紀歴朝詔詞解』（『本居宣長全集　第七巻』一九七一年、筑摩書房）。なお、新日本古典文学大系『続日本紀』では大赦部分も含め訓読されているものの、「咸く赦除せ」「悉く免す」と「之」字は不読となっている。

（12）続日本紀宣命における「所」字の用法については、沖森卓也「上代文献における「所」字」（『國語と國文学』第五五巻第三号、東京大学国語国文学会、一九七八年三月、のち『日本古代の文字と表記』二〇〇九年、吉川弘文館）に詳しい。掲げた例のうち「所致」「所引率」の「所」は受身の用法、「所知」は敬語表記の例に分類されている。

（13）全釈漢文大系一『論語』（一九八〇年、集英社）。なお、「何遠之有」は『遊仙窟』にも用例があり、醍醐寺本では「何ソ・之遠（キ）コトカ有ラム」と訓読されており、語順は異なるものの「之」字は「これ」と読むと思われる（古典籍索引叢書第十三巻『醍醐寺蔵本遊仙窟総索引』一九九五年、汲古書院）。

（14）宣命以外に用例を求めても「五国史」には「撰近代詩人所作之詩、勒成廿巻、名曰經國集」（日本後紀・天長四年五月廿日条・逸文）の例があるのみである。この宣命にのみ「所V之N」の用例がある理由については不明であるが、当該宣命は貞観永宝を新しく鋳造したという内容で、文章自体定型のないものである。なお、同日にほぼ同文の宣命が収められていることを考えると、「之」字が本来は万葉仮名で小書きされていた可能性は低いものと思われる。

（15）「慮外」が日本語に流入した当初「おもひのほか」と訓読みされ、後に音読が生まれてきたと推測されることについては既に指摘がある（欒竹民「「慮外」の意味変化について」佐治圭三教授古稀記念論文集『日本と中国ことばの梯』二〇〇〇年、くろしお出版）。

(16)「おもひのほか」と「おもはざるほか」のように肯定形と否定形がほぼ同じことを指し、後者には「非論理的に表現してミトメナイことを強調する」働きがあることについては、「焼ける前」と「焼けない前」という表現を取り上げた研究が存する（松延市次「「焼ける前」と「焼けない前」『講座　現代語6　口語文法の問題点』一九六四年、明治書院・柏原司郎「「焼けない前」と「焼けぬ先」と」『語学文学』一〇号、北海道教育大学語学文学会、一九七二年三月）。

(17)「未然之外」や「未然之前」の例は「五国史」の本文にもない。『今昔物語集』には「未然之外」「未然之前」の例はないが、「未ダ狗飼モ不来ヌ前ニ」（巻第十九・第八話）、「頼義ガ未ダ不云出前ニ」（巻第二十五・第十二話）など「未ダ〜不〜前ニ」という表現は存する。

引用は、続日本紀宣命は北川和秀『続日本紀宣命　校本・総索引』（一九八二年、吉川弘文館）、日本後紀宣命は黒板伸夫・森田悌『日本後紀』（二〇〇三年、集英社）、続日本後紀宣命から三代実録宣命までは新訂増補国史大系によるが、見やすさを考え宣命書きの双行部分は一行に改めている。

〔付記〕本稿は、日本学術振興会科学研究費補助金（基盤研究(C)、課題番号16K02729）による研究成果の一部である。

変体漢文における不読字
——段落標示用法を中心に——

田中草大

一　はじめに

日本で著述された漢文の内、実際の中国古典文には見られない日本的な語彙や語法（所謂「和習」）を含んだものを一般に「変体漢文」等と呼んでいる。この定義に厳密に則ると日本書紀なども変体漢文に含まれることになるが、実際には国語史学上、こうした資料までを変体漢文として扱うことはあまりなく、やや限定して「漢字を専用にして、漢文のルールに一定以上則りながらも、和習を活用して『日本語文』を綴ったもの」を変体漢文として扱うことが普通である。本稿でもそのような意味でこの語を用いる。

さて、変体漢文が「日本語文」であるならば、漢文には必要でも変体漢文には不必要な要素というものが存する。それは所謂「不読字」である。不読字は、勿論本来の中国古典文にあっては音も意味も有したものであるが、日本語によって訓読されるに際しては読み飛ばされる（＝不読）ものであった、則ち日本語化においては意味も音も与えられなかったものであるから、逆に言えば日本語文を漢文式に書くに際しても、これら不読字は全く不要であるということになる。

では、実際の変体漢文資料においても不読字は認められないのであろうか。事実は全くそうでない。以下に不読字（網掛け部）を用いた例を幾つか挙げる。明らかな和習（波線部）を含む部分を挙げて、これらが正格漢文でなく変体漢文資料であることも示しておく。

・戌時許移二大僧正房一、按察大納言・余候矣、大僧正被レ候、（小右記・正暦元年（九九〇）十二月二十九日）

・参内、着二左仗一以前、参二殿下御宿所一焉、候二御前一之間、殿召二頭弁一、（後二条師通記・寛治四年（一〇九〇）十二月十四日）

・右、謹検二案内一、件庄者、延喜年中権師在原卿被二施入一之後、年序既尚矣、而国司与寺司不儀之間、……
（天永二年（一一一一）十月二日筑前国観世音寺三綱解案・平安遺文一七五三号）

・爰将門欲レ罷不レ能、擬レ進無レ由、然而励レ身勧拠、交レ刃合戦矣、将門幸得二順風一、射レ矢如レ流、所レ中如レ案、
（将門記・真福寺本四／新編全集二十一頁）

日本語表記には不必要な筈の不読字が何故変体漢文において用いられるのか。恐らくその理由・意図などは複数存するものであろう。最も想起しやすいのは、「漢文らしさ」の誇示ということである。書き手にとって変体漢文の魅力とはこの表記体が「正格漢文」と「漢字仮名交り文」とを両極としてその中間を自由に行き来できることであったと稿者は考えるが、不読字は前者の極に近付くのに便利な装いであったろう。後二条師通記の「今夜月光庭如二積雪一、心遊二千里一矣」（康和元年（一〇九九）正月十六日）などはそのような意図に基づくものと考えられる。また、漢文性が高いとされる小右記と、和化の度合いが高いとされる御堂関白記（1）とで、前者では矣字が頻用されるのに対して後者では全く用いられないことも、同様に理解されよう。

変体漢文における不読字使用として、他にはどのような理由が考えられるであろうか。実は、ある文章中の特定の位置にのみ不読字が用いられることがある。一種の句読点的用法と覚しきものである。本稿ではこの用法につい

て考究することで、変体漢文における不読字使用の実態解明の一助としたいが、それに先立って変体漢文における不読字について次節で概観しておきたい。

二　変体漢文における不読字二類

変体漢文における不読字は次の二類に分けることができる。

甲類　原則として読みに関与しないもの。但し文の断続には関与し得る。通時的に不読字のまま。（例）矣・焉・兮

乙類　それ自体は読まれないが、特定の読みを（補読として）誘導するもの。通時的にはその字自体がその読みを担うようになる。（例）之・于・於・也・乎

乙類について例を示して説明すると、例えば「于」は元々「于今《ニ》」のようにそれ自体は読まれないもののニという読みを誘導していた。そして後には「于レ今」のようにこの字自体がニの読みを担うようになった。また乙類の例に挙げる「之」は体言に後接するもの（例、還御之後）である。用言に後接するもの（例、還二御本宮一之後）については、元々ノの読みを誘導しないという点では甲類に当たるが、後世この字自体がノの読みを持つようになる（つまり「本宮に還御するの後」の如き語法が生じる。小林芳規（一九五九）参照）という点では乙類に当たり、特殊である。[2]

乙類については訓点資料等における状況を常に参照することが必要であるが、甲類については訓点資料は寧ろあまり参考にならず、専ら変体漢文内部での振舞を観察し検討することになる。本稿で扱うのは甲類の用法である。

三　段落標示用法の「矣」の消長

まず一例として平安時代の文書の例を示す。

留守所下　佐嘉郡司
可㆘早於㆓見役并講経㆒者加㆓催促㆒、至㆓于不善輩㆒者、成㆗制止㆖条条事、
一、見役所課事
　拝殿一宇（略）
右、（略）被㆔注㆓渡年年立用之官物於国衙㆒、責㆓置于社頭㆒、相㆓副社官并国行事㆒、可㆑被㆑致㆓修複㆒也矣、
一、乍㆑令㆔領㆓掌講経料免㆒神事節会不㆑令㆓参勤㆒事
右、当社者、是為㆓当国第一之鎮守㆒之間、（略）於㆓年年犯用之所当㆒者、責㆓渡于社家㆒、可㆑被㆑致㆓其勤㆒之矣、
一、社辺道俗男女并裸小児任㆓自由㆒乱㆓入社内㆒事
右、敬神之道崇社之法、先例有㆑限之処、任㆓雅意㆒乱㆓入社内㆒之事、甚以不当也、早停㆓止之㆒矣、
一、自㆓神土瀬上㆒鮎返之下殺生事
右、（略）任㆓雅意㆒、以㆓夜中㆒致㆓殺生㆒之由風聞之条、自由之狼藉也、事実者、懸㆓于主人㆒可㆑被㆑行㆓罪科㆒矣、
一、為㆓近隣雑人等㆒令㆑切㆓宮林樹木㆒由事
右、神木者為㆑遁㆑釿也、而不㆑恐㆓神慮㆒、切㆓宮林㆒之条、極不当也、可㆑被㆓交名注進㆒之矣、
以前五箇条、任㆓先例㆒、（略）且加㆓制止㆒、且可㆓停止㆒之状如㆑件、
　嘉応二年三月十日　　権介船宿禰（後略）
（嘉応二年（一一七〇）三月十日肥前国留守所下文案、平安遺文三五三五号）

文書中の、「一、～」から始まる箇条書き部分の各条末尾に不読字の矣が置かれている。且つ、それ以外の位置には置かれていない。則ち本文書における矣字は恰も現代語で段落の始まりに一字分の空白を設けるが如き段落標示の役割を担っていると認められるのである。以下、これを本稿では段落標示用法と呼ぶこととする。

このような習慣は現時点で中国の漢籍・仏典等では確認しておらず、また正格漢文を志したであろう日本書紀や続日本紀のような史書にも見えない。矣が漢文訓読に際して音訓も字義も有さない不読字であることを利用した、変体漢文における表記上の習慣であると考えられる。

また、これは主として箇条書き型の部分に現れることから、記録・典籍よりは文書に中心的に用いられた習慣と推測される。そこで平安時代の文書を収集した竹内理三編『平安遺文』（東京堂出版）を見ると、このような矣字の使用がある文書は以下の十点であった。

・永延二年（九八八）　尾張国郡司百姓等解（三三九号）：全三十一条
・承保二年（一〇七五）　山城国珍皇寺所司大衆解案（一一一〇号）：全三条
・康和三年（一一〇一）　勧学院政所下文写（一四六八号）：全二条
・永久二年（一一一四）　白河院庁下文（一八一四号）：全二条
・永久三年（一一一五）　東寺権上座定俊申状写（一八一八号）：全五条
・天治二年（一一二五）　伊勢国大国荘専当藤原時光解（二〇五四号）：全二条
・嘉応二年（一一七〇）　肥前国留守所下文案（三五三五号）：全五条　↓　前掲
・天養元年（一一四四）　肥後国司（？）解写（四七一九号）：全六～条（前後欠）
・養和二年（一一八二）　野寺僧弁慶申状案（四〇二三号）：全三条

・元暦二年《一一八五》　神護寺僧文覚起請文（四八九二号）：全四十五条　※第二十八条末のみ「也」

但し、右記で初出となる尾張国解文はその成立年について疑義がある（拙稿（二〇一五）参照）ため、これを一旦措くと、『平安遺文』では一〇七五年以降に九例が見られるということになる。尤も中には全体の条数が少なく、意図的な措置か否か判断が難しいものもある。

次いで鎌倉時代の状況を見るために竹内理三編『鎌倉遺文』（東京堂出版）を用いた。古文書編全四十二巻（補遺を除く）の内、第四巻から四冊毎（四、八、十二……四十）の計十冊を抽出して調査した（【表1】）。その結果、各条末に例外なく矣字を置いた文書（表中の判定欄で◎印のもの。一条から成る文書は除く。以下同様）は二十五例、末尾に別字を置いた条もあるが全体としては矣字を置こうとする傾向が見える文書（判定△）は八例が得られた。調査対象の母体が『鎌倉遺文』全体の約四分の一であり、また用例の分布に顕著な偏りも見られないことから、遺文全体としてはこれを四倍した一三〇例前後が得られることが予想される。また文書の様式としても、下文・下知状のような下達文書と共に、申状・陳状・注進状のような上申文書も見られ、顕著な偏りは確認されない。この表記法については現在のところ作文大体、沙汰未練書、また書札礼といった当時のマニュアル類において記述を未だ確認し得ていないが、特定集団に偏ったものではない、一定の広まりを持った表記習慣であったことが窺えよう。

更に鎌倉時代より後の状況を確認するために、東京大学史料編纂所ウェブサイト上の古文書データベース（http://wwwap.hi.u-tokyo.ac.jp/ships/）を用いて『鎌倉遺文』収録文書の下限の翌年である建武二年《一三三五》以降の用例を検索した（平成二十七年二月二十五日検索閲覧）。これによると、比較的下った例としては応永二十五年《一四一八》十二月十七日徳雄（大内盛見）宇佐宮条書（全五条。中世法制資料集四・一四三号）、応永二十七年《一四二〇》二月廿四日徳雄国清寺条書案（全九条。同一四五号）、応永三十年《一四二三》四月十六日豊前宇佐宮条事案（全十五条＋末文。同一五一号）などが見出された。

【表1】「矣」の調査結果

年月日	鎌倉遺文(巻-号数)	文書名	条数	判定
建保3.10.2	4-2181	将軍（源実朝）家政所下文案	3	◎
建保3.10.9	4-2184	大宰府守護所牒	3	◎
建保4.8.17	4-2258	将軍（源実朝）家政所下文	6	△
建保5.1.22	4-2285	大宰府守護所下文案	3	◎
建保5.1.27	4-2287	宗清願文案	15	△
承久2.12.	4-2696	入道二品親王（道助）庁下文写	3	◎
仁治1.閏10.11	8-5646	関東下知状写	9	△
仁治2.6.1	8-5876	筑後国交替実録帳	9	△
仁治2.6.	8-5905	金剛寺二季伝法会定写	7	△
(仁治3.1.15)	8-5979	新成敗式目	28	△
弘長3.8.	12-8983	筑後鷹尾社神官等申状案	4-(前欠)	◎
文永1.10.25	12-9169	関東下知状	4-(前欠)	◎
文永1.11.9	12-9179	妙性宇佐吉基申状案	2	◎
建治1.9.	16-12024	佐渡長安寺置文	3	◎
建治2.7.	16-12420	湯浅宗親陳状案	3	◎
弘安8.6.1	20-15599	六波羅下知状	3	◎
弘安8.8.	20-15649	東大寺注進状案	4	△
弘安8.8.	20-15650	東大寺注進状案	6	◎
弘安8.8.	20-15653	東大寺注進状案	2	◎
弘安8.8.	20-15655	東大寺注進状案	2	◎
弘安8.8.	20-15683	東大寺注進状案	2	◎
正応6.7.	24-18270	若狭西津荘多烏浦百姓等申状案	3	◎
正応6.8.1	24-18276	摂津守（津守国助）解	8	◎
永仁2.4.	24-18538	若狭太良荘雑掌地頭和与状案	9	◎
応長2.1.1	32-24509	足利貞氏吉書	3	◎
正和1.12.27	32-24758	鎮西下知状案	2	◎
(正和2?)	32-24896	九条禅閤（忠教）家雑掌初度目安案	4	◎
元亨1.6.	36-27812	石清水別当等連署牒案	3	◎
元亨2.10.26	36-28209	大蔵元尚和与状	2	◎
元亨2.11.	36-28267	播磨大部荘公文尼覚性申文	4	◎
(元亨3?)	36-28363	東寺勧学院勤行并規式土代	12	△
元徳2.3.	40-30996	肥後宮地村地頭仏意陳状案	25	◎
元徳2.10.3	40-31230	備後太田荘雑掌・一分地頭和与状	7	◎

また、統一的に矣字が置かれたものではないが、慶長十三年《一六〇八》十一月長専笠書（毛利家文書四・一五三八号。全十四条（仮名交り文の条や、矣字が後接しにくい「同前」で締め括る条もあり）の内八条で末尾に矣字が置かれている）や正保三年《一六四六》四月醍醐寺々領堂舎目録案（醍醐寺文書三・六三二号。全三十六条で、所々矣字を末尾に置く条が見られる。但し条末以外にも有り）のような江戸時代に入っての例も確認され、命脈を永く保ったらしいことが窺われる。

四　段落標示用法の「矣／焉」「焉／矣」の消長

前節と同様にまず一例を挙げる。

（前略）

一、後藤次真〈恒字有レ憚〉科料銭一貫百文事
右、於二市庭一令レ求二銭廿文一之故云々、縦雖レ為二実犯一、已為二少事一、可三糺二返彼銭一焉、
一、百姓竜光逃亡事
右、両方雖レ有二申旨一、非二沙汰之限一矣、
一、地頭代多々事
右、一人之外不レ被レ補之由、定西論申歟、所レ詮、存二撫民之計一、可レ令三停二止非分之煩一焉、
一、定西令三放二言百姓一事
右、不レ然之旨論申之上、非二沙汰之限一矣、
一、在家役事
右、子細雖レ多、割二分百姓屋敷一内、於レ令三居二置親類下人等一者、可レ令三停二止各別之所役一焉、

一、大蕩事
右、歓心等申云、（略）任㆓彼両庄御下知㆒、可㆑被㆓停止㆒矣、
一、（後略）
（寛元元年（一二四三）十一月二十五日六波羅裁許状、鎌倉遺文六二五四号）

箇条書き型の裁許状であるが、判決を示す各条末に不読字「焉」と「矣」が交互に並んでおり、これが全十七条にわたって例外なく続く。なお本文書の他箇所では焉・矣とも使用していない。

『平安遺文』『鎌倉遺文』により確認すると、平安時代にはこのような表記法は見られず、両遺文上の初出例は寛喜二年（一二三〇）貞円起請事書（鎌倉遺文四〇四四号。全二条。矣・焉）である。『鎌倉遺文』での調査結果を【表2】に示す。遺文全体（補遺を除く）で、各条末が例外なく「矣／焉」乃至「焉／矣」の交替である文書（表中の判定欄で◎印のもの）は四十四例、末尾に別字を置いた条もあるが全体としては「矣／焉」乃至「焉／矣」の交替を示す傾向が見える文書（判定○）は十八例、○判定に較べて交替の規則性は乏しいが、矣字と焉字を各条末に置こうとする傾向が見える文書（判定△）は三十一例が得られた。延慶四年（一三一一）二月東寺下知状土代（二四二二八号）のように、最初に焉としていたところを矣に改めた（元々「焉・矣・焉・矣・矣・矣・矣」であったのを「焉・矣・焉・矣・焉・矣・矣」にしている）文書もあり、二字を相互に置くことの意図性が窺われる。

時代的には、顕著な偏りはないが鎌倉時代後半にかけて多くなる傾向は見て取れる。また、前節で見た矣字単体での例と比較すると、文書様式の面で下知状・和与状など裁判・法制関係文書への偏りが見られる点が注意され、右の計九十三の内六十五％ほどがこれに相当するようである。その中では殊に下知状（裁許状）が多く（四十七例）、ここから他の裁判・法制関係文書（和与状や御教書の一部）や他の下達文書（吉書や御教書の一部）等にも波及したものかと思われる。

【表2】「矣／焉」「焉／矣」の調査結果

年月日	鎌倉遺文（巻-号数）	文書名	条数	判定
建保5．6．8	4-2317	三善康信下知状	6	△
寛喜2．10．27	6-4044	貞円起請事書	2	◎
寛喜3．4．21	6-4127	関東御教書	5	◎
貞永1．9．24	6-4379	関東下知状	3	◎
天福1．6．	7-4534	金剛峯寺所司重解案	5	△
嘉禎4．10．19	7-5315	六波羅下知状	10	△
寛元1．11．25	9-6254	六波羅裁許状	17	◎
建長5．10．1	10-7621	関東下知状	13	△
正嘉1．6．	11-8123	預所橘某和与状	3	△
弘長2．3．1	12-8775	関東下知状	26	◎
弘長2．4．1	12-8791	陸奥中尊毛越両寺座主下知状写	18	◎
文永1．10．10	12-9166	関東下知状	2	◎
文永4．10．25	13-9786	関東下知状案	4	◎
文永4．10．27	13-9788	関東下知状	2	◎
文永6．12．12	14-10544	関東下知状	2－	○
文永7．12．2	14-10744	寂入奉下知状案	3	△
文永7．12．21	14-10757	備後太田荘桑原方所務和与状	5	△
文永9．6．23	14-11052	関東下知状	17	◎
文永9．12．26	15-11167	関東下知状案	10	△
文永10．12．17	15-11502	得宗公文所奉行人連署奉書	8	△
文永11．6．19	15-11677	関東下知状	3	△
建治1．5．	16-11921	紀伊阿弖河荘上村百姓等訴状案	3	○
弘安8．7．3	20-15617	関東御教書	9	△
弘安10．4．19	21-16241	関東下知状	3	◎
弘安10．4．19	21-16242	関東下知状	5	◎
弘安10．12．10	21-16414	関東下知状	5（6）	◎
弘安11．4．12	22-16566	関東下知状案	2	◎
正応1．6．2	22-16655	関東下知状	5（6）	◎
正応2．4．2	22-16949	関東下知状	7	○
正応3．4．	22-17308	多米季永陳状案	5	○
正応3．？．23	23-17508	関東御教書	4	△
正応6．7．17	24-18258	沙弥某（相良頼俊カ）置文	4	◎
永仁1．9．12	24-18363	関東下知状案	5	○

永仁2.1.2	24-18446	足利貞氏吉書	3	△
永仁3.1.1	24-18725	足利貞氏吉書	3	◎
永仁3.5.1	24-18821	関東下知状	2	◎
永仁4.5.18	25-19070	関東下知状	17	◎
永仁4.12.20	25-19226	関東下知状案	11（17）	◎
永仁5.12.2	26-19553	某下知状	3	◎
永仁7.1.27	26-19934	関東下知状案	5	△
正安1.10.27	27-20274	関東下知状	3	◎
正安2.3.23	27-20409	関東下知状案	4-（前欠）	◎
正安2.7.2	27-20476	鎮西下知状	41	○
正安3.6.21	27-20808	備後太田荘桑原方地頭太田貞宗所務和与状	9（11）	◎
正安4.6.23	28-21111	関東下知状	9	◎
乾元2.1.1	28-21334	足利貞氏吉書	3	△
乾元2.1.18	28-21338	伊予弓削島荘領家地頭和与状	2	◎
乾元2.4.12	28-21427	大中臣実幹・同実秀連署和与状	8	○
乾元2.5.18	28-21539	伊予弓削島荘領家地頭和与状案	2	◎
嘉元2.4.22	28-21799	香取大宮司実秀等連署和与状	9	○
嘉元2.10.7	29-22011	関東下知状案	2	◎
嘉元2.12.26	29-22068	関東下知状	4	◎
嘉元4.9.7	30-22722	関東下知状	7	○
徳治3.1.2	30-23140	足利貞氏吉書	3	◎
（徳治3.）8.	30-23363	平政連諫草	5	△
延慶2.1.3	31-23555	足利貞氏吉書	3	◎
延慶4.2.	31-24228	東寺下知状土代	7	○
正和1.7.23	32-24625	関東下知状写	4	○
正和1.12.2	32-24715	鎮西下知状案	3	△
正和1.12.16	32-24740	鎮西下知状	2	◎
正和3.10.13	33-25260	富野信連和与状案	10	○
正和3.11.26	33-25304	源某奉下知状	4	△
（正和4？）	33-25616	摂津尼崎兵庫渡辺関事書案	4	△
文保1.11.	34-26446	白魚行覚時高申状案	3	△
文保2.9.10	35-26775	源某下知状	4	◎
文保2.12.12	35-26888	関東下知状	10	△
元応1.12.26	35-27347	淡路由良荘雑掌地頭和与状	3	◎
元応2.1.2	35-27357	足利貞氏吉書	3	◎

元応３．１．３	36-27693	足利貞氏吉書	3	◎
元亨２．６．７	36-28057	関東御教書案	2	◎
元亨３．５．29	37-28417	摂津多田院千手堂供養条々事書	5	△
元亨３．11．29	37-28602	鎮西下知状	2	◎
元亨４．３．８	37-28693	平忠世和与状案	7（9）	◎
(元亨４．７．７)	37-28783	相良頼資申状	5-(前欠)	○
元亨４．８．21	37-28801	地頭代道慶・雑掌憲俊連署和与状	16	△
元亨４．12．２	37-28896	薩摩日置荘雑掌（承信）・地頭代道慶連署和与状	8	△
正中２．10．７	38-29218	関東下知状	16	△
(正中２．10．13)	38-29225	相良頼資申状案	8-(前欠)	△
正中２．10．27	38-29237	関東下知状	8	△
正中３．１．23	38-29334	関東御教書	4	◎
嘉暦２．閏９．17	38-30003	鎮西御教書	2-(前欠)	○
嘉暦３．３．13	39-30187B	関東御教書	3	◎
嘉暦３．５．21	39-30264	関東御教書	6	○
嘉暦４．４．23	39-30591	六波羅下知状	17	△
元徳１．10．	39-30767	弘円志岐景弘代覚心申状案	20	○
元徳１．11．29	39-30786	鎮西下知状	3-(前欠)	○
元徳２．５．10	40-31036	関東御教書	3	◎
元徳２．８．３	40-31171	玄明田地寄進置文	3-(前欠)	△
元徳３．４．７	40-31406	関東下知状	7	○
(元徳３？)	40-31547	摂津多田院南大門供養条々事書	4	◎
元徳４．１．	41-31669	肥前河上社雑掌家邦陳状写	30	△
正慶１．10．３	41-31861	権少僧都等連署問状	10	△
正慶１．12．５	41-31912	鎮西下知状	2	◎

なお条末毎の二字の交替について、右の◎判定の文書（前欠の一例を除く）を見ると、矣から始まるもの（矣・焉・矣・焉……）は十一例、焉から始まるもの（焉・矣・焉・矣……）は三十二例と、後者が目立って多い（なお偶然の可能性も否定できないが関東御教書（全八例）と吉書（全七例）では例外なく焉から始まっている）。

前節と同様に、鎌倉時代より後の状況を確認するため古文書データベースで建武二年（一三三五）以降の用例を検索したところ、下った例としては元亀四年（一五七三）正月十一日赤松満政書写山条規案（全七条＋末文。中世法制資料集五・七七五号）が見られた。この頃には箇条書き型の文書においては条末を「〜事」で締め括るものがかなり増えており、これに淘汰される形で不読字の段落標示用法は廃れたものと見られる。

五　出自など

以上、中世の矣字及び矣・焉二字交替による段落標示用法について見てきた。本節ではその出自や効果などについて考察したい。

まず出自に関してであるが、箇条書き型の文書などにおいて、その末尾に助辞を置こうとする意識は矣字の段落標示用法が現れるより以前に見られる。例えば、早いものでは承和四年（八三七）三月三日河内国観心寺縁起実録帳案（平安遺文六十一号）で七条いずれもが末尾に助辞を置いている（也・歟・而已・矣・也・矣・矣）。また文書ではないが、仏教説話集である日本往生極楽記（寛和年間（九八五〜九八七年）頃成立か）では各話の末尾に助辞を置こうとする傾向が見られ（全四十二話中二十五話。矣十六例、焉八例、也一例）、同じく仏教説話集の大日本国法華経験記（法華験記。長久四年（一〇四三）頃成立）では更に徹底され、全一二八話（本文欠の一話を除く）中、第一話と最終話を除く一二六話で末尾乃至実質的な末尾に助辞が置かれている。矣が圧倒的に多く一一二例、次いで焉十一例、他三例（耳、哉、也が各一例）となっている。矣以外の助辞も十四例あることからすると、話末の助辞を矣に統一しようとした意識までは見られないが、矣が最も用いやすい助辞であったことが明確である。但し、法華験記においては話末以外でも矣字が用いられており、本稿で取り上げたような文書の例（＝段落標示用法に特化）とは質的な異なりがあるとは捉えられよう。

　このように助辞の中で矣が選ばれた理由としては、也・歟・乎・哉・而已のような他の助辞とは異なり、不読故に特別の意味付けがされず、段落標示の役割を担うのに適当であったこと、また焉のように文末助辞以外の用法を持たなかったことも要因の一つかも知れない(3)。

　一方、矣字と焉字との組合せが生れた要因としては、やはり前述のように助辞の中でもこの二字は不読字のままであったことが挙げられよう。作文大体（群書類従本）では、施尾の送句として「者也。而已。者歟。如是。云爾。如爾。如此。如件。以何（爾イ）。畢之。者乎。如斯。焉。矣。耳。乎。哉。也」が挙げられているが、その中で矣と焉の二字については更に「句終焉矣字置事」という条が設けられており（本稿で指摘しているような句読点的用法を指すものではなく、焉が平声で矣が他声（仄声）であることに基づく韻文作文上の使い分け）、実際『鎌倉遺文』所収の願文などでこの二字を対句にして用いた例が見える。既述のように矣／焉の交替による段落標示用法は裁判・法制関連文書に集中してみられるもので、右のような作文における認識が直接に影響しているとは考えにくいが、この二字がペアのように捉えられていたことは認められよう。

　また矣単体と較べて矣／焉交替の段落標示用法は、強いて言えば目移りを防ぐ効果などが期待できるが、寧ろ書面上の美しさを求めた一つの試みではないかと思われる。例えば、官宣旨などの文書に見られる、行頭の文字を大きく書き、行末にかけて徐々に小さくしていく書き方（佐藤進一（一九七一）図版十一・十二参照(4)）などと相通ずるものではなかろうか。偶然の可能性もあるが、シンメトリーを意識したと見える、条末を「焉矣焉矣矣矣焉矣焉」とした文安五年（一四四八）五月十日円覚寺事書（中世法制資料集四・一七二号）や、「矣矣焉矣焉矣矣」とした永正六年（一五〇九）五月九日建武以来追加条々（中世法制資料集二・三五三〜三五九号）のような文書が存することも、このような観点によって理解し得るものかと思われる。

六　おわりに

変体漢文において不読字が用いられる理由を考えた時に、まず思い浮かぶのが本稿冒頭で述べたような「漢文らしさの強調」という効能であろう。本稿で指摘した段落標示用法はこれとは大きく異なる性質のもので、日本語表記にとって漢文の不読字が不要であればこそ、このように自由に使うことができたものであろう。

今後の課題としてはまず、本稿を踏えた上での不読字の用法全般を捉えることがある。これについては現在『平安遺文』の矣字の調査を進めており、文書中での矣字は「漢文らしさの表明」「強調」「句読」の三つの意味機能により捉えることが可能ではないかと現時点では考えているが、具体的に論ずることは紙幅の都合もあり別稿に期したい。また、句読点的用法と関わると見られる現象として小書き表記がある。変体漢文において「云々」や「并」といった字が小書きされる場合のあることが知られているが、矣や焉といった不読字も小書きされることがある。これについても本稿では扱うことができなかったため、今後の課題としたい。文書以外の変体漢文資料における状況についても同じく今後の課題である。

稿者はこれまで変体漢文が漢字の（本来の漢文における）字義ではなくその和訓によって書かれていることを指摘してきたが（拙稿（二〇一六）など参照）、本稿で示したような不読字の用法も、本来の漢文での在り方に拘らない活用という点で、それと揆を一にするものと捉えることができる。不読字は変体漢文にとって周辺的な要素には違いないが、却ってそれ故に「変体漢文はいかにして書かれたか」という問いを考えるための興味深い材料となることが期待される。

〔注〕

（1）峰岸明（一九九〇）など参照。

（2）なおこのことについて髙橋秀樹（二〇一三）では次のように論じられている。

○問ひ遣はすの処（引用者注、玉葉の元暦元年正月元日条に見える「問遣〜之処」の書き下しについての注記）国語学の分野では、連体形に連体格助詞の「之」がつながる場合は「之」を読まないのが一般的であり、この文章ならば「問ひ遣はす処」と読む。（中略、小林前掲論文などを紹介）これら国語学の研究は、訓点などに基づく、既に書かれている典籍を「読む」という行為に主眼をおいた見解であるが、「書く」という行為から見ると、読んでいないのならば、日記を付けるという日常的な行為の中で、なぜ記主はこの字を書いたのかという素朴な疑問が沸いてくる。古記録の地の文では「兮」「矣」などの不読文字が用いられることはないのに、「之」だけは頻出する。記主の筆録意識を考えると、書いた人間は、作文する時に頭の中でこの文字を「の」と読んで、文章のリズムをとっていたとしか考えられない。そこで本書では、こうした連体形につながる格助詞の「之」は「の」と読むことにする。（六十八頁）

日常的な場面で書かれる変体漢文に何故不読字が用いられるのか、という「素朴な疑問」は正に本稿の問題意識と通ずるもので、重要な問いである。しかしながら、そこから「記主の筆録意識を考えると、書いた人間は、作文する時に頭の中でこの文字を「の」と読んで、文章のリズムをとっていたとしか考えられない」という結論に至っているのは一足飛びではないかとも稿者には思われる。具体的には次のような疑問点が挙げられる。

・ある字をどう読むか（または読むか読まないか）という問題において、「読む」という行為と「書く」という行為とを分けて考えることの妥当性。特にこのような基本的な語法についてそう述べるには、より積極的な根拠が求められるように思われる。

・他の不読字の使用事実。確かに「之」ほどではないが、先掲例の如く矣・焉といった他の不読字も古記録を含む変体漢文には用いられている。

・変体漢文の中でも、用言に後接して連体修飾する「之」の例がない資料が存すること。例えば真名本曽我物語について田上稔（二〇〇三）の、御堂関白記について柳原恵津子（二〇〇五）の指摘がある（それぞれ七十三頁〜、四十頁〜）。

・変体漢文を訓み下した仮名交り文においても用言に後接して連体修飾する「之」は不読とされていること。例えば変体漢文体の石清水八幡宮権別当田中宗清願文案（大江周房）を藤原定家が平仮名交り文に書き下したものにおいて「召取之輩」→「めしとるともがら」等となっている（田中雅和（一九九八）の対照本文参照）。

こうした点からすると、やはり従来通り平安鎌倉時代における用言に後接する「之」は不読字であったと見るのが穏当であると稿者は考える。ただ、無論それは大勢としてはということであり、個別的にはこの字をノと読む試み（当時にあっての誤用）はあったであろうし、そうした試みの漸次の一般化こそが室町時代における「問ひ遣はすの処」類の読み方の成立に繋がったものであろう。

（3）各条末に焉を置いた文書は、『平安遺文』には見られず、『鎌倉遺文』では第三節の矣字の調査と同条件の調査で二例（一八七八九号・二四七七三号）のみ見られた。

（4）「これはこの種の文書によく見られる所で、上から下に命ずる意味を含ませたものと解される」（九十頁）と説明される。

〔参考文献〕

小林　芳規（一九五九）「「花を見るの記」の言い方の成立追考」『文学論藻』十四
佐藤　進一（一九七一）『古文書学入門』法政大学出版局
髙橋　秀樹（二〇一三）『玉葉精読　――元暦元年記――』和泉書院

田上　稔（二〇〇三）「『曽我』伝本中の「誤用」例少々」『女子大國文』一三四
田中　草大（二〇一五）「尾張国解文は文書なりや典籍なりや」第一一三回訓点語学会研究発表会配布レジュメ
田中　草大（二〇一六）「平安時代の変体漢文諸資料間における言語的性格の相違について」『国語語彙史の研究』三十五
田中　雅和（一九九八）「「石清水八幡宮権別当田中宗清願文案」二種（漢字仮名交り文・和化漢文）対照本文」『鎌倉時代語研究』二十一
峰岸　明（一九九〇）「古記録と文体」古代学協会編『後期摂関時代史の研究』吉川弘文館
柳原恵津子（二〇〇五）「自筆本『御堂関白記』における「之」字の用法について」『日本語学論集』一

『和名類聚抄』の「玉類」項について

吉野政治

一　はじめに

源順の『和名類聚抄』（承平年間〔931–938〕成）は、醍醐天皇の皇女勤子内親王の依頼によって編纂されたものである。内親王の依頼は、今の世は漢風の文華を貴んで、和名を屑《もののかず》とせず、辞書に記される和名は少ない。評判の高い語抄《ことばふみ》も音義を示さず、「蚘」（虱）を海の蛸とし、「榊」を祭の木とするような浮偽《みだりごと》が多い。よって「汝、彼の数家の善説を集めて、我をして文に臨み、疑ふ所無からしめよ」というものであった（「序」）。こうして『和名類聚抄』には全ての分野から漢語が選び出され、その音義と「和名」「俗云」「俗音」が示され、語によっては簡単な説明が加えられている。

ところで、加えられた語の説明によって、我々はそれらの語についての源順の（あるいは当時の知識人の）理解の内容を知ることができるとともに、どのような語が取り上げられているかによって、それぞれの語が所属させられている意味分野についての源順の把握の仕方を窺うことができるのではあるまいか。本稿ではそのような観点から、「玉類」の項について考えたい。

二　「玉類」という項目立て

『和名類聚抄』の玉石に関する語は、十巻本では巻第三「珍宝部」の「玉石類」に、二十巻本では「宝貨部」の「玉類」に纏められている。両者には異同はほとんどない。[1]二十巻本の「玉類」の部は次のとおりである（分注は〈　〉内に一行書きにする）。

珠　白虎通云海出明珠（日本紀私記云、真珠之良太麻《しらたま》）。

玉　四声字苑云玉〈語欲切。白玉。和名上同〉宝石也。兼名苑云球琳〈求林二音〉琅玕〈郎干二音〉琨瑤〈昆遥二音〉皆美玉名也。

璞　野王案璞〈並角反。和名阿良太万《あらたま》〉玉未レ理也。

水精　兼名苑云水玉。一名月珠〈和名美豆止流太万《みづとるたま》〉。水精也。

火精　兼名苑云火珠。一名瑒璲〈陽燧二音。和名比止流太万《ひとるたま》〉。火精也。

瑠璃　野王案瑠璃〈流離二音。俗云二留利《るり》一〉青色而如レ玉者也。

雲母　本草云雲母（和名岐良々《きらら》）。五色具謂二之雲華一。多レ赤謂二之雲珠一。多レ青謂二之雲英一。多レ白謂二之雲液一。多レ黄謂二之雲砂一。

玫瑰　唐韻云玫瑰〈枚廻二音。今案和名与二雲母一同。見下于二文選一読二翡翠火齊一処上〉。火齊珠也。（又石之美也）

珊瑚　説文云珊瑚〈刪胡二音〉色赤玉、出二於海底山中一也。

琥珀　兼名苑云琥珀〈虎伯二音。俗音二久波久《くはく》一〉一名江珠。

硨磲　広雅云車渠〈陸詞並従レ石作。硨磲也。俗音謝古《しやこ》〉石之次玉也。

馬瑙　広雅云馬瑙〈俗音女奈宇《めなう》〉石之次玉也。

鍮石　考声切韻云鍮〈他侯切。字亦作二鋀鍮石一。二音。俗云二中尺《ちうざく》一〉。鍮石似レ金。西域以二銅鉄雑薬一合為レ之。

『和名類聚抄』の項目立ては既に存在した和漢の辞書等が参考にされたものと考えられているが、(2)これまで参考にされたと考えられているものの内、『日本紀私記』や『類聚国史』には宝石に関する項目などは立てられていない。逸書の『楊氏漢語抄』『弁色立成』『東宮切韻』の部門立ての詳細は不明であり、現存する辞書で玉石類が纏められているのは、『本草和名』〈深根輔仁撰、延喜十八年〔918〕頃成〉だけである。本書は蘇敬等撰の『新修本草』〈唐・大中四年〔850〕年成立〉に見える漢名に和名を同定したものであるが、「玉石」として取り上げられている品目は次のとおりである〈続群書類従本『輔仁本草』による〉。

玉泉・玉屑・丹砂・空青・緑青・曾青・白青・扁青・石胆・雲母・石鍾乳・朴消・消石・芒消・礬石・滑石・紫石英・白石英・青石脂・白石脂・黒石脂・太一余粮・石中黄子・禹余粮　（玉石・上）

金屑・銀屑・雄黄・雌黄・殷孽・孔公孽・石牗・陽起石・凝水石・石膏・慈石・玄石・理石・長石・膚青・鉄落・鉄・剛鉄・鉄精・光明塩・緑塩・蜜陀僧・紫鉚・麒麟竭・桃花石・珊瑚・石花・石牀　（玉石・中）

青琅玕・礜石・特生礜石・握雪礜石・方解石・蒼石・上蔭孽・代赭・鹵鹹・大塩・戎塩・白堊・鉛丹・粉錫・錫銅鏡鼻・銅弩牙・金牙・石灰・冬灰・鍛竈灰・伏龍灰・東壁土・硇沙・胡桐涙・薑石・赤銅屑・銅牗石・白瓷瓦・烏古瓦・石燕・梁上塵　（玉石・下）

これらのうち『和名類聚抄』の「玉類」項の標出語と一致するのは「雲母」と「珊瑚」にすぎない。

また、漢籍の『芸文類聚』〈唐・欧陽詢撰〉にも宝玉部があるが、取り上げられている品目は「宝・金・銀・玉・珪・璧・珠・貝・馬瑙・瑠璃・車渠・瑇瑁・銅」であり、「璞・水精・火精・雲母・玫瑰・鍮石」の語は見えない。

おそらく『和名類聚抄』の「玉類」（あるいは「玉石類」）という項立ては先行する和漢の辞書等を参考にしたも

のではなく、源順の持つ玉観（あるいは玉石観）によって設けられ、選ばれた語もその玉観によって選ばれているものと思われる。

三　『和名類聚抄』と『広雅』との一致と不一致

「玉類」の項の最初にある「珠」「玉」「璞」は玉石の基本的な分類を示す語である。すなわち、「珠」は海から得られるタマであり、「玉」は陸から得られるタマであり（『令集解』の引く「古記」には「自生曰レ珠、作成曰レ玉」とあり、「珠」は天然のものであり、「玉」は人の手が加わったものである）、「璞」は未だ磨かないタマのことである。次に掲げられている「火精」と「水精」は五行思想に関わる語のようであり、次の「瑠璃」「玫瑰」「珊瑚」「硨磲」「馬瑙」は仏教の七宝のうちの五宝を挙げたものと思われる（七宝のうち「金」「銀」は「宝貨部」の「金銀類」に収められている[3]）。これら以外の「雲母」「琥珀」「鍮石」は身近なものとして取り上げられたものと思われる（「鍮石」は真鍮・黄銅のことである）。

先に『和名類聚抄』の「玉類」の項立ては先行する和漢の辞書等を参考にしたものではないであろうと考えたが、「玉類」の項に取り上げられている語と、「硨磲」「馬瑙」の語の出典として見える『広雅』（魏・張揖撰）の「珠」と「石之次玉」の項に見られる玉石の品目の多くが一致し、その出現順序もほぼ一致するのは注目される。源順が「玉類」項を纏めるにあたって、直接ではないにせよ、何らかの参考にしたのではないかと思わせる一致である。『広雅』の「珠」と「石之次玉」の項に挙げられている品目は次のとおりである（『和名類聚抄』に見られる品目に傍線を付す）。

珠　水精、瑠璃、珊瑚、玫瑰、夜光、隋侯（注略）、虎魄、金精璣

石之次玉　蜀石、碝、玟、硨磲、碼碯、武夫、琨珸

『和名類聚抄』に見られる「火精」「雲母」「鍮石」は右の『広雅』の品目には見られないが、後述するように「火精」は「水精」との関わりで取り上げられた語であり、「雲母」もまた「玫瑰」との関わりで取り上げられた語であろうと思われる。この二語と「鍮石」を除くと、「珊瑚」と「玫瑰」とが逆になっているだけで、『広雅』における出現順序と『和名類聚抄』のそれとは一致する。この一致は偶然とは思われない。

しかし、『広雅』の玉石観と『和名類聚抄』の玉観とは異なっている。『広雅』の玉石は「玉」「珠」「石之次玉」の三つに分けられている。すなわち、前掲の「珠」と「石之次玉」の項の前には次の「玉」の項がある。

玉　瓊、支瑾、瑜、昭華、白珩衡、璇旋、璜、弁和、璵璠、垂棘、碧壚、藍田、琜来琉流、琬琰、璐音路、瑭唐、璑、琱渠慇、赤瑕

この「玉」「珠」「石之次玉」といった分類法は、早く『説文解字』（漢・許慎撰）に認められる中国の伝統的な分類の仕方である。しかし、『和名類聚抄』の「玉類」項はそのような区別を設けていない。源順が『広雅』を参考にしつつ、具体的な品目を抜き出していったとするなら、源順は中国の伝統的な玉石の分類法を採らず、すべての玉石を「玉」として一括したことになる。そうであれば、そこには順の「玉」観があったはずである。以下では便宜的に『広雅』と比較しながら、それがどのようなものであったかを探ってみたい。

『広雅』と『和名類聚抄』との違いで特に注目されるのは次の三つである。

違いの一つは、最初に掲げられるものが『広雅』では「玉」であり、『和名類聚抄』では「珠」であることである。しかも、『和名類聚抄』で「珠」とされているのは『広雅』には見られない「真珠」である。

違いの二つは、『広雅』には「珠」項と「石之次玉」項に分けて挙げられているものが、『和名類聚抄』ではすべて「玉類」として纏められていることである。すなわち「玉」の指すものが『広雅』と源順では異なる。

違いの三つは、『広雅』の「玉」項に見える品目が『和名類聚抄』には全く見えないことである。『広雅』の

「玉」項に見えるものには、『新撰字鏡』（僧昌住撰、昌泰年間〔898–901〕成）の「玉」部に見える「瓊〈赤玉也〉」「瑾〈匿瑕玉〉」「璜〈黄色玉也〉」「瓐〈青玉也〉」「球〈琉也〉」「琉〈玉器也〉」「琬〈琬耳、圭也円也〉」「琰〈玉也〉」「瑭〈玉也〉」「琱〈玉也〉」「瑕〈小赤玉也〉」があり、『本草和名』にも「青琅玕」の項の中に

青琅玕　一名石珠。一名青珠。本條。一名火齊珠。〔出疏文〕。一名瑜。一名琩璐。一名球琳。一名琬琰。一名琨瑤。〔已上五名出兼名苑〕　唐。

とあり、『和名類聚抄』が引く『兼名苑』に見える「（琩）璐」「琬琰」がある。あるいはこれらは本書編纂の目的には適さない語と判断されたのかもしれない。しかし、「瓊」が採られなかったことは不審である。『新撰字鏡』に「瓊〈赤玉也〉」とあったが、『日本書紀』にも「瓊玉」「八坂瓊之五百箇御統」「八坂之瓊之曲玉」「五百箇御統瓊」「潮満瓊」「潮涸瓊」「天之瓊矛」などと現われ、「瓊、玉也。此曰レ努《ぬ》」という原注もある語である（神代上第四段本文）(4)。

違いの一つめと二つめは「玉」と「珠」という語に関わるものである。次節では「玉」と「珠」について詳しく考えてみたい。

四　「玉」と「珠」

中国では「玉《ぎょく》」を最も貴んだことは知られている。『説文解字』に「玉は乃ち石の美なるものなり。五徳あり。潤沢にして以て温なるは仁の方なり。鰓理外より以て中を知る可きは義の方なり。其の声舒揚して遠く聞ゆるは智の方なり。撓まずして折るるは勇の方なり。鋭廉にして忮ならざるは潔の方なり」（鰓理―外皮の滑沢なキメ。舒揚―よく透りて澄んでいること。鋭廉―稜角正しく鋭いこと）とあることも知られていることである。

「玉」には狭義の「玉」（硬玉 jadeide と軟玉 nephlite の合称）と広義の「玉」とがある。明の時代の李時珍の『本

草綱目』（万暦二十二年〔1596〕初版刊）の分類は、それまでの本草書と比して博物学的なものとなっているが、狭義の「玉」を最上のものとする価値観はなお窺うことができる。「玉類」には「玉・白玉髄・青玉・青琅玕・珊瑚・馬瑙・宝石・玻瓈・水精・琉璃・雲母・白石英・紫石英・菩薩石」が収められているが、項目名の「玉類」の「玉」は広義の「玉」であり、その綱目の最初に挙げられている「玉」は狭義の「玉」である。時珍はこの狭義の「玉」の説明に、前掲の『説文解字』の文章を引用し、また葛洪の『抱朴子』の「玄真者玉之別名也。服レ之令下身飛軽挙上、故曰下服二玄真一者其命不上レ極」を引用している（『釈名』の項）。また、「玉類」の一つである「宝石」は「刺子・靺鞨」「靛子《てんし》・鴉鶻石・瑟瑟」「馬價珠《ばかしゅ》」「猫睛石」「石榴子」「木難珠《ぼくなんしゅ》」を一括したものであり、(5)それぞれ現在ではルビー、サファイア、グリーンサファイア、キャッツアイ、ガーネット、トパーズなどに同定されているものであるが、(6)これらの「宝石」と「玉」（狭義）は区別されており、「玉」（狭義）はより価値の高いものと位置づけられているのである。なお、「玉類」には「玉」（狭義）と「宝石」以外に、「白玉髄」「青玉」「青琅玕」「珊瑚」「馬瑙」「玻瓈」「水精」「琉璃」「雲母」「白石英」「紫石英」「菩薩石」が収められているが、これらの多くは『広雅』では「珠」に分類されていたものである。

ところで、「珠」は『広雅』では「水精」「瑠璃」「珊瑚」「玫瑰」などを纏める名として用いているが、本来は真珠を指す語である。『説文解字』に「珠、蚌之陰精」とある。(7)本草学でも「珠」と「玉」は区別され、例えば『本草綱目』にも「真珠」は「金石部」ではなく、「介部」の「蚌蛤類」に収められている。(8)

しかし、源順は「珠」を「白虎通云海出明珠（日本紀私記云、真珠之良太麻《しらたま》）」としつつも、「珠」を鉱物宝石と区別せずに「玉類」に入れている。しかも、「玉類」の最初に置き、「玉」より前に位置づけているのである。(9)それは、日本では最も貴ばれ、親しまれていた「玉」は真珠であったからであろう。正倉院宝物に聖武天皇が着用した礼冠の残欠がある。鳳凰、瑞雲、唐草模様の金属製透かし彫りと糸で通された付けられた垂らしの飾りであるが、垂らしの飾りには真珠が用いられている。しかし、真珠は親王・諸王・諸臣下の礼冠には用いられていない（『延喜式』式部下「元正朝賀」条）。また、『萬葉集』には真珠が贈り物として用いられ、髪飾りである蘰《かづら》にも用いられたことなども歌われている（萬18・四一〇一）。前引の「自生曰レ珠、作成曰レ玉」（令集解・古記）という説明によれば、真珠は加工を加えない自然のものであるゆえに貴ばれたのかもしれない。[10]

五　「水精」と「火精」

ところで、『和名類聚抄』では標出語として示された語は、出典を明らかにして繰り返されることを原則とする。再度その部分のみを掲げれば、次のとおりである。

珠　白虎通云海出明珠、、
玉　四声字苑云玉、、
璞　野王案璞、、
瑠璃　野王案瑠璃、、
雲母　本草云雲母、、
玫瑰　唐韻云玫瑰、、
珊瑚　説文云珊瑚、、
琥珀　兼名苑云琥珀、、
硨磲　広雅云車渠、、
馬瑙　広雅云馬瑙、、
鍮石　考声切韻云鍮、、

しかし、「水精」と「火精」の項だけがこれと異なり、

水精　兼名苑云水玉。一名月珠〈和名美豆止流太万《みづとるたま》〉。水精也。

火精　兼名苑云火珠。一名瑒璲〈陽燧二音。和名比止流太万《ひとるたま》〉。火精也。

となっている。これは先の原則によれば、

水玉　兼名苑云水玉。一名月珠〈和名美豆止流太万《みづとるたま》〉。水精也。

火珠　兼名苑云火珠。一名瑒璲〈陽燧二音。和名比止流太万《ひとるたま》〉。火精也。

とあるべきところである。この形であれば、「水精……水精也」「火精……火精也」という不審な形になっていることも解消される。狩谷棭斎の『箋注倭名類聚抄』（文政十年〔1827〕序）に「按、南山経云、堂前之山多二水玉一、注、水玉、今水精也。兼名苑蓋本二於此一（中略）水精也三字、蓋兼名苑注文。下条火精也、同」とある。すなわち『兼名苑』が本としたと考えられる『南山経』の注文と一致するところから、「水精也」という説明は「水玉」に対する注であろうという推測がなされている。この棭斎の推測も本稿の推測と合致するように思われる。

したがって、本稿では『和名類聚抄』の「水精」「火精」の標出語は、本来「水玉」「火珠」であったものと考えたい。ただし、棭斎の指摘する『南山経』の注は「水玉、今水精也」であり、「水精」は「水玉」の今の名として示されているものであり、『和名類聚抄』の「水精也」は、『本草和名』に見られる次のような「〇精也」と同じく、その性質を説明するものとして用いたものと思われる。

玉屑者白虎精也〈出范注方〉。　（玉屑）

丹砂者日精也〈出范注方〉。　（丹砂）

空青者天精也〈出范注方〉。　（空青）

曽青者竜精也〈出范注方〉。　（曽青）

雲母　雲母者星精也。又日精也〈出范注方〉（雲母）
石鍾乳者水精也〈（中略）出神仙服飾方〉。石鍾乳者石精也〈出范注方〉。（石鍾乳）
赤石脂者朱雀精也。（赤石脂）
金屑者日之精也〈出練名方〉。（金屑）
銀屑者月之精也。（銀屑）
水銀者丹砂之精也、（水銀）
雄黄　雄黄者地精也〈出范注方〉雄黄者金之精也。（雄黄）
錫銅鏡鼻鉛。（中略）一名立制石〈是鉛精也〉。（錫銅鏡鼻鉛）

ところで、『和名類聚抄』で「水玉」と「火珠」（あるいは現行の形での「水精」と「火精」）は実体としては同じものである。

「火珠」（現行の本文では「火精」）の一名として挙げられている「瑒璲」は『周礼正義』に「取二火於日一、故名二陽燧一」とあり、太陽光線を集めて火を取るものである。(11)「火珠」もまた『旧唐書』南蛮伝に「（林邑王）遣レ使献二火珠一、大如二鶏卵一、円白皎潔、光明数尺、状如二水精一日中以レ艾藉レ珠、輒《すなはち》火出」とあり、同様の用途に用いられる。

さらに「火珠」は『本草綱目』金石部玉類「水精」の「附録〈火珠〉」に、

李時珍曰、（中略）唐書云、東南海中有三羅刹《らせつ》国出二火齊珠一、大者如二鶏卵一状、類二水精一、円白照数尺、日中以レ艾《もぐさ》承レ之、則得レ火、用二灸艾《やいとのひ》灶一不レ傷《そこな》レ人。今占城《チャンバ》国中有レ之名二朝霞《ちょうか》大火珠一。

とあるように「火齊珠」と同じであり（「齊」は「取る」の意。したがって、ヒトルタマの名は「火齊珠」を訓読することでも成立する）、さらに「火齊珠」と「琉璃（瑠璃）」は同じものである。『集韻』に「流璃、火齊珠也」とあり、『令義解』職員令典鋳司条にも「瑠璃〈謂。火齊珠也〉」とある。そしてまた、「火齊珠」は「水精」である。章鴻剣著『石雅』（『地質専報』乙種二号、中国地質調査所、民国十六年〔1917〕刊）にその詳しい考証がなされているが、結論部分の一部を次に引用する。

火齊珠既水精矣。而火精亦水精也。続漢書謂三哀牢国出二火精琉璃（注略）一。漢書哀牢国伝、則云二水精琉璃一。太平寰宇記引レ此亦作二水精一。則火精即水精審矣。方以智物理小識云、水晶紅者曰二火晶一、可レ取レ火。白者曰二水晶一。可レ取レ水。火晶即火精、故火精即水精也。　（上巻・火齊珠）

ただ、章鴻釗の考証を待つまでもなく、「火珠」すなわち「火齊珠」が「水精」であることは、既に江戸時代の日本でも指摘されている。寺島良安の『和漢三才図会』（正徳二年〔1712〕自序）『和漢三才図会』の「火珠《ひとりたま》」の項に、

按火珠即水精碾《す》成者也。舟人用為二洋中之宝一。其珠如《もし》有二少玷《きづ》一則不レ成。今用二硝子《ビトロ》一作レ之。亦能得レ火。共円白中実。或平匾而微脹高。如二眼鏡一者有レ之。蓋火珠則水精也。

思うに、火珠とは水精を碾《す》って造ったものである。舟人は航海中の宝としている。玉にもし少しでもきずがあれば火珠には出来ない。いまは硝子《ビイドロ》を用いてこれを作る。これでもよく火を得ることができる。ともに円く白くて中は実（つまっていること）である。あるいは平たくて微脹《ややふく》れて眼鏡のようなものもある。

つまり火珠とは水精のことである。(12)

と見え、小野蘭山の『重修本草綱目啓蒙』の「水精」項附録の「火珠」にも、

火珠　ヒトリタマ　水精ヲ円形ニスリタル玉ヲ俗ニ水晶輪ト云、人物コレニ向テ照セバ其形必倒ニウツル者ナリ。此ニテ日輪ヲ陽火ヲ取ルベク、月中ノ陰水ヲ取ベシ。故ニ火トリダマ、水トリダマト呼。就中陽火トレ易キ故ニ、火珠ト云。然レドモ水精ニ限ラズ、凡透明ナル者、硝子或ハ氷ニテモ、凸ニ製シタル者ニテ、皆火ヲ取ベシ。

とあり（「明水」の項にも同様の説明がある）、さらには畔田翠山の『古名録』の玉部・珠玉類「比止流太万」の集註に、

太神宮参詣記曰、たとへば玉の水火をいだすがごとし。玉には水火なければども、日にむかひて火をとり、月に対して水をとる。

とあり、今案に、

文治二年俊乗坊参宮記曰、即日之夕聖人座禅眠中、無レ止、貴女来レ前水精珠顆授二与之一。一顆紅薄様裹之、一顆白薄様裹之。聖人問云、是誰人乎。答云、吾是風宮也云々。夢中授二与珠一。覚後現在二袖上一、捧二頂上一帰二南都一、多年安置之也云々。件玉者火執珠、水取珠也云々。此珠私得分也ト云々トミユ。火取玉ハ水精タル可証也。

とある。[13]

以上のように「水玉」と「火珠」（「水精」と「火精」）は同じものであるが、源順がそのことを知っていたのかどうかは不明であるが、「一名」の形を取ってこれらを一つの項に纏めなかったのは、別のものと考えていたものと思われる。

六　「雲母」と「玫瑰」

「雲母」の和名はキララであるが、源順は「玫瑰」の和名もまた同じであろうと言う。その根拠は、「玫瑰」は「火齊珠」であり（「唐韻云玫瑰……火齊珠也」）、「火齊」は『文選』にキララと訓まれていることである（「見下于二文選一読二翡翠火齊一処上」）。『文選』にある「翡翠火齊」というのは「西都賦」に「翡翠火齊、流レ耀含レ英」（翡翠・火齊ありて耀を流し、英を含めり）とあり、「西京賦」に「翡翠火齊、絡以美玉」（翡翠・火齊ありて、絡《まつふに》美玉を以てす）とあることを指すのであろうが、これらの「火齊」は当時はキララと訓まれていたのであろう。[14]

ところで、章鴻釗著『石雅』に、

雲母、今泰西相伝曰、枚格 Mica. 笛奈氏鉱物系統学 Dana, System of Mineralogy 六一四及六一五 謂或以二枚格一為二拉丁語一。即微粒薄片之意。然当レ為二拉丁語密敢爾 micare 之転一。意言二爛然有二光輝一也。則音義均与二玫瑰一近。故知二玫瑰亦異域語一也。（上巻・玫瑰）

とある。すなわち、玫瑰はラテン語 mica（微粒薄片の意）であり、mica は micare（光輝あるの意）の転じたものである。雲母と玫瑰とは音義ともに近い。したがって、「玫瑰」は「雲母」の「異域語」（方言あるいは外来語）であろう、と言う。源順が「玫瑰」の和名を「雲母」と同じとしたことと通じ、興味深いが、『和名類聚抄』では「玫瑰」を「雲母」の一名とせず、別の項目として掲げていることから判断すると、源順は別のものと理解していたものと思われる(15)。

『和名類聚抄』に先行する『本草和名』では、草・木の類の漢名三五七のうち二七八に和名が示され、果・菜・米穀の類では漢名一四二のうち一〇九に和名が示されている。獣禽類では七二の漢名のうち四七に和名が、虫魚類では一一三の漢名のうち九三に和名が示されている。以上のように動植物については和名が示されている割合は高いが、それに対して、玉石類では漢名八三のうち和名が示されているのは僅か二一だけである。これは玉石についての知識に乏しかった日本では、高い玉石文化を背景とする中国の玉石名に対応する和名が存在しなかったからであろうと思われる。したがって、多くの宝石名は『新撰字鏡』に「瓊〈赤玉也〉」「璜〈黄色玉也〉」「瓐〈青玉也〉」とあるように色などによって説明するか、漢名のみを示すしかなかったのであろう。しかし、当時の日本においては少しでも可能性のあるものについては、出来るだけ対応する和名を当てる努力が行われたものと思われる。源順が「玫瑰」にキララの和名を考えたのはそうした試みのひとつではなかったろうか。

ただ、その場合、既に雲母の和名として用いられている語を別の玉石の名としても用いようとしたことをどのように考えたらよいのであろう。一つの物の名が複数の名で呼ばれることは珍しくないことであるが、互いに異なるものに同じ名を当てることは普通には考えられないことである。あるとすれば、それらが同じものと捉えられたということである。しかし、先に述べたように別の項目として「雲母」と「玫瑰」を掲げていることは、源順は両者を異なる玉と捉えていたと考えるのが穏当であろう。とすれば、キララという名称自体について再考する必要があろう。あるいはキララは「雲母」固有の名前ではなく、キラキラと輝やくものといった程度の普通名詞として対応させられていたものと考えられまいか。後世においても雲母はキライシ（岡林尚謙『本草古義』「雲母（中略）岐良以之大同類聚」）、キラ（小野蘭山『本草綱目啓蒙』）とも呼ばれている。

そうであったとすれば、当時の玉石の「和名」とされているものの性格について改めて考えなければならないであろう。『和名類聚抄』の「玉類」項に見られる「和名」はキララの他はシラタマ（珠・玉）、アラタマ（璞）、ミヅトルタマ（水精〔水玉〕）、ヒトルタマ（火精〔火珠〕）である。これらはそれらの玉石にだけに用いられた名称、すなわち固有名とは考えにくいものである。シラタマは真珠の「和名」でもあり、宝石の白玉の「和名」でもある。アラタマも全ての未だ磨かないタマを言う語である。ミヅトルタマ・ヒトルタマもそのような用途で用いられるものは同様に呼ばれていたものと考えられる。これに対して固有名と考えられるのは「俗云」「俗音」と書かれているルリ（瑠璃）、クハク（琥珀）、シャコ（硨磲）、メノウ（馬瑙）、チュウジャク（鍮石）である。

以上のことは『新撰字鏡』（僧住・昌泰年間〔898–901〕成）、『本草和名』（深根輔仁・延喜十八年〔918〕頃成）、『康頼本草』（丹波康頼・平安中期成）、『色葉字類抄』（橘忠兼・三巻本治承年間〔1177–81〕までに成立）、『類聚名義抄』（十一世紀末から十二世紀初頃成）に見える石類・金類・玉類の名についても同じである。したがって、平安時代までの我が国においては、玉石名の固有名は漢名を受け容れることによって成立しているように思われる。

七　おわりに

『本草和名』に挙げられている玉石名の数は、前述のように八三である。そのうち和名が記されず、「唐」という注記のみあるものが三十六種ある。それらは我が国では存在しないと考えられたものであるが、『和名類聚抄』では「俗云」「俗音」という形でその漢名が日本語名化して用いられていることが示されているものがある。これは『本草和名』が『新修本草』に見える漢語の玉石名を和名に同定することを目的としたのに対し、『和名類聚抄』は源順の考える「玉類」の範疇に纏められるものの「和名」を説明しようとしたことと関係するものと思われる。そうであるとすれば、その語の選び方とそれぞれの語の説明には、源順の「玉」観とその「玉」類に属するとした語に関する理解の内実が反映しているはずである。本稿はそのような見通しから「玉類」の項に検討を加えてみたが、その結果、最も注目されたのは、中国においては区別される鉱物の「玉」と動物由来の「珠」（真珠）とが『和名類聚抄』では区別されず、しかも、「珠」（真珠）が「玉類」の最初に掲げられていることであった。これは「玉」「珠」の訓みとして当てられているタマという和語が意味するものが、漢語の「玉」「珠」といった区別を超越するものであり、そのタマという概念が理想的に実現しているのが真珠と考えられていたからではないかと思われる。このことについてはさらに考察が必要であるが、後考を期したい。また、注目されたのは、日本語には少なくとも玉類に関しては純粋に固有名と呼べるものは見あたらず、漢名を知ることで玉石の固有名が確立されたのではないかと推測されたことである。このことについては平安時代の辞書類全体からも推定できることは先に述べたが、詳細については別項にゆずりたい。また、源順（あるいは同時の知識人の）の漢語の玉石名についての理解で注目されたのは「水精」「火精」「玫瑰」について説明であった。しかし、これもなお再度詳細に検証してみる必要があろう。

〔注〕

（1）本稿では十巻本の那波道円活字本（元和三年〔1617〕刊）による。楊守敬刊本では「玉」の項の「皆美玉名也」の前に「球琰〈遠掩二音〉」とあり、「雲母」の項の「五色具謂二之雲華一」と「多レ赤謂二之雲珠一」の順序が逆になっており、「玫瑰」の項の音注が「上莫杯切、下古回切。又音回、又作瓌」とあり、また「又石之美也」の注文が最後に加わっている。

（2）川瀬一馬著『増訂古辞書の研究』（講談社1955年刊、雄松堂出版1986年再版）に、「その分類も恐らく先行書のそれを取捨して、これに若干自らの創意を加えたものであらう。既に楊氏漢語抄は十部、辨色立成は十八章に部門が立てられてゐたといひ、その他東宮切韻・類聚国史・本草和名等の分類も亦参考にせられたに相違なく、又、漢籍の類書・詩文集等の分類からも間接に影響を蒙つてゐる事と思はれる」と述べられている。

（3）「金」「銀」以外の五宝は経典により異なる。『妙法蓮華経』（授記品）では「琉瑠・硨磲・碼碯・真珠・玫瑰」、『阿弥陀経』では「瑠璃・頗梨・車渠・赤珠・碼碯」、『無量寿経』（上）では「琉璃・頗梨・珊瑚・碼碯・車渠」、『恒水経』では「珊瑚・真珠・硨磲・明月珠・摩尼珠」、『大論』では「毘瑠璃・頗梨・硨磲・碼碯・赤真珠」と見える。

（4）後世においても『釈日本紀』（鎌倉末期成立）に「私記曰、師説、此注瓊玉也。此云レ努《ぬ》。故先師又拠レ之。而今或本、努字為レ弐《に》也。蓋古者謂レ玉或為レ努、或為レ弐、両説並通。唯以弐為二異本一」と見え、一條兼良の『日本書紀纂疏』（永正七年〔1510〕）に「瓊矛は神明の本、衆物の祖也」と言い、谷丹三郎重遠の「甲乙録」（谷垣守編『泰山集』収録）に「瓊ハ神璽ノ伝、矛ハ宝剣の伝《ママ》」とある。

（5）「集解」に次のようにある。「宝石出二西番回鶻《ウイグル》地方諸坑井内一。雲南遼東亦有レ之。有二紅緑碧紫数色一。紅者紅者名二刺子一。碧者名二靛子一。翠者名二馬價珠一。黄者名二木難珠一。紫者名二蝋子一。又有二鴉鶻石・猫睛石・石榴子・紅扁豆等名色一皆其類也。山海経言、騋山多レ玉。凄水出焉。西注二於海中一、多二采石一。采石即宝石也。碧者唐人謂二之瑟瑟一、紅者宋人謂二之靺鞨一、今通呼為二宝石一」。

（6）益富寿之助「石薬編新注の言葉」（春陽堂刊『新註校定国訳本草綱目』月報4〔1974.5〕）

（7）伊藤東涯撰『操觚字訣』（巻十・実字・器材「珠玉圭璧」）にも、

玉ハ、タマノ総名ナリ。説文ニ、石之美者ナリト注ス。而シテソノ類甚多シ。珠ハ、説文ニ、蚌ノ陰精ト注ス。真珠ナド、イフ通リ、貝ノタマノ類ハ、皆珠トイフ。石類ヲイハズ。故ニ玉ハ山ニイヒ、珠ハ水ニイフ也。

とあり、漢語の「珠」は「玉」とは区別されている。

（8）小野蘭山の『本草綱目啓蒙』（享和三年〔1804〕―文化三年〔1806〕刊）でも同様である。

（9）ちなみに宝飾品として「玉」「珠」を一括して言う場合は「玉珠」とは言わず、「珠玉」と言うようである（唐の徐堅等撰『初学記』など）。源順が「珠」を「玉」の前に置いたのはそうしたことも関係しているのかもしれない。「珠玉」の例は「西方之美者、霍山之珠玉焉」『爾雅』釈地）、「受㆓珠玉㆒者㆑掬」（『礼記』曲礼上）などと見られ、我が国では、

橘者果子之長上（中略）与㆓珠玉㆒共競㆑光。（『続日本紀』天平八年十一月丙戌）

凡諸国貢献物者〈注略〉皆尽㆓当土所出㆒〈注略〉其金、銀、珠、玉、皮、革、羽、毛、錦〈古記云（中略）珠玉、自生曰㆑珠、作成曰㆑玉。所謂玉出㆓崐岡㆒。（『令集解』賦役令）

とあるのが早い例のようである。「玉珠」は中国には見あたらず、我が国でも『庭訓往来』（南北朝から室町時代に成立）に「御消息忽披閲、珍重珍重、甚如㆑得㆓玉珠㆒」が見出せるだけである。

（10）プリニウス（24―79）の『博物誌』に、

もっとも高価な海の産物は真珠であり、地表にあるものでは水晶であり、地中にあるものではアマダス〈ダイヤモンド〉、スマラグドゥス〈エメラルド〉、各種の宝石、そして蛍石の器である。（第37巻204節）

とあるが、日本においては真珠は他の鉱物宝石に優れて価値あるものとされていたようである。

（11）「瑒」「璲」は『大漢和辞典』には見えない字であるが、狩谷棭斎の『箋注倭名類聚抄』は『周礼正義』の「取㆓火於日㆒、故名㆓陽燧㆒」、『百錬抄』の「以㆓火取玉㆒写㆓陽燧㆒」（保延六年〔1140〕五月五日条）などから「陽燧」の

俗字であろうと言う。

（12）東洋文庫『和漢三才図会』（平凡社1987刊）の訳註による。

（13）稲生若水・丹波正伯編『庶物類纂』（元文三年〔1738〕成）に「水珠　貞観初、暦宗賜二大安国寺水珠一、如レ石一片赤色。夜有二微光一、掘レ地一尺埋レ之。水溢可レ給二千人一。〈明高濂遵生八牋〉」とあり、『天工開物』に「凡水晶出二深山穴内一、瀑流石罅《ひび》之中。其水経二水晶一流出。昼夜不レ断」また「凡玉映二月精光一而生」（玉は月精の光を受けてできる）とある。

（14）ただし、現在はそのようには訓まれてはいない。寛文版『文選』の「西都賦」の「火齊」にも「大小如爵也。珠也」、「西京賦」の「火齊」にも「珠也」とあるだけである。

（15）ちなみに小野蘭山の『本草綱目啓蒙』には「玫瑰」を「津軽舎利ノコトナリ」とある。「津軽舎利」とは「瑪瑙ノ類ナリ。舎利コレヨリ生出シテ遍体ニツク。其形円小ニシテ透明ナリ。其色白、或ハ黄白色、ハ紅色、或ハ斑駁数種アリ」（「宝石」）と説明されており、「雲母」とは別のものとされている。

蜂矢真郷教授略歴

（二〇一七年三月現在）

一九四六年八月二六日　岐阜県（現、本巣市）に生まれる。

〈学　歴〉

一九六五年三月　奈良女子大学文学部附属高等学校（現、奈良女子大学附属中等教育学校）卒業
一九六五年四月　京都大学文学部入学
一九六九年三月　同　卒業（文学科国語学国文学専攻）
一九七一年四月　同志社大学大学院文学研究科修士課程入学（国文学専攻）
一九七四年三月　同　修了（同）［文学修士］
一九七一年四月　大阪大学文学部聴講生（一九七二年三月まで）
一九九六年一二月　博士（文学）（大阪大学）

〈職　歴〉

一九七五年四月　私立親和女子大学（現、神戸親和女子大学）専任講師　（一九七九年三月まで）

一九七九年四月　同　助教授　（一九八二年三月まで）

一九八二年四月　私立帝塚山学院大学（文学部）助教授　（一九八七年三月まで）

一九八七年四月　国立奈良女子大学文学部助教授　（一九九一年三月まで）

同　大学院文学研究科［修士課程］担当　（同）

一九九一年四月　国立大阪大学文学部助教授　（一九九六年二月まで）

同　大学院文学研究科担当　（一九九九年三月まで）

一九九六年三月　同　文学部教授　（同）

一九九七年四月　同　共通教育担当　（二〇〇四年三月まで）

一九九九年四月　同　大学院文学研究科教授　（同）

同　文学部担当　（同）

二〇〇四年四月　国立大学法人大阪大学大学院文学研究科教授　（二〇一〇年三月、定年退職）

同　文学部担当　（二〇一〇年三月まで）

同　共通教育担当　（同）

二〇一〇年四月　同　名誉教授

私立中部大学人文学部教授　（二〇一七年三月、定年退職予定）

同　大学院国際人間学研究科担当　（二〇一七年三月まで、予定）

同　日本語教育センター副センター長　（二〇一二年三月まで）

二〇一二年四月　同　日本語教育センター長　（二〇一七年三月まで、予定）

同　国際人間学研究所所員　（同、予定）

〈受　賞〉

一九九八年一一月　第一七回新村出賞

〈非常勤講師歴〉

私立洛南高等学校、京都府立洛北高等学校定時制、帝塚山学院大学（文学部）、奈良女子大学文学部・大学院文学研究科［修士課程］、関西学院大学文学部、京都府立大学文学部、同志社大学文学部、大阪大学文学部・大学院文学研究科、〔神戸〕松蔭女子学院大学文学部（在任中に大学名に「神戸」が加わる）、〔京都〕光華女子大学文学部・大学院文学研究科［修士課程］（在任中に大学名に「京都」が加わる）、徳島大学総合科学部、京都大学文学部・大学院文学研究科、島根大学法文学部、九州大学大学院人文科学研究院・人文科学府、姫路獨協大学大学院言語教育研究科［修士課程］、東京大学大学院人文社会系研究科・文学部

〈学会等役員〉

萬葉学会：編輯委員（一九七九年一二月より二〇一七年三月まで、予定）、編輯委員長（一九八八年四月より一九九〇年七月まで）、奨励賞選考委員（二〇〇八年四月より二〇〇九年三月まで、二〇一一年四月より二〇一二年三月まで）、代表（二〇〇九年四月より二〇一一年三月まで）

国語学会（→日本語学会、二〇〇四年四月より学会名改称）：編集委員・大会運営委員（一九九四年七月より一九九

八年五月まで）、評議員（二〇〇〇年四月より現在に至る）、常任査読委員（二〇〇四年五月より二〇〇七年五月まで）

訓点語学会：委員（二〇〇三年一一月より二〇一七年三月まで、予定）、会計監査委員（二〇〇六年六月より二〇〇七年五月まで）

国語語彙史研究会：委員（一九八九年四月より二〇〇一年三月まで）、編集主任（一九九八年一二月より二〇〇二年三月まで、二〇〇六年四月より二〇〇七年三月まで）、幹事（二〇〇一年四月より現在に至る）、代表幹事（二〇〇一年四月より二〇一〇年三月まで）

国語文字史研究会：委員（二〇〇二年四月より二〇〇八年三月まで）、編集主任（二〇〇五年九月より二〇〇九年五月まで）、代表（二〇〇八年四月より現在に至る）

大阪大学国語国文学会：代表（二〇〇七年一月より二〇〇九年一月まで）

大阪市立大学大学院文学研究科　外部評価委員会：専修・個人評価委員〔国語国文学専修〕（二〇〇六年度）

日本学術振興会　科学研究費委員会：専門委員〔審査第一部会・審査第二部会　文学小委員会　日本語学〕（二〇一一年一月より同年一二月まで）

蜂矢真郷教授論著目録

（二〇一七年三月現在）

〈その他〉のいくらかを除いてページ数を示した。〈著書〉〈論文〉にはキーワードを示した。

〈著　書〉

1　国語重複語の語構成論的研究　1998・4　塙書房　1－450
語構成、重複語、形状言・名詞・動詞の重複、モノ・コト・サマの複数、後項の独立度

2　国語派生語の語構成論的研究　2010・3　同　1－448
語構成、派生語、接尾辞、肥大、清濁

3　古代語の謎を解く　2010・3　大阪大学出版会　1－311
古代語、現代に続く、一音節、語構成要素、地名

4　古代語形容詞の研究　2014・5　清文堂出版　1－393
古代語、形容詞、語幹、ク活用、シク活用

5　古代地名の国語学的研究　2017・3　和泉書院　1－372（予定）
古代地名、国語学、和名抄、訓注、二字化

6　古代語の謎を解くⅡ　2017・3　大阪大学出版会　1-267
古代語、現代語に続く、類義語、語構成要素、形容詞

〈編　著〉

1　論集 古代語の研究　2017・3　清文堂出版　1-315

〈論　文〉

（☆印は改稿して『国語重複語の語構成論的研究』所収、
★印は改稿して『国語派生語の語構成論的研究』所収、
◇印は改稿して『古代語形容詞の研究』所収、
▼印は改稿して『古代地名の国語学的研究』所収）

1☆語の文法的構成――畳語について――　1974・12　「萬葉」86号　38-54 ※
畳語、形状言の重複、名詞の重複、動詞の重複、複数

2☆形状言の重複の一形態　1976・2　「親和国文」10号　1-12
重複動詞、形状言の重複、動詞化接尾辞、反復・継続、
コトの複数

3　ワラフとヱム――類義語の一側面――　1976・10　「親和女子大学研究論叢」9・10号　61-76
類義語、ワラフ、ヱム、相同、相似

4▼複合名詞の前項——倭名類聚抄の地名を中心として——　1977・4　「国語国文」46巻4号　199–209
　複合名詞の前項、和名類聚抄の地名、末音節、　〔1977・5『濱田教授退官記念国語学論集』（中央図書出版社）199–209 にも所収〕
　被覆形—露出形、被覆形的性格

5　動詞ツクをめぐる語群　1978・1　「親和国文」12号　3–11
　ツク［付］、ツク［着］、ツグ［継］、ツヅク［続］、
　ツク［付・着］の語群

6☆一部重複と縮重複　1978・3　阪倉篤義氏監修『論集日本文学・日本語』一　上代（角川書店）　307–322
　一部重複、縮重複、重複素末音節・頭音節、非対等、
　接尾辞ラ

7◇対義語ヒロシ・セバシとその周辺　1980・7　「萬葉」104号　32–47　※
　対義語、ヒロシ、セバシ・サシ、ヒロシ［広］の語群、
　セバシ［狭］の語群

8　ハ（端）をめぐる語群　1980・12　「親和国文」15号　14–24
　ハ［端］、ハシ［端］、ハタ［端］、ハツ［初］、ハ［端］の語群

9◇セバシ（シク活用）覚書　1982・2　「親和女子大学研究論叢」14号　39–48
　セバシ、セハシ、ク活用、シク活用、掛詞

10◇一音節被覆形—露出形のアクセント　1981・2　「萬葉」107号　26–42　※
　——〝金田一法則〞の例外について——
　〝金田一法則〞の例外、被覆形—露出形、一音節、

「異価的交替」、「名詞の活用」

11☆重複形容詞の構成 1981・10 「同志社国文学」19号 55―67 ※

重複形容詞、形容詞化接尾辞シ、単独の形容詞、セハセハシ、

重複動詞

12★モドロカス考――モドルとマダラとの間―― 1981・12 「親和国文」16号 1―11・28

モドロカス、モドル［佷］の語群、マダラ［斑］の語群、

日本霊異記、カス型動詞

13 語末索引について 1982・2 「親和女子大学研究論叢」15号

――「『時代別国語大辞典上代編』語末索引稿」の試み―― 1―18

『時代別国語大辞典上代編』、語末索引、逆引き、

語末からのアカサタナ順、正岡子規『韻さぐり』

14★ケシ・カシイ・カイ 1983・5 『同志社国語学論集』（和泉書院）

ケシ型形容詞、一次的ケシ型、二次的ケシ型、カシイ、カイ 73―97

15☆重複形状言・重複接尾形状言 1984・2 「帝塚山学院大学日本文学研究」

重複形状言、重複接尾形状言、形状言の重複、 15号 4―19

接尾辞ヤ・ラ・ロ、一音節の語基

16☆重複形容詞と重複形容動詞 1984・3 「同志社国文学」24号 40―52 ※

重複形容詞、重複形容動詞、状態的意味、情意的意味、

東郷吉男氏

17☆動詞の重複とツツ　1984・5　『国語語彙史の研究』五（和泉書院）99―124
動詞終止形の重複、動詞連用形の重複、ツツ、ナガラ、副詞化

18☆替語の構成――情態副詞を中心に――　1984・10　「ことばとことのは」1集　53―70
替語、情態副詞、形状言の交替的重複、語尾相当リ・ラ・ロ、二項性

19▼《短信》和名類聚抄地名の促音・撥音表記――佐佐木氏の《短信》に対して――　1984・12　「国語学」139号　106―108　※
和名類聚抄の地名、促音・撥音の表記、岡田希雄氏、濱田敦氏、佐佐木隆氏

20☆メク型重複動詞の構成　1985・7　「ことばとことのは」2集　86―105
動詞化接尾辞、重複動詞、重複接尾動詞、メク型、非メク型

21☆重複と接尾――萬葉集の用例を中心にして――　1985・9　『萬葉集研究』13集（塙書房）267―298
重複、接尾、縮重複、一部重複、重複接尾

22☆重複形容詞の別形態　1986・3　「叙説」12号　146―155
重複形容詞、重複形状言、重複接尾形状言、接尾形状言、複合形容詞

23☆重複動詞とその別形態　1986・6　「ことばとことのは」3集　60―76
重複動詞、重複接尾動詞、動詞化接尾辞、反復・継続、複合動詞

24☆縮重複・一部重複続考――合わせて工藤氏に対して述べる―― 1986・7 「萬葉」124号 16–32 ※
縮重複、一部重複、工藤力男氏、「重複形」、「反覆形」
25 メク型動詞と重複情態副詞 1986・12 『国語語彙史の研究』7（和泉書院）167–184
接尾辞メク、重複接尾動詞、メク型動詞、重複情態副詞、語基
26★アキラケシイ――ケシ・カシイ・カイ続考―― 1987・2 「帝塚山学院大学日本文学研究」18号 60–66
アキラケシ、ケシイ、ケシ、カシイ、カイ
27★カ・ク・ケシ 1987・10 「叙説」14号 1–13
二次的ケシ型、カ型語幹、ク型動詞、ケシ型形容詞、カ行下二段動詞
28☆重複サ変動詞の構成――動詞の重複続考―― 1987・11 「ことばとことのは」4集 50–66
重複サ変動詞、複合サ変動詞、動詞連用形の重複、複合動詞の重複、反復
29▼播磨国風土記里名「安相」の訓み――橋本氏説への疑問―― 1987・12 「風土記研究」5号 54–57
播磨国風土記、「安相」、アサグ、アサゴ、橋本雅之氏
30★日本霊異記訓釈「波リ天」考 1988・6 「訓点語と訓点資料」80輯 105–120
日本霊異記、訓釈、「訛」、ヨコナバリテ、ヨコタバリテ
31 古語の略語 1988・10 「日本語学」7巻10号 30–37
古語、略語、『古語大辞典』、鎌倉時代以前、複合
32☆重複情態副詞＋スの構成――重複サ変動詞続考―― 1988・12 「ことばとことのは」5集 83–95

33★形容詞語幹＋カ・ヤカ・ラカ　1989・3　「研究年報」（奈良女子大学文学部）32号　1－14
重複情態副詞、重複サ変動詞、形状言の重複、ト、〜シタ・〜シテイル
形容詞語幹、カ・ヤカ・ラカ、接尾辞ヤ・ラ、強形式、弱形式

34★〜＋カの一形態——語基末がイ列・エ列の場合——　1989・10　「叙説」16号　61－71
カ・ヤカ・ラカ、形容動詞語幹、カ型語幹、語基末、動詞連用形

35　古代語における和語の構成力　1989・10　「日本語学」8巻10号　61－68
〔2005・6　『「日本語学」特集テーマ別ファイル』4語彙（Ⅱ）（明治書院）113－120にも所収〕
〔2008・7　『「日本語学」特集テーマ別ファイル　普及版』語彙3（同）105－112にも所収〕
構成力、接尾辞、肥大、本来型、応用型

36☆軍記物語における動詞の重複　1989・12　『国語語彙史の研究』10（和泉書院）169－188
動詞終止形の重複、動詞連用形の重複、軍記物語、複合動詞の重複、「集団」の動作の反復

37☆ミチミテリ・ミチミチタリ考　1989・12　「ことばとことのは」6集　67－76
ミチミテリ、ミチミチタリ、「充満」、動詞連用形の重複、

漢文訓読

38　上代語の再構成はどこまで可能か　1990・5　「国文学解釈と教材の研究」35巻5号　91–96

上代語、清濁、特殊仮名遣、アクセント、

木田章義氏「二段古形説」

39　ダ行上二段動詞語彙考　1990・11　「ことばとことのは」7集　129–141

ダ行上二段動詞、〜ヅ、〜ヂル、無理に、回転する

40★カス型動詞の構成　1991・5　『吉井巌先生古稀記念論集日本古典の眺望』（桜楓社）347–368

カス型動詞、肥大した接尾辞、本来型、代入型、直接型

41★ヤカ型語幹の構成　1991・12　「ことばとことのは」8集　40–51

ヤカ型語幹、肥大した接尾辞、カ・ヤカ・ラカ、代入型、

カス型動詞

42　造語の変遷と古語・廃語　1992・5　「日本語学」11巻5号　8–15

形容詞化、形容動詞化、情態副詞、古語化、廃語化

43◇多少と大小　1992・5　吉井巌氏編『記紀萬葉論叢』（塙書房）321–344

オホシ［多・大］、スコシ・スクナシ、オホキナリ、オホキイ、

チヒサシ

44☆今昔物語集における動詞の重複　1992・7　『国語語彙史の研究』12（和泉書院）255–279

今昔物語集、動詞終止形の重複、動詞連用形の重複、複合動詞、

日野資純氏

45★ク型動詞とグ型動詞（上）　1992・11　「ことばとことのは」9集　105―113
ク型動詞、グ型動詞、類聚名義抄、濁音化、金田一法則

46「アハレ」の意味の変遷　1993・2　「言語」22巻2号　26―33
〔1994・11　「歴史読本」39巻24号　臨時増刊（日本語の起源と歴史を探る）327―332にも所収〕
アハレ、イトホシ、カハユシ、アハレシ、アッパレ

47★ク型動詞とグ型動詞（下）　1993・12　「ことばとことのは」10集　118―126
ク型動詞、グ型動詞、類聚名義抄、濁音化、金田一法則

48★〜キと〜ギ　1994・5　「萬葉」150号　1―36　※
イザナキ・イザナギ、語末キの濁音化、「濁音共存忌避の法則」、有声音音節上接、低起式アクセント

49★カ・ク・グ　1994・8　『国語語彙史の研究』14（和泉書院）183―201
カ型語幹、ク型動詞、グ型動詞、「濁音共存忌避の法則」、接尾辞クの濁音化

50　語構成と形状言　1996・2　「語文」（大阪大学）65輯　3―13
準独立的要素、形状言、形容詞・形容動詞の語幹、準独立的重複素、名詞・動詞の被覆形

51　複合形状言・派生形状言　1996・10　『国語語彙史の研究』16（和泉書院）29―45
準独立的要素、形状言、複合形状言、派生形状言、重複と接尾

52　助数詞被覆形の用法
――名詞被覆形とク活用形容詞語幹とから――
名詞被覆形、ク活用形容詞語幹、助数詞被覆形、
名詞＋ク活用形容詞語幹、数詞＋助数詞被覆形
1997・10　『日本語文法　体系と方法』（ひつじ書房）153―170

53　形容詞語幹の一用法
――～＋形容詞語幹の構成の複合形状言について――
形容詞語幹、複合形状言、連体語基、準連体語基、
情態副詞語基
1998・4　佐藤武義氏編『萬葉集の世界とその展開』（白帝社）331―348

54★カ型語幹の構成
カ型語幹、肥大した接尾辞、ソカ型語幹、形容詞語幹、
ケシ型形容詞
1998・10　『国語語彙史の研究』17（和泉書院）121―142

55★ヤカ型語幹とラカ型語幹
ヤカ型語幹、ラカ型語幹、肥大した接尾辞、本来型、応用型
1998・12　『国語論究』7　中古語の研究（明治書院）158―188

56★ヤク（ヤグ）・ラク（ラグ）
ヤカ型語幹、ラカ型語幹、本来型、肥大的代入型、直接型
1999・3　『国語語彙史の研究』18（和泉書院）135―150

57★ラカ型語幹の構成
ラカ型語幹、形容詞語幹、語基末音節、交替的代入型、
近直接型
1999・3　『森重先生喜寿記念ことばとことのは』（同）3―26

58　形容詞語幹の用法
1999・12　『井手至先生古稀記念論文集国語国文学藻』（同）

ク活用形容詞、シク活用形容詞、語幹の用法、　55–74
シク活用形容詞語幹の用法の発達段階、橋本四郎氏

59★カ・ヤカ・ラカ型語幹の語基　2000・3　『国語語彙史の研究』19（同）137–154
カ・ヤカ・ラカ型語幹、語基末音節、被覆形、露出形、
形容詞語幹

60　ラ接尾形とリ接尾形　2000・10　西宮一民氏編『上代語と表記』（おうふう）129–142
ラ接尾形、リ接尾形、被覆形、露出形、ニ・ト

61　形容詞の形容動詞化と形容動詞の形容詞化　2001・2　「語文」（大阪大学）75・76輯　3–10
形容詞語幹、形容動詞語幹、ゲ型語幹、
カ（・ヤカ・ラカ）型語幹、ケシ型形容詞

62★一次的ケシ型と二次的ケシ型　2001・3　『国語語彙史の研究』20（和泉書院）55–67
一次的ケシ型、二次的ケシ型、未然形・已然形—ケ乙ケ甲レ、
補助活用、形容詞語幹＋接尾辞ゲ

63　古典語の複合語　2001・8　「日本語学」20巻9号　50–59
独立的要素、準独立的要素、非独立的要素、連体語基、
複合名詞

64◇一音節語幹の形容詞　2001・10　「萬葉」178号　1–14　※
一音節語幹、安定、二音節化、語幹の用法、工藤力男氏

65◇形容詞ヒキシ・オホキイ等とその周辺　2002・1　玉村文郎氏編『日本語学と言語

ヒキシ・オホキイ、語幹末音節、ヒキヤカ・ヒキラカ、オホキヤカ・オホキラカ、北原保雄氏　学』（明治書院）278－289

66　ク活用形容詞語幹を後項に持つ形容動詞語幹　2002・3　『国語語彙史の研究』21（和泉書院）141－158
形容詞語幹、形容動詞語幹、非独立的要素、準独立的要素、独立的要素

67　語幹を共通にする形容詞と形容動詞　2003・3　『同』22（同）207－224
形容動詞化、形容詞化、形容詞語幹＝形容動詞語幹、～＋形容詞語幹、（単独の）形容詞語幹

68◇動詞表記「敷」と形容詞語尾表記「敷」との間　2003・11　『国語文字史の研究』7（同）141－159
――シク活用形容詞フトシ［太］の成立について――
動詞表記「敷」、形容詞語尾表記「敷」、ク活用形容詞語幹＋動詞シク［領］・シル［知］、動詞フトシク［太領］、シク活用形容詞フトシ［太］

69　語基を共通にする形容詞と形容動詞　2004・3　『国語語彙史の研究』23（同）243－260
形容動詞化、形容詞化、形容詞語基＝形容動詞語基、～＋形容詞語基、（単独の）形容詞語基

70　上代の清濁と語彙　2004・3　「美夫君志」68号　1－13
――オホ～・オボ～（イフ～・イブ～）を中心に――
濁音化、アクセント、ハ行転呼音、オホ～・オボ～、

イフ〜・イブ〜

71◇ウマシクニソとウマシキクニソ　2004・9　「萬葉」190号　52–59　※
——ウマシ［シク活用］の問題から——
ウマシ、両活用形容詞、［非単独母音性の字余り句］、
山口佳紀氏、毛利正守氏

72　一九六五〜一九七五年度頃の略字　2005・3　『国語文字史の研究』8（和泉書院）197–214
中国簡体字、日本製略字、新形声文字、片仮名の声符、
ローマ字の声符

73　『長塚節歌集』の形容詞　2005・3　『国語語彙史の研究』24（同）①　241–258
鈴木丹士郎氏、補助活用（カリ活用）、ケシ型形容詞、
未然形ケ・已然形ケ、ミ語法

74◇形容詞スガシ（イ）［清］考　2005・3　「大阪大学大学院文学研究科紀要」45巻 ①　1–19　※
スガシ（イ）、長塚節、伊藤左千夫、北原白秋、春雨物語

75◇重複形容詞の周辺　2006・3　『国語語彙史の研究』25（和泉書院）161–178
重複形容詞、単独の形容詞、両活用形容詞、シク活用形容詞、
室町時代以降

76　促音・撥音の現代ローマ字表記　2006・4　『国語文字史の研究』9（同）221–236
促音、撥音、訓令式、ヘボン式、日本式

77　タテ［縦］・ヨコ［横］とその周辺　2006・6　「語文」（大阪大学）86輯　9–20

タテ〔楯・縦〕、ヨコ〔横〕、タツ〔立・建〕、ヨク〔避〕、タタ〔楯・縦〕

78 ト〔利〕をめぐる語群　2006・12「親和国文」41号 141－158

ト甲類、低起式、トシ〔利・鋭・聡〕、トグ〔磨〕、ツノ〔角〕

79『日本唱歌集』の形容詞　2007・3『国語語彙史の研究』26（和泉書院）② 273－284

『日本唱歌集』、形容詞、マシロ〔真白〕、連体形キ（文語形）、連体形イ（口語形）

80 上代特殊仮名遣に関わる語彙　2007・6「萬葉」198号 1－36 ※

上代特殊仮名遣、掛詞、地名起源説話、大野晋氏、阪倉篤義氏

81 ヲ〔小〕とコ〔小〕　2007・11「國學院雜誌」108巻11号 ② 38－50

ヲ〔小〕、コ〔小〕、ヲ〔男・雄〕、コ〔子〕、オホ〔大〕

82 ト〔門〕とト〔戸〕とト〔外〕　2007・11「京都語文」（佛教大学）14号 4－19

ト〔門〕、ト〔戸〕、ト〔外〕、ト〔処〕、ツ〔津〕

83 現代仮名遣いの長音表記　2007・12『国語文字史の研究』10（和泉書院）283－296

現代仮名遣い、長音表記、和語・字音語、語幹の保持、小字の「ぁ、ぃ、ぅ、ぇ、ぉ」

84 語の変容と類推――語形成における変形について――　2008・3『国語語彙史の研究』27（同）② 107－124

語形成、変形、変容、類推、類推の通時的継続　〔2008・3 大阪大学大学院文学研究科広域

文化表現論講座二〇〇五―〇七年度共同研究報告書『テキストの生成と変容』174(33)-164(43)にも所収〕

85 テ［手］とその周辺
テ［手］、タ［手］、トル［取・執・捕］、タク［手］、タタク
2008・12「待兼山論叢 文学篇」42号 1―21 ※

86 『新編左千夫歌集』の形容詞
補助活用（カリ活用）、未然形ケ・已然形ケ、ケシ型形容詞、語幹の用法、ク活用・シク活用
2009・3『国語語彙史の研究』28（和泉書院）② 101―118

87▼和名類聚抄地名の「部」
和名類聚抄、地名、「部」、べ、二字
2009・5『国語文字史の研究』11（同）135―152

88▼チ［路］とミチ［道］
チ［路］、ミチ［道］、接頭語ミ、地形等を表す名詞、地名
2009・9『萬葉集研究』30集（塙書房）135―169

89 メ［目］とその周辺
メ［目］、マ［目］、ミル［見］、モル［守］、上一段動詞
2009・12「親和国文」44号 1―21

90 二音節語基と形容詞語幹
二音節語基、形容詞語幹、接尾辞、カ（・ヤカ・ラカ）型語幹、阪倉篤義氏
2010・3『国語語彙史の研究』29（和泉書院）1―16

91 形容詞語基の用法
形容詞、ク活用、シク活用、語幹、語基
2010・6「国語と国文学」87巻6号 1―16

92▼和名類聚抄地名の二合仮名
和名類聚抄、地名、二合仮名、複合名詞、前項
2011·3 『国語文字史の研究』12（和泉書院）77-90

93 中世形容詞と両活用形容詞
室町時代、形容詞、形容動詞、語幹末、両活用
2011·3 坂詰力治氏編『言語変化の分析と理論』（おうふう）33-45

94 シ［風］とイ［息］
シ［風］、イ［息］、イク［生］、枕詞カムカゼノ、サ行子音の着脱
2011·3 『国語語彙史の研究』30（和泉書院）1-13

95 マ［真］とモ［最］
マ［真］、モ［最］、母音交替、アクセント、モコ［聟］
2012·3 「萬葉」211号 35-46 ※

96 モミチ［黄葉・紅葉］とカヘルテ［楓］
モミチ［黄葉・紅葉］、カヘルテ［楓］、カハヅ［蛙］、タヅ［鶴］、アキヅ［蜻蛉］
2012·3 『国語語彙史の研究』31（和泉書院）15-30

97▼地名の二字化——和名類聚抄の地名を中心に——
地名、二字化、地名字音転用例、風土記、和名類聚抄
2012·4 「地名探究」（京都地名研究会）10号 右1-18

98 上代の形容詞
上代、形容詞、語構成、特徴のある形容詞群、動詞被覆形＋シ
2012·6 「萬葉」212号 1-35 ※

99▼和名類聚抄地名の読添え
和名類聚抄地名、読添え、一音節、前項、後項
2012·12 『国語文字史の研究』13（和泉書院）53-65

100◇ク活用形容詞語幹の重複・並列から
2013·3 『国語語彙史の研究』32（同）

ク活用形容詞語幹、重複形容詞、並列形容詞、ウス＋形容詞、ウスラ＋形容詞　179–198

101　ヒ［日］・ヨ［夜］、アサ［朝］・ユフ［夕］ヒ［日］・ヨ［夜］、ヒル［昼］・ヨル［夜］、カ［日］・コ［日］、アサ［朝］・ユフ［夕］、アシタ・ユフへ　2014・3　『同』33（同）65–80

102▼和名類聚抄地名の音訓混用　和名類聚抄、地名、音訓混用、二字化、読添え　2014・7　『国語文字史の研究』14（同）25–42

103▼和名類聚抄・名古屋市博物館本の地名――高山寺本と対照して――　和名類聚抄、名古屋市博物館本、高山寺本、傍訓、訓注　2014・7　「人文学部研究論集」（中部大学）32号　128–100　※

104　モドラカス［仮］追考――高橋宏幸氏に対して――　日本霊異記、モドラカス、「奈」・「我」、秋萩帖、高橋宏幸氏　2014・9　「訓点語と訓点資料」133輯　14–21

105▼風土記の地名と和名類聚抄の地名　風土記、和名類聚抄、地名、二字化、音訓　2015・1　「風土記研究」37号　1–37

106　複合語と派生語と　複合語、派生語、接尾語、接尾辞、肥大　2015・3　『国語語彙史の研究』34（和泉書院）1–17

107▼和名類聚抄地名の訓注の仮名　和名類聚抄、地名、訓注、仮名、標記　2016・3　『国語文字史の研究』15（同）19–41

108　接尾語カ・ク・コ［処］　2016・3　『国語語彙史の研究』35（同）

接尾語、カ［処］、ク［処］、コ［処］、複合名詞 55–70

109 ツマ［妻・夫］とトモ［友・伴］ 2017·3 『国語語彙史の研究』36（同）

ツマ［妻・夫］、トモ［友・伴］、母音交替、接尾語ドモ、 ＊–＊（未定）

接尾語タチ

110 動詞の活用の成立——木田章義氏「二段古形説」をめぐって—— 2017·3 蜂矢真郷編『論集古代語の研究』

動詞の活用、木田章義氏、「二段古形説」、派生形容詞、 （清文堂出版）5–24

アクセント

○『国語学論説資料』〔後に『日本語学論説資料』〕にも所収のものがかなりあり、『国文学 年次別論文集』上代にも所収のものが少しあるが、その一々を示すのは省略する。

〈索　引〉

1 上宮聖徳法王帝説仮名語彙索引 1982·5 「訓点語と訓点資料」68輯 139–151

2 『時代別国語大辞典上代編』語末索引稿（一） 1983·1 「萬葉」112号 44–55 ※

3 『時代別国語大辞典上代編』語末索引稿（二） 1983·3 「同」113号 43–56 ※

4 『時代別国語大辞典上代編』語末索引稿（三） 1983·12 「同」116号 46–63 ※

5 『時代別国語大辞典上代編』語末索引稿（四） 1984·10 「同」119号 46–72 ※

6 『時代別国語大辞典上代編』語末索引稿（五） 1987·7 「同」126号 43–57 ※

7 『時代別国語大辞典上代編』語末索引稿（六） 1988·2 「同」128号 47–60 ※

8 『時代別国語大辞典上代編』語末索引稿（七）　1995・7　「同」154号　35–50　※
9 『時代別国語大辞典上代編』語末索引稿（八）　1995・11　「同」155号　41–56　※
10 『時代別国語大辞典上代編』語末索引稿（九）　1998・11　「同」167号　58–71　※
11 『時代別国語大辞典上代編』語末索引稿（十）　1999・3　「同」168号　72–80　※

〈その他〉

1 『光村国語学習辞典』（編集協力および四〇〇項目執筆）　1983・1　光村教育図書（石森延男氏編）
2 特殊仮名遣（特集「万葉集を読むための研究事典」）　1985・11　「国文学解釈と教材の研究」30巻13号　126–127
3 語彙（史的研究）（特集「昭和61・62年における国語学界の展望」）　1988・6　「国語学」153号　36–45　※
4 〔書評〕工藤力男著『日本語史の諸相　工藤力男論考選』　2000・12　「同」203号〔51巻3号〕　54(49)–48(55)　※
5 抄注・北原白秋第一詩集『邪宗門』語彙（企画および「アヲナリ・アヲニ／トホニ」「サミシラヤ」「ヒソニ」三項目執筆）　2005・3　二〇〇三・二〇〇四年度科学研究費補助金基盤研究(C)研究成果報告書『文献に現れた述語形式と国語史の不整合性について』①　45–71（45–46、50–51、58–59）
6 池上禎造先生略歴ならびに著作目録　2006・10　「日本語の研究」2巻4号〔「国

語学」通巻227号〕 116–121 ※

7 「池上禎造先生略歴ならびに著作目録」の訂正 2007・4 「同」3巻2号〔「同」通巻229号〕 75–75 ※

（右の6・7は、諸氏の協力により合わせ修正の上、
http://www.let.osaka-u.ac.jp/jealit/kokugo/ikegami/index.html に掲載〔2010・3〕）

8 書評 犬飼隆著『木簡による日本語書記史』 2008・3 「萬葉」200号 61–70 ※

9 抄注・北原白秋第二詩集『思ひ出』語彙 2009・3 二〇〇六～二〇〇八年度科学研究費補助金基盤研究(C)研究成果報告書『文献に現れた語彙・語法と国語史の不整合性について』② 93–106（93–94、103–104）
（企画および「アサスズ」「メグシ〔シク活用〕」二項目執筆）

10 『漢字キーワード事典』 2009・5 朝倉書店（前田富祺・阿辻哲次両氏編）
（「万葉仮名」「特殊仮名」「字音仮名」三項目執筆）

11 〈自著を語る〉国語派生語の語構成論的研究 2010・12 「アリーナ」10号（中部大学総合学術研究院／風媒社） 455–459

12 〈自著を語る〉古代語の謎を解く 2011・11 「同」12号（同／同） 467–473

13 〔書評〕山口佳紀著『古代日本語史論究』 2014・1 「日本語の研究」10巻1号〔「国語学」通巻256号〕 71(1)–66(6) ※

14 『日本語大事典』 2014・11 朝倉書店（佐藤武義・前田富祺両

（「上一段活用動詞」「上二段活用動詞」「畳語」「複合語」
「活用の研究」五項目執筆）　氏他編）

15〈自著を語る〉古代語形容詞の研究　2015·11「アリーナ」18号（中部大学研究推進機構／風媒社）480–485

16〈古代語のしるべ〉イテリス［酡］
——日本霊異記の訓釈と片仮名ホの異体字——　2016·9　三省堂ワードワイズ・ウェブ http://dictionary.sanseido-publ.co.jp/wp/

17〈古代語のしるべ〉イフク［息吹］　2017·2　同

18〈Forum〉伊吹　2017·2「GLOCAL」10（中部大学大学院国際人間学研究科）4–5 ※

○①は、二〇〇三・二〇〇四年度科学研究費補助金基盤研究(C)研究成果報告書『文献に現れた述語形式と国語史の不整合性について』［2005·3］にも所収
○②は、二〇〇六〜二〇〇八年度科学研究費補助金基盤研究(C)研究成果報告書『文献に現れた語彙・語法と国語史の不整合性について』［2009·3］にも所収
（右の二つの報告書は、http://www.let.osaka-u.ac.jp/jealit/kokugo/fuseigo/index.html に掲載［2010·3］）
○※印は、機関リポジトリ等によって見ることができる。

あとがき

本書刊行の経緯について記す。

語構成の分析による古代語研究の分野を牽引されてきた蜂矢真郷先生が、二〇一六年八月に古稀を、また二〇一七年三月に二度目のご退休を迎えられるのを機に、大阪大学時代に先生から直接に指導をうけた中堅三名が編集委員となり、今回の論文集は企画された。二〇一四年四月以降、編集委員は先生が在職された奈良女子大学、大阪大学、そして現在の中部大学でご指導を受けた者を中心に執筆者を募り、このたび出版の運びとなった。先生のご意向もあり、記念論集と銘打ってはいないが、我々はそれとして寄稿している。

編集委員の我々三人が、大阪大学大学院に在学していた一九九〇年代後半から二〇〇〇年代前半に掛けては、大学院の重点化が進み、博士課程の院生が増え、博士論文演習なるものが始まり、文系の大学院も大きく変革する時期であった。その中で、我々に博士号を取得させるために、また研究者として独り立ちさせるために、先生が厳しいながらも温かくご指導くださったことには、感謝してもしきれないことである。定期的にゼミ生が自分の研究テーマで発表する論文演習が終わった後、皆で阪大坂を下り、石橋駅前の喫茶店でロシアンティーを飲みながら、学問のことや大学のこと、そして私生活のことを先生とお話しさせていただいたことは、二十年近く経った今でも昨日のことのように思い出す。

先生に接したことのある方は皆ご存知のことであるが、先生は記憶力に優れ、学問への姿勢も厳密である。そのため、学生にとっては近寄りがたい存在ではあったものの、我々のつたない研究発表の中に美点を求め、適切なアドバイスを頂戴することができた。用例やデータをもとに、あらゆる可能性をねばりづよく考え続けることの大切さを学んだように思う。それにしても発表に対する先生のチェックは焼き畑のごとくで、そのあとにさらなる質問を求められた我々は、あるとき先に質問させてくださいとお願いしたほどであった。

二〇一七年三月で先生は二度目のご退休をお迎えになるが、先生のご研究はこれからも続き、体系づけられていく。先生のご指導を受けた我々も、先生に恥じないように、今後も研鑽を続けていくつもりである。

池田 幸恵
是澤 範三
竹内 史郎

二〇一六年八月

執筆者一覧

氏名（よみ）、所属、最終学歴、主要著書または主要論文、受賞歴

蜂矢真郷（はちや　まさと）

中部大学人文学部教授、大阪大学名誉教授。京都大学文学部卒業、同志社大学大学院文学研究科修士課程修了、博士（文学）〔大阪大学〕。『国語重複語の語構成論的研究』〔塙書房　一九九八〕、『国語派生語の語構成論的研究』〔同　二〇一〇〕。第17回新村出賞〔一九九八〕。

村田菜穂子（むらた　なほこ）

大阪国際大学国際関係研究所教授。甲南女子大学文学研究科博士後期課程単位取得満期退学、博士（文学）〔大阪大学〕。『形容詞・形容動詞の語彙論的研究』〔和泉書院　二〇〇五〕、「平安時代の形容動詞――～ゲナリと～カナリ――」〔『国語学』52-1　二〇〇一〕、「中古形容詞に見られる複合的方式についての一考察」〔『国語語彙史の研究』34　和泉書院　二〇一五〕。

竹内史郎（たけうち　しろう）

成城大学文芸学部准教授。大阪大学大学院文学研究科博士後期課程修了、博士（文学）〔大阪大学〕。「現代日本語における左方転位構文のタイプと起源」〔『日本語文法史研究』3　ひつじ書房　二〇一六〕、「取り立て否定形式の文法化――岡山方言と関西方言を対照して――」〔『日本語文法』13-1　くろしお出版　二〇一三〕。

蜂矢真弓（はちや　まゆみ）

相愛大学非常勤講師。大阪大学大学院文学研究科博士後期課程単位修得退学、博士（文学）〔大阪大学〕。「被覆形による複合・派生の再考察――形容詞被覆形の想定――」〔『萬葉』214　二〇一三〕、「形容詞被覆形・露出形＋「人を表す名詞」の形態と意味」〔『萬葉語文研

究』10　和泉書院　二〇一四〕。第8回萬葉学会奨励賞〔語学〕〔二〇一五〕、第33回新村出研究奨励賞〔二〇一五〕。

中垣徳子（なかがき　のりこ）

中部大学大学院国際人間学研究科博士課程在学。中部大学大学院国際人間学研究科修士課程修了。「上代・中古のナフ型動詞」〔『国語語彙史の研究』34　和泉書院　二〇一五〕。

柳　玟　和（りゅう　みんほぁ）

釜山大学校日語日文学科教授。奈良女子大学日本語学専攻博士課程修了、博士（文学）〔奈良女子大学〕。『『日本書紀』朝鮮固有名表記字の研究』〔和泉書院　二〇〇三〕、「日本書紀の韓国古代人名尊称接尾語考察」〔『日本語文学』68　二〇一五〕。

朴　美　賢（ぱく　みひょん）

釜山大学校日本研究所専任研究員。大阪大学大学院文学研究科博士後期課程修了、博士（文学）〔大阪大学〕。「圖書寮本『日本書紀』における朝鮮系固有名詞の声点研究」〔『日語日文』66　二〇一五〕、「兼右本『日本書紀』における朝鮮系固有名詞の聲點研究」〔『日本語文学』74　二〇一六〕。

是澤範三（これさわ　のりみつ）

京都精華大学人文学部准教授。大阪大学大学院文学研究科博士後期課程修了、博士（文学）〔大阪大学〕。共著『國立臺灣大學圖書館典藏　日本書紀　影印・校勘本　一　圓威本』〔國立臺灣大學圖書館　二〇一二〕、共著『日本書紀　乾元本　二』〔八木書店　二〇一五〕。古事記学会奨励賞〔二〇〇〇〕。

金　紋　敬（きむ　むんきょん）

京都産業大学外国語学部外国語契約講師。大阪大学大学院文学研究科博士後期課程修了、博士（文学）〔大阪大学〕。「日本書紀古訓における母親を表す語彙に関して」〔『古事記年報』51　二〇〇九〕、「日本書紀古訓における父親を表す語彙に関して」〔『日本学研究』33　二〇一一〕。

山口真輝（やまぐち　まき）

神戸女子大学非常勤講師。大阪大学大学院文学研究科博士後期課程単位修得退学、博士（文学）（大阪大学）。共著『國立臺灣大學圖書館典藏　日本書紀　影印・校勘本　一　圓威本』〔國立臺灣大學圖書館　二〇一二〕、「『御巫本日本書紀私記』の和訓について――台湾大学蔵『圓威本日本書紀』万葉仮名傍訓との比較から――」〔『訓点語と訓点資料』記念特輯　一九九八〕。

池田幸恵（いけだ　ゆきえ）

長崎大学多文化社会学部准教授。大阪大学大学院文学研究科博士後期課程修了、博士（文学）（大阪大学）。「宣命体表記の変遷――漢文助字「可」に注目して――」〔『古典語研究の焦点』武蔵野書院　二〇一〇〕、「漢字仮名交じり文としての宣命体表記」〔『訓点語と訓点資料』129　二〇一二〕。第3回萬葉学会奨励賞（語学）〔二〇一〇〕。

田中草大（たなか　そうた）

東京大学大学院人文社会系研究科助教。東京大学大学院人文社会系研究科博士課程単位取得退学。「橋本進吉による「変体漢文」の定義と古事記の位置付け」〔『日本語学論集』12　二〇一六〕、「平安時代の変体漢文諸資料間における言語的性格の相違について」〔『国語語彙史の研究』35　二〇一六〕。第5回日本学術振興会育志賞〔二〇一四〕。

吉野政治（よしの　まさはる）

同志社女子大学表象文化学部特別任用教授。同志社大学大学院文学研究科修士課程修了、博士（文学）（大阪大学）。『蘭書訳述語攷叢』〔和泉書院　二〇一五〕、『日本植物文化語彙攷』〔和泉書院　二〇一四〕、『古代の基礎的認識語と敬語の研究』〔和泉書院　二〇〇五〕。

論集　古代語の研究

2017年３月19日　初版発行

編　者　蜂 矢 真 郷

発行者　前 田 博 雄

発行所　清文堂出版株式会社

〒542-0082　大阪市中央区島之内２－８－５
電話06-6211-6265　　FAX06-6211-6492
http://www.seibundo-pb.co.jp

印刷：亜細亜印刷株式会社　製本：株式会社渋谷文泉閣

ISBN978-4-7924-1063-6　C3081